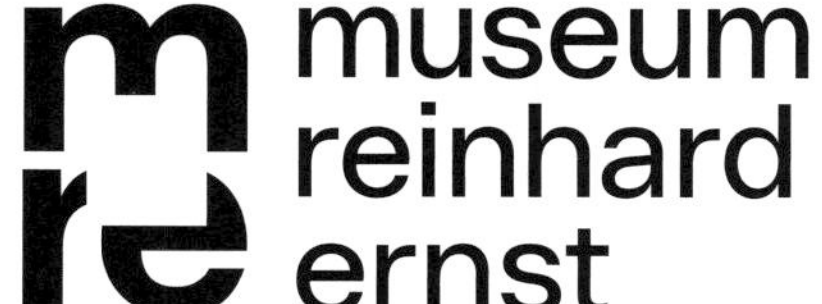


# Helen Frankenthaler

## Move and Make

HIRMER

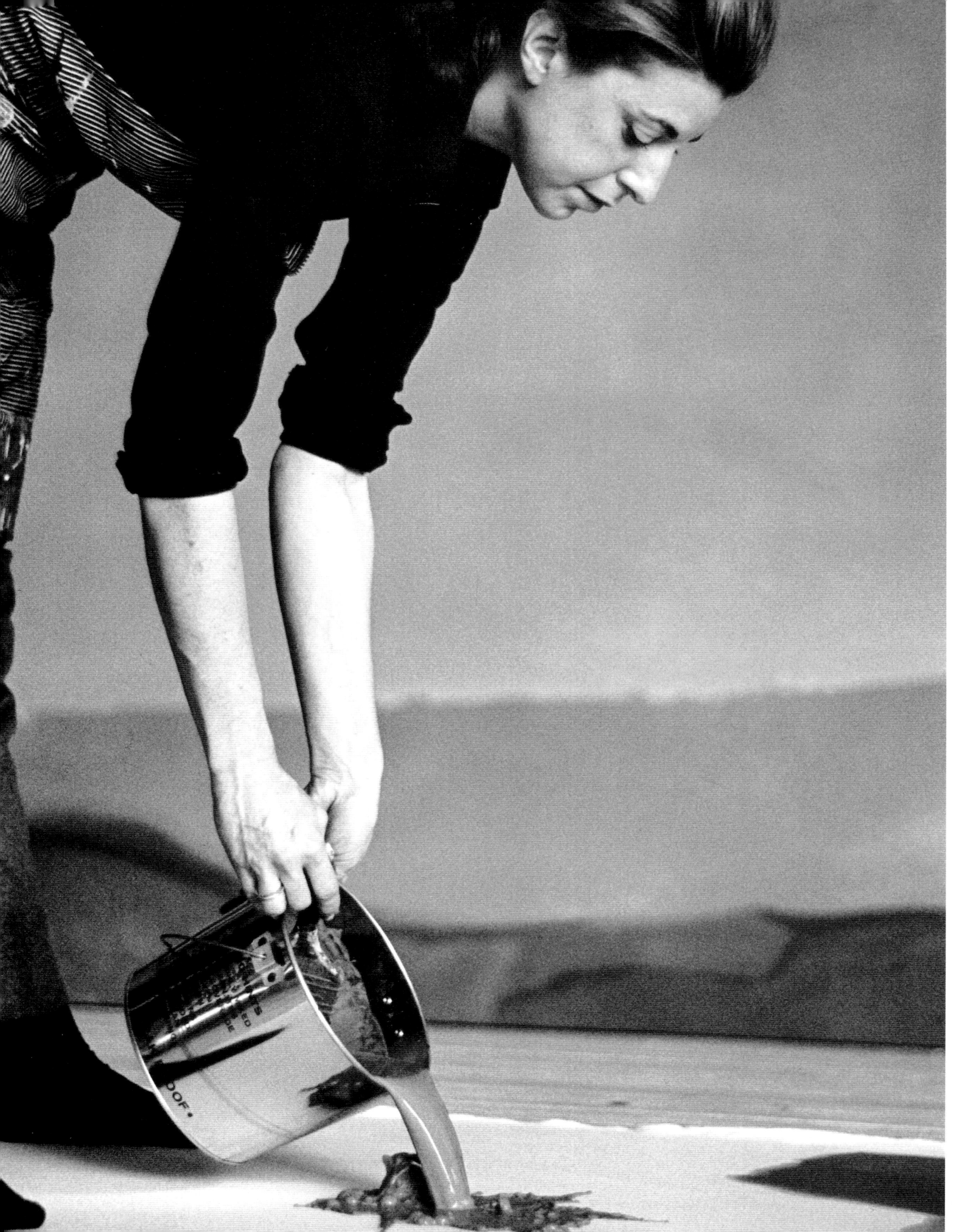

Inhalt / Contents

# „Ich denke lieber, bewege und mache, als stehen zu bleiben"

**Oliver Kornhoff**

Liebe Leser:innen,

New York City im Frühjahr 1951. In der 9. Straße in Lower Manhattan entsteht eine Ausstellung jüngster Kunst.[1] Ob des beschränkten Platzangebots wurden alle Künstler:innen gebeten, nur kleinformatige Gemälde einzuliefern. Dies hielt eine 22-jährige Teilnehmerin nicht davon ab, mit einem über zwei Meter breiten Bild zu erscheinen. Um welches Werk es sich handelte, ist nicht überliefert. Unvergessen dagegen die Verwegenheit der Künstlerin. Ihr Name: Helen Frankenthaler.

Welche Eigenschaften braucht es, um Vorgaben zu ignorieren? Um gängige Erwartungen zu unterlaufen, sich von Zuschreibungen zu lösen? Um neue Maßstäbe zu setzen? Begleiten Sie uns auf eine Spurensuche und entdecken Sie mit Helen Frankenthaler (1928–2011) eine der einflussreichsten Künstlerinnen der abstrakten Kunst in den USA nach dem Zweiten Weltkrieg.

Die Ausstellung *Helen Frankenthaler: Move and Make* im Museum Reinhard Ernst gibt erstmals einen umfassenden Einblick in die weltweit größte private Frankenthaler-Sammlung. Sie zeigt, wie die Künstlerin die Malerei stetig weiterentwickelte und dabei die Konventionen ihrer Zeit herausforderte. Ihren Willen zur Erneuerung und ihr schöpferisches Selbstverständnis erklärte sie Anfang der 1970er Jahre, die auch den Schwerpunkt unserer Ausstellung bilden, in jenem Zitat, das in verdichteter Form unserer Schau den Titel verleiht. „I'd rather think and *move and make* than halt" („Ich denke lieber, bewege (mich) und mache, als stehen zu bleiben")[2].

Ein revolutionärer *Move*, eine folgenreiche Handlung war beispielsweise, die Leinwand zum Bemalen auf den Boden zu legen **Abb. 1**. Frankenthaler und ihre Zeitgenoss:innen veränderten damit radikal den Akt des Malens selbst. Zuvor war es üblich, das Gewebe an einer Wand zu befestigen oder auf einem aufrechtstehenden Rahmen. Indem sie den Bildträger hinlegte, führte sie eine neue körperliche Direktheit und Spontaneität in den kreativen Prozess ein. Sie brach mit der Vorstellung von Malerei als statischem, kontrolliertem Tun und ermöglichte eine intuitivere, expressivere und dynamischere Form des Schaffens. Frankenthaler betonte damit die Bedeutung der Bewegung (eng. *move*), des Zufalls und der physischen Teilnahme am Werk. Als sie die Leinwand ab den frühen 1950er Jahren auf dem Boden ausbreitete, veränderte sie ihre Rolle als Malerin von einer beobachtenden Schöpferin hin zu einer körperlich aktiven Gestalterin des Werkprozesses. Beim Malen stand, hockte und kniete sie auf ihrem ungerahmten Gewebe **Abb. S. 59, 160**. So wird dieses für die Künstlerin auch wortwörtlich zum Ort der Positionsbestimmung, um ihr neues Malereiverständnis zu leben und vorzutragen.

Frankenthalers Gemälde sind nicht Spiegel, in denen intellektuelle und visuelle künstlerische Konzepte nur noch Gestalt annehmen. Der Prozess des Malens und das Ergebnis sind miteinander vereint. Auch wenn das Resultat jedes Mal ungewiss ist und dabei zunächst auch „schlechte Bilder" („bad pictures"[3]) entstehen können, ist das Immer-Weitermachen, „rather move and *make* than halt", ihr oberstes künstlerisches Credo.

Hauptdarstellerin in diesem malerischen Neuland ist die Farbe. Die Künstlerin macht sie zum aktiven Teil des Kunstwerks, indem sie sie nicht nur

Dear Readers,

New York City in the spring of 1951. An exhibition of recent art is being mounted on 9th Street in Lower Manhattan.[1] Due to limited space, all the artists were asked to submit only small-format paintings. This did not deter a 22-year-old participant from showing up with a painting over two metres wide. It is not known which work it was. What is unforgettable, however, is the audacity of the artist. Her name: Helen Frankenthaler.

What qualities do you need to ignore guidelines? To break with convention and defy expectations? To set new standards? Join us on a journey of discovery and meet Helen Frankenthaler (1928–2011), one of the most influential abstract artists in the United States after the Second World War.

The exhibition *Helen Frankenthaler: Move and Make* at the Reinhard Ernst Museum is the first to provide a comprehensive view of the world's largest private Frankenthaler collection. It shows how the artist continually developed her painting and challenged the artistic conventions of her time. In the early 1970s, she explained her desire for renewal and her creative self-image in the quote that lends our exhibition its name: 'I'd rather think and move and make than halt.'[2]

One revolutionary move, one momentous action, for example, was to lay the canvas on the floor to paint on it fig. 1. Frankenthaler and her contemporaries thus radically changed the act of painting itself. Previously, it was common practice to hang the canvas on a wall or place it on an upright frame. By placing the canvas on the floor, the artist introduced a new physical immediacy and spontaneity into the creative process. She broke with the notion of painting as a static, controlled activity and made a more intuitive, expressive and dynamic form of creation possible. Frankenthaler thus emphasised the importance of movement, chance and physical participation in the work. By spreading out the canvas on the floor from the early 1950s onwards, she transformed her role as a painter from that of an observant creator to a physically active shaper of the working process. She stood, squatted and knelt on her unframed canvases fig. pp. 59, 160 as she painted. The canvas thus literally became the place where she positioned herself in order to live and present her new approach to painting.

Frankenthaler's paintings are not mirrors in which intellectual and visual artistic concepts merely take shape. The process of painting and the result are joined together. Even if the result is uncertain each time and can lead to 'bad pictures',[3] the artist's supreme credo is to keep going, to 'rather move and *make* than halt'.

The main protagonist in her pictorial exploration is colour. The artist makes colour itself an active part of the work, not just by using it as a means to represent something, but by elevating it to a vibrant, dynamic component of the image. For this purpose, Frankenthaler invented a completely new technique in which she applied diluted acrylic paint to unprimed canvases, allowing the colours to penetrate the fabric and create an organic appearance. In this so-called soak-stain technique, the paint does not sit on the traditionally primed canvas, but becomes one with it. The distinction between representation and surface is eliminated.

**'I'd rather think and move and make than halt'**

**Oliver Kornhoff**

als Mittel für die Darstellung von etwas einsetzt, sondern sie zu einem lebendigen, dynamischen Bestandteil des Bildes erhebt. Frankenthaler erfand dafür eine völlig neue Technik, bei der sie verdünnte Acrylfarbe auf ungrundierte Leinwände auftrug, sodass die Farben in das Gewebe eindrangen und ein organisches Erscheinungsbild erzeugten. Durch das sogenannte *soak and stain* (dt. tränken und einfärben) steht die Farbe nicht auf der traditionellerweise grundierten Leinwand, sondern vereinigt sich mit ihr. Es gibt keinen klaren Trennstrich zwischen dem, was dargestellt wird, und der Art und Weise, wie es dargestellt wird.

Bei dieser Verschmelzung von Motiv und Malprozess feiert die Malerin die Bewegung der Farbe und wie sie aufgetragen wird als zentrale Teile des Bildinhalts. Dabei erklärt sie die Farbe regelrecht zur schöpferischen Komplizin. Sie lässt sie oftmals Schwall um Schwall direkt aus dem Eimer fließen **Abb. S. 2, 17** und gestattet ihr größtmögliche Freiheit, da dieser Prozess sich nur eingeschränkt steuern und dosieren lässt. Erst im Anschluss dirigiert die Künstlerin ihr Material mit unterschiedlichsten Werkzeugen und entscheidet über den endgültigen Bildausschnitt.

Frankenthalers Schaffensweise, ihr *Making*, ist ein wesentlicher Beitrag zu einem entschieden modernen Künstler:innenverständnis, bei dem bis in die ersten Jahrzehnte des 20. Jahrhunderts Autorenschaft und Kontrolle unangefochten im Vordergrund standen. Dabei beschritt sie einen anderen Weg als die männlichen Künstlerkollegen, die actionreich Pinselhiebe und Farbtropfen fliegen ließen. Mit ihrem ureigenen Soak-Stain eröffnet sie der Malerei neue Räume, in denen Farbschleier fließen und ineinandergreifen konnten. So entstanden Bilder, die sowohl tief emotional als auch gestisch sind.

Ihre Werke zeugen von unermüdlicher Experimentierfreude und von ihrer Entscheidung, bewusst Risiken einzugehen – von einer Kunst, die sich selbst keine Grenzen setzt. Exemplarisch ist diesbezüglich auch das Titelbild unserer Ausstellung. *Sea Level* **Abb. 2** von 1976, das ursprünglich als Querformat geplant war, wurde nach dem Malprozess in ein Hochformat gedreht. Eine kleine Bewegung mit großer inhaltlicher Auswirkung. Wie kann es möglich sein, dem Bild einfach eine andere Ausrichtung zu geben? Weil bei Frankenthaler das Motiv stets nur ein Teil des Dargestellten ist. Die Drehung des Gemäldes um 90 Grad macht aus einem horizontal ausgerichteten *Sea Level* (dt. Meeresspiegel) etwas aufregend Neues. Frankenthaler verleiht ihrem Gemälde zunächst vielfältige Anklänge an u.a. Wasseroberflächen, Lichtreflexionen, Wellen, Schaumkronen, Küste und Strand. Durch die anschließende Aufrichtung entzieht sie den maritimen Elementen allerdings ihre landschaftlich horizontale Verortung. So wird der Meeresspiegel zu jener geografischen Größe, mit der realiter weltweit die Höhenmessungen vorgenommen werden. Eine Höhenskala, die in unserem Fall das Ausmaß künstlerischer Autonomie beziffert. Denn wenn der Meeresspiegel auch überall unterschiedlich ist, senkrecht ist er nie. Auf der Rückseite des Gemäldes dokumentiert ein mit rotem Buntstift angebrachter Hinweis Frankenthalers Entschlossenheit, sich maximale ästhetische Freiheit zu bewahren. Diese Haltung, diese künstlerische Pegelbestimmung, ist der eigentliche Inhalt des Gemäldes und macht *Sea Level* zum bedeutungsreichen Sinnbild für *Move and Make*.

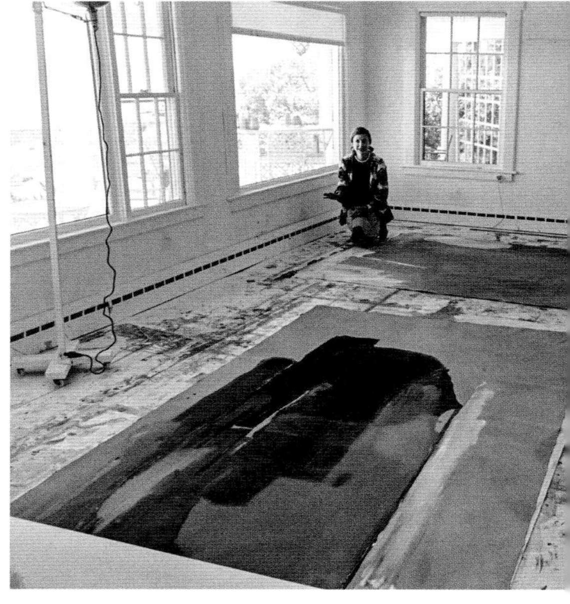

**Abb./Fig. 1**

Helen Frankenthaler in ihrem Atelier im Ocean Drive West, Shippan Point, Stamford, Connecticut, mit *After Hours* (1975, in Arbeit), September 1975

Helen Frankenthaler in her studio on Ocean Drive West, Shippan Point, Stamford, Connecticut, with *After Hours* (1975, in progress), September 1975

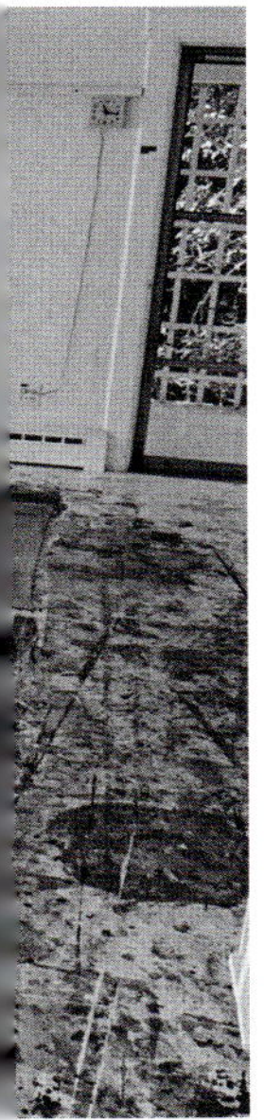

There is no clear dividing line between what is depicted and the way it is depicted.

In this fusion of motif and painting process, the artist celebrates the movement of the paint and the way it is applied as central elements of the pictorial content. In doing so, she declares the paint to be her creative accomplice. She often lets it flow directly from the bucket, gush after gush **fig. pp. 2, 17**, allowing it the greatest possible freedom, since this process can only be guided and controlled to a limited extent. Only then does she direct her material with a wide variety of tools and decide on the final cropping of the image.

Frankenthaler's creative process, her 'making', is a central contribution to a transformed, decidedly modern understanding of the artist, for whom authorship and control were unquestionably in the foreground until the first decades of the twentieth century. She makes it possible for us to experience colour and form as independent, expressive elements. In doing so, she took a different path from her male artist colleagues, who opted for action-packed brushstrokes and splashes of paint. Her own soak-stain technique opened up new spaces in painting, in which veils of colour could flow and interlock. The resulting images are profound and emotional as well as gestural and dynamic.

Her works testify to indefatigable joy in experimentation and a conscious decision to take risks — an art that sets itself no limits. The title image of our exhibition offers a fine example **fig. 2**: *Sea Level* from 1976 was originally planned to be horizontal, but was turned into a vertical composition after the painting process had been completed — a small 'move' with a big impact on content. How can it be possible to simply give the image a different orientation? Because, in Frankenthaler's work, the motif is always only part of the picture. A 90-degree rotation of the painting turns a horizontally aligned *Sea Level* into something excitingly new. Frankenthaler initially gives her painting a variety of associations with water surfaces, light reflections, waves, whitecaps, coast and beach, amongst others. However, by turning the work, she deprives the maritime elements of their horizontal localisation in a landscape. The sea level in the title then becomes the geographical standard with which, in real life, altitude measurements are made around the world. In our case, this height scale expresses the degree of autonomy enjoyed by the artist. Even though sea level is different everywhere it occurs, it is never vertical. On the back of the painting, a note in red crayon testifies to Frankenthaler's determination to preserve maximum aesthetic freedom. This attitude, this artistic definition of level, is the actual content of the painting and makes *Sea Level* a meaningful symbol for *Move and Make*.

The exhibition invites our guests to experience a literal dialogue with Frankenthaler's painterly discoveries. Her understanding of 'move and make' naturally includes the audience: 'An exhibition of my art should convey one thing: in my art I've moved and have been able to grow. Hopefully, others should be similarly moved.'[4] This personal approach comes to life in many of her quotations, which deepen our understanding of her creative process and artistic attitude.

*Move and Make* highlights not only the work of an extraordinary painter, but also the significance of the Reinhard Ernst Collection. Over the past

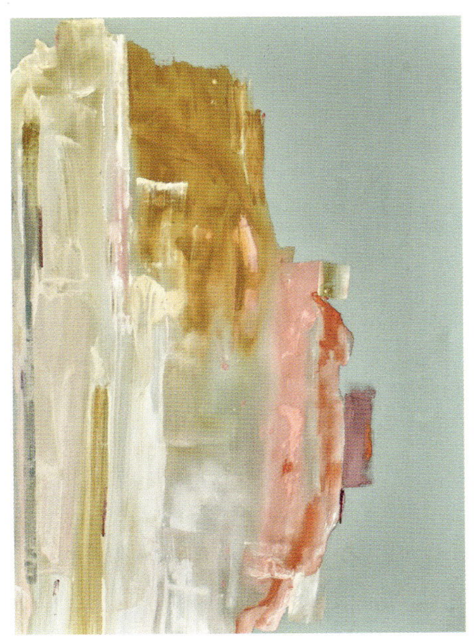

**Abb./Fig. 2** → S./p. 106

*Sea Level*, 1976
Acryl auf Leinwand /
Acrylic on canvas,
226 × 160 cm

Die Ausstellung lädt unsere Gäste ein, Frankenthalers malerische Entdeckungen buchstäblich im Zwiegespräch zu erleben. Ihre Auffassung
von „*bewegen und machen*" schließt das Publikum nämlich unbedingt
mit ein: „Eine Ausstellung meiner Kunst sollte eines vermitteln: dass ich
mich in meiner Kunst bewegt habe, dass ich vorangekommen und
gewachsen bin. Ich hoffe, dass andere ähnlich bewegt werden"[4] Dieser
persönliche Zugang wird durch viele ihrer Zitate lebendig, die das Verständnis für ihren kreativen Prozess und ihre künstlerische Haltung
vertiefen.

*Move and Make* lenkt den Blick nicht nur auf das Schaffen einer außer-
gewöhnlichen Malerin, sondern auch auf die Bedeutung der Sammlung
Reinhard Ernst. Der Wiesbadener Unternehmer und Museumsgründer
hat in den letzten Jahrzehnten eine einzigartige Kollektion aufgebaut, in
der Frankenthalers Werke im Zusammenhang mit anderen bedeutenden Positionen der abstrakten Kunst stehen. Infolgedessen ist es uns ein
großes Vergnügen, in der zeitgleichen ersten Sammlungspräsentation
des mre, *Farbe ist alles!*[5], Frankenthalers meisterhafte Farbgebung und
ihre wegweisende Rolle im Kontext ihrer Zeitgenoss:innen zu veran-
schaulichen.

Darüber hinaus inspiriert(e) ihr ungewöhnlicher Umgang mit Farbe und
Material Generationen von Künstler:innen — bis heute. Daher nimmt
der zweite Teil unseres Helen-Frankenthaler-Ausstellungsjahres, der im
Oktober beginnt, explizit die aktuelle Relevanz ihres Schaffens in den
Blick. Wir haben mit Jenny Brosinski, Ina Gerken und Adrian Schiess drei
Gegenwartspositionen eingeladen, einen Dialog mit Frankenthalers
Werken aufzunehmen. Jede:r Künstler:in erhält zusätzlich zu einem ge-
meinsamen einen eigenen Ausstellungsraum und hat die Möglichkeit,
Werke ihrer:seiner Vorgängerin aus der Sammlung Reinhard Ernst in die
eigene Präsentation einzubeziehen.

Jenny Brosinskis (*1984) Malerei erfordert den Mut, mit weiten Frei-
flächen in einem reduzierten Kompositionsgefüge zu arbeiten. Von dieser
Spannung geht die Faszination ihrer Bilder aus. Ebenso bewunderns-
wert ist die Freiheit, mit der sie neben konventionellen Farbmaterialien
auch ungewöhnliche Elemente wie Schmutz oder Abdrücke in ihr Werk
integriert.

In ihren großformatigen Arbeiten schafft Ina Gerken (*1987) bestechende
innere Landschaften voller Ausdruckskraft. Das Miteinander von zeich-
nerischen Schichtungen und malerischen Strukturen zeugt von einem
Schaffensprozess, der das Risiko nie scheut. Muster stehen selbstbewusst neben geschütteten Flächen und collagierten Papieren, so dass
Gerken vielschichtige Ideen von Malerei formt.

Mit außergewöhnlicher Sensibilität erweitert Adrian Schiess (*1959) fort-
während die Grenzen der Malerei. Seine künstlerischen Versuchsreihen
zu den grundsätzlichen Aspekten von Farbe, Licht und Oberfläche eröffnen der traditionsreichen Gattung immer wieder neue Möglichkeiten.
Stets aufs Neue befreit er das Bild aus seiner vermeintlich festgelegten
Rolle, wobei er mit besonderer Hingabe die klassische Vorstellung von
Bild und Wand transformiert.

Wir freuen uns, dass alle drei sich auf dieses einmalige und einander
wertschätzende Quartett mit Helen Frankenthaler eingelassen haben.

few decades, the Wiesbaden entrepreneur and museum founder has developed a unique collection in which the works are contextualised in relation to other important positions in abstract art. It is therefore a great pleasure for us to illustrate Frankenthaler's masterful use of colour and her pioneering role in the context of her contemporaries in the first presentation of the mre collection, *Colour is everything!,*[5] on view concurrently.

Helen Frankenthaler's unusual approach to colour and material has inspired generations of artists — and continues to do so today. Thus the second part of our Helen Frankenthaler exhibition year, which begins in October, explicitly focuses on the current relevance of her work. We have invited three contemporary artists, Jenny Brosinski, Ina Gerken and Adrian Schiess, to enter into an artistic dialogue with Frankenthaler's work. Each artist will have their own exhibition space in addition to a shared space, and each will have the opportunity to include works by Frankenthaler from the Reinhard Ernst Collection in their own presentation.

The art of Jenny Brosinski (b. 1984) shows the courage to work with wide open spaces in a reduced compositional structure, a tension that gives her images their fascination. Equally admirable is the freedom with which she integrates conventional painting materials as well as unusual elements such as dirt or imprints into her work.

In her large-format works, Ina Gerken (b. 1987) creates captivating inner landscapes full of expressive force. The combination of layered drawings and painterly structures testifies to a dynamic creative process that never shies away from risk. Patterns stand confidently next to poured surfaces and collaged papers, allowing Gerken to form surprising and multilayered notions of painting.

With extraordinary sensitivity, Adrian Schiess (b. 1959) continually expands the boundaries of painting. His series of artistic experiments with fundamental aspects of colour, light and surface repeatedly open up new possibilities for this traditional genre. He constantly frees the image from its supposedly fixed role, often focusing his considerable attention on transforming the classical conception of image and wall.

We are delighted that all three have agreed to join this unique and mutually appreciative quartet together with Helen Frankenthaler. The two exhibitions tell a story that begins with Frankenthaler and is continued by the participating artists — quite literally through their statements in this catalogue. It is a question of how subsequent generations of artists continually reassess the path of abstraction. This exchange produces fresh perspectives on artmaking today, on Frankenthaler's legacy and on the meaning of painting as a form of artistic expression in general.

In the following pages, art collector Reinhard Ernst shares how he discovered his favourite artist and why her paintings are so fascinating to him. Curator Lea Schäfer guides us through the rich and unique Frankenthaler holdings in the Reinhard Ernst Collection. The editor of the Helen Frankenthaler Catalogue Raisonné, Douglas Dreishpoon, shares his research with us, while art historian Larissa Kikol explores why Helen Frankenthaler's abstract paintings continue to be so radiant and relevant today.

Die beiden Ausstellungen sollen eine Geschichte erzählen, die bei ihr beginnt und von den beteiligten Künstler:innen weitererzählt wird – auch ganz wörtlich durch deren Statements im vorliegenden Katalog. Es geht um die Frage, wie der abstrakte Weg von nachfolgenden Generationen immer wieder neu vermessen wird. Durch diesen Austausch entstehen frische Perspektiven auf das heutige Kunstschaffen, auf Frankenthalers Vermächtnis und auf die Bedeutung der Malerei als künstlerische Ausdrucksform im Allgemeinen.

Auf den nächsten Seiten berichtet der Kunstsammler Reinhard Ernst, wie er seine Lieblingskünstlerin entdeckte und warum ihre Gemälde ihn so faszinieren. Kuratorin Lea Schäfer führt Sie durch den reichen und einmaligen Frankenthaler-Bestand der Sammlung Reinhard Ernst. Douglas Dreishpoon, der Herausgeber des Helen Frankenthaler Catalogue raisonné, lässt uns teilhaben an seinen Forschungsergebnissen. Die Kunstwissenschaftlerin Larissa Kikol geht der Frage nach, warum Helen Frankenthalers abstrakte Malereien auch heute voller Strahlkraft und Relevanz sind.

*Move and Make* ist die erste Wechselausstellung bildender Kunst des Museums Reinhard Ernst. Sie ist das Ergebnis einer sorgfältigen Analyse und Befragung des Œuvres von Helen Frankenthaler und insbesondere der 50 Werke in der Sammlung Reinhard Ernst. Elizabeth A. T. Smith, Direktorin der Helen Frankenthaler Foundation, hat unserem Vorhaben große persönliche Unterstützung und Einblicke ins Archiv geschenkt. Im Katalog haben Reinhard Ernst, Douglas Dreishpoon und Larissa Kikol durch ihre unterschiedlichen Blickwinkel und ihre jeweilige Expertise das Bild von Helen Frankenthaler immens bereichert. Ausstellungen und Katalog zeugen von der profunden Kennerschaft unserer Kuratorin Lea Schäfer. Ihrem reichen Verständnis von Malerei verdankt das Ausstellungsjahr seine Gesamterzählung und Einblicke in jedes einzelne Werk. Mein herzlicher Dank gilt dem gesamten mre-Team, das bewegt, gemacht und nie angehalten hat.

Lange haben wir uns darauf gefreut, unsere Begeisterung für Helen Frankenthaler mit einem größeren Publikum zu teilen. Wir laden Sie nun herzlich ein, sich von der Kraft und Lebendigkeit ihrer Werke inspirieren zu lassen. Entdecken Sie die Tiefe der Farbschichten, die Radikalität der Kompositionen und die Freiheit, die in jeder Linie und jedem Farbauftrag spürbar ist.

**1** Die sogenannte *9th Street Show* war ein entscheidender Karriereschritt für Helen Frankenthaler und zahlreiche weitere Künstler:innen des Amerikanischen Abstrakten Expressionismus. Viele von ihnen sind in der Sammlung Reinhard Ernst vertreten. Mehr dazu im zweiten Sammlungsband: *Abstract Expressionism – And Beyond, American Painting in the Collection Reinhard Ernst*, hrsg. von der Reinhard und Sonja Ernst-Stiftung, München 2025.

**2** Helen Frankenthaler, zitiert nach dem Filmmitschnitt einer Fragerunde an der Portland State University, 1972, Art Department of Portland State University. https://www.youtube.com/watch?v00A1R 06tLa8, Minute 9:18 (Zugriff: 10.1.2025). Copyright State Board of Higher Education, on behalf of Portland State University.

**3** „I've been very moved myself by the continuity that an artist projects throughout a lifetime. That there's a basic vocabulary and within that a lot of risks, a lot of hurt, a lot of joy, a lot of catharsis, a lot of guilt, and a lot of bad pictures and a lot of radiant pictures." Helen Frankenthaler, aus: *CBS Sunday Morning*, 16. September 1984, zit. n. Jane Findlay (Hrsg.): „Helen Frankenthaler: Radical Beauty", in: *Helen Frankenthaler: Radical Beauty*, Ausst.-Kat. Dulwich Picture Gallery, London 2022, S.12.

**4** „In my art I've moved and have been able to grow. I've been someplace. Hopefully, others should be similarly moved." Aus: *Helen Frankenthaler: A Paintings Retrospective*, hrsg. von E. A. Carmean Jr., Ausst.-Kat. Museum of Modern Art, New York/Los Angeles County Museum of Art/Modern Art Museum of Fort Worth/Detroit Institute of Arts, New York 1989, S. 8.

**5** *Magazin No. 1: Farbe ist alles! – Die Sammlung Reinhard Ernst,* hrsg. von der Reinhard und Sonja Ernst-Stiftung, Wiesbaden 2024.

*Move and Make* is the first temporary exhibition of visual art at the Museum Reinhard Ernst. It is the result of careful analysis and examination of Helen Frankenthaler's oeuvre, in particular the 50 works in the Reinhard Ernst Collection. Elizabeth A. T. Smith, Director of the Helen Frankenthaler Foundation, has given our project great personal support and granted us access to the archive. In the catalogue, Reinhard Ernst, Douglas Dreishpoon and Larissa Kikol have added immensely to our understanding of Helen Frankenthaler through their differing perspectives and areas of expertise. The exhibitions and catalogue testify to the profound connoisseurship of our curator Lea Schäfer. Her rich understanding of painting gives the exhibition year its overall narrative and insights into each individual work. My heartfelt thanks go to the entire mre team, who have moved, made and never halted.

We have long looked forward to sharing our enthusiasm for Helen Frankenthaler with a larger audience. We now warmly invite you to be inspired by the power and vibrancy of her works. Discover the depth of the layers of colour, the radicalism of the compositions and the freedom that can be felt in every line and every brushstroke.

**1**  The so-called 9th Street Show was a decisive career step for Helen Frankenthaler and numerous other artists of American Abstract Expressionism, many of whom are represented in the Reinhard Ernst Collection. See the second volume of the collection, *Abstract Expressionism – And Beyond, American Painting in the Collection Reinhard Ernst*, ed. Reinhard und Sonja Ernst-Stiftung, Munich 2025.

**2**  Helen Frankenthaler, quoted from the film recording of a 'question and answer session' at Portland State University, 1972, Art Department of Portland State University, https://www.youtube.com/watch?v=00A1R06tLa8, minute 9:18 (accessed: 10 January 2025), Copyright State Board of Higher Education, on behalf of Portland State University.

**3**  'I've been very moved myself by the continuity that an artist projects throughout a lifetime. That there's a basic vocabulary and within that a lot of risks, a lot of hurt, a lot of joy, a lot of catharsis, a lot of guilt, and a lot of bad pictures and a lot of radiant pictures.' Helen Frankenthaler on *CBS Sunday Morning*, 16 September 1984, quoted in Jane Findlay, 'Helen Frankenthaler: Radical Beauty', in *Helen Frankenthaler: Radical Beauty*, exh. cat. Dulwich Picture Gallery, London 2022, p. 12.

**4**  'In my art I've moved and have been able to grow. I've been someplace. Hopefully, others should be similarly moved.' Quoted in *Helen Frankenthaler: A Paintings Retrospective*, ed. E. A. Carmean, Jr, exh. cat. New York/Los Angeles County Museum of Art/Modern Art Museum of Fort Worth/Detroit Institute of Arts, New York 1989, p. 8.

**5**  *Magazine No. 1: Colour is Everything! – The Reinhard Ernst Collection*, published by the Reinhard und Sonja Ernst-Stiftung, Wiesbaden 2024.

Das erste Werk von Helen Frankenthaler sah ich Ende der 1980er Jahre in einer Galerie in der Avenue Matignon in Paris. Ich war damals längere Zeit geschäftlich in Paris, meine Frau und ich hatten unser Haus fertiggestellt, und ich war auf der Suche nach „Dekoration".

Ich sah damals eine kleinere Arbeit von etwa 50 × 60 cm auf Papier. Sie war nicht besonders farbig, mit ein paar wenigen Strichen und Linien wirkte das Blatt „ausgefüllt", obwohl noch viel Raum blieb. Daneben lag ein Buch, auf dem der Name Frankenthaler zu lesen stand. Mein erster Kontakt mit meiner heutigen Lieblingskünstlerin.

Zwischen 2000 und 2010 war ich geschäftlich oft in Japan, USA und auch innerhalb Europas unterwegs. Einerseits sah ich Kunst, die mich ansprach, andererseits hatte ich nicht die nötigen Mittel, um mir die Werke, die mir gefielen, leisten zu können. Zum damaligen Zeitpunkt ging der Kauf von Werkzeugmaschinen für den Aufbau einer Getriebe-Fertigung vor. Das war die Zeit, als ich in Galerien und bei Auktionen viele Werke von französischen und deutschen Künstlern kaufte, die damals noch relativ preiswert waren. Es war auch die Zeit, in der sich meine Liebe zur abstrakten Kunst festigte.

Frankenthaler war in Deutschland bzw. Europa praktisch nicht zu sehen, überhaupt spielte amerikanische Kunst hierzulande kaum eine Rolle. Bei meinen häufigen New-York-Aufenthalten sah ich Bilder in einer Größe und Schönheit, wie ich sie nie zuvor kennengelernt hatte.

Hier sah ich auch Helen Frankenthaler erstmals mit riesigen Werken und begann mich mehr und mehr zu ihrer Kunst hingezogen zu fühlen. Anfangs wusste ich nicht, warum. Ihre Farben? Ihr großzügiger Umgang mit dem Bildraum? Im Jahr 2011, ich weilte für eine längere Zeit geschäftlich in New York, begegnete sie mir praktisch überall, und ich sah Bilder, die ich oft erst Jahre später in Auktionen erwarb. Es war die Zeit, die ich als den Beginn meiner Leidenschaft für Helen Frankenthaler bezeichnen würde.

Ich besuchte damals eine der wohl bekanntesten Galerien New Yorks, Knoedler. Was ich dort zu sehen bekam, war überwältigend. Es gab pro Künstler nicht nur jeweils ein Werk, zum Teil waren es über zehn. Alle, die Rang und Namen hatten, waren vertreten: Frankenthaler, Motherwell, Krasner, Pollock, Rothko, Kline, Hofmann, Louis, Mitchell, Noland, Francis, Fine, um nur einige zu nennen. Es war das Who is Who des amerikanischen Abstrakten Expressionismus. Ich sah vier Arbeiten von Helen Frankenthaler. Alle vier waren wunderbar, ich konnte mich allerdings nicht entscheiden, was aber in erster Linie an den aufgerufenen Preisen lag. Der Knoedler-Mitarbeiter deutete mein Zögern anders. Er verschwand und kam nach fünf Minuten zurück. Mit einem fünften Werk, von dem ich erst einmal nur die Rückseite sah. Das sei reserviert, sagte er mir. Er drehte es um, und ich erblickte ein Bild, das ich bis zu diesem Zeitpunkt niemals mit Frankenthaler in Verbindung gebracht hätte. Es war wunderbar. Ich wollte mehr wissen. Der Titel, der ja in der Abstraktion eher selten aussagekräftig ist, führte mich in diesem Fall zu des Rätsels Lösung. Er lautete: *For Hiroshige* Abb. 1, war also eine Widmung.

Durch meine vielen Japanreisen war mir der japanische Landschaftsmaler Hiroshige, der große farbige Holzschnitte anfertigte, gut bekannt. Was ich in diesem Bild von Frankenthaler sah, war eine Landschaft.

# Königin der Farben

**Reinhard Ernst**

I first saw a work by Helen Frankenthaler in the late 1980s in a gallery on Avenue Matignon in Paris. I was in Paris on business for an extended period of time, and since my wife and I had just finished building our house, I was on the lookout for 'decorations'.

I saw a smaller work on paper, about 50 × 60 cm. It wasn't particularly colourful, but with just a few strokes and lines the sheet appeared 'filled out', although there was still a lot of space. Next to it lay a book with the name Frankenthaler on it – my first contact with what is now my favourite artist.

Between 2000 and 2010, I travelled frequently on business to Japan, the United States and within Europe. On one hand, I saw art that appealed to me, but on the other I couldn't afford to buy the works I liked. At that time, my priority was to buy tooling machinery for the construction of a gear production line. At the time, I bought a number of works by French and German artists at galleries and auctions, as they were still relatively inexpensive. It was also the period when my love of abstract art was solidified.

Frankenthaler was practically unknown in Germany, and indeed in Europe, at that time; American art in general was still of little significance in this country. During my frequent visits to New York, I saw paintings of a size and beauty I had never encountered before.

It was there that I first saw Helen Frankenthaler's huge works and began to feel more and more drawn to her art. At first, I didn't know why. Her colours? Her generous use of pictorial space? In 2011, while I was in New York for an extended period of time on business, I came across her work almost everywhere, and I saw pieces that I often acquired only years later at auctions. It was the time that I would describe as the beginning of my passion for Helen Frankenthaler.

I paid a visit at that time to what was probably one of the best-known galleries in New York, Knoedler. What I saw there was overwhelming. There wasn't just one work by each artist; sometimes there were over ten. All the major names were represented: Frankenthaler, Motherwell, Krasner, Pollock, Rothko, Kline, Hofmann, Louis, Mitchell, Noland, Francis, Fine, to mention just a few. It was a veritable Who's Who of American Abstract Expressionism. I saw four works by Helen Frankenthaler. All four were wonderful, but I couldn't make up my mind, mainly because of the prices being asked. The Knoedler employee interpreted my hesitation as something else. He disappeared and came back five minutes later with a fifth work, which at first I could only see from behind. He informed me that it was already reserved. He turned it around, and I saw a picture I would never have associated with Frankenthaler up to that point. It was wonderful. I wanted to know more. The title, which is seldom very informative in abstract art, solved the puzzle for me. It read *For Hiroshige* fig. 1, and so was a dedication.

From my many trips to Japan, I was well acquainted with the Japanese landscape painter Hiroshige, who created large colourful woodcuts. What I saw in this picture by Frankenthaler was a landscape that filled the entire format, as is always the case with Hiroshige. You can see what Frankenthaler mastered brilliantly: although she paints 'flat', that is, without an impasto application of pigment, her pictures always show

# Queen of Colours

**Reinhard Ernst**

Eine Landschaft, die das Format ausfüllte, wie es auch bei Hiroshige immer der Fall ist. Man sieht das, was Frankenthaler glänzend beherrscht: Obwohl sie „flach" malt, also ohne pastosen Farbauftrag auskommt, zeigen ihre Bilder immer verschiedene Ebenen und unterschiedliche Perspektiven. In Frankenthalers Landschaftsmalerei stellt dieses Bild, zumal es erst 1981 gemalt wurde, ein wahres Ausnahmewerk dar. Zum Zeitpunkt des Kaufs war mir das so nicht klar, es hat mir einfach nur gefallen.

Noch im selben Jahr besuchte ich eine Auktion von Sotheby's in New York. Ich hatte im Auktionskatalog ein monumentales Werk von ihr gesehen: *August Deep* (1978) **Abb. 2**. Ich wollte es mir eigentlich nur einmal anschauen. Als ich es im Rahmen einer Vorbesichtigung sah, schmolzen meine Vorsätze dahin. Die Farben, hauptsächlich Grün und Braun in verschiedenen Nuancen, quer über eine mehr als vier Meter große Leinwand gezogen, wahrscheinlich einer Jahreszeit oder einem Gefühlszustand entsprechend, waren für mich überwältigend. Ich fühlte mich wohl im Umfeld dieses Gemäldes. Zwei Tage später, nachdem ich wieder zu Hause war, gab ich mein Gebot telefonisch ab. Ich bekam den Zuschlag, und so hängt es jetzt hier. Heute habe ich insgesamt 50 Werke von Helen Frankenthaler in meiner Sammlung.

Ich wurde oft gefragt, was ich an ihrer künstlerischen Arbeit denn so besonders finde. Meine Antwort lautete dann meistens: Schau dir ihre Bilder an, dann weißt du es.

Den Zugang zu ihrer Malerei zu finden, war für mich einfach. Ich liebe Farben. Damit meine ich nicht nur leuchtende, mich in Freude versetzende Farben, sondern auch solche, die man eher mit Melancholie oder Traurigkeit in Verbindung bringen würde. Keine andere Künstlerin bzw. kein anderer Künstler bringt solche Farben auf die Leinwand wie Helen Frankenthaler. Beispielsweise versetzt mich *August Deep* in den Oktober/November. Und trotzdem fühle ich mich gut. Am liebsten schaue ich es mir im Frühjahr/Sommer an, mit dem Gedanken spielend, dass es auch wieder Herbst wird, dass Kälte kommt, ich neben dem Kamin sitze und durch die Scheiben den fallenden
Blättern zusehe. Bilder von Helen Frankenthaler wecken Emotionen.

Warum, was ist bei ihren Gemälden anders? Das hat meines Erachtens nicht nur einen Grund. In Amerika ordnet man sie in die Rubrik „Color-Field-Painter", in die „Farbfeldmalerei" ein, was das Schaffen großer homogener Farbfelder bezeichnet. Frankenthaler ist für mich die ausdrucksstärkste Künstlerin dieser Kunstrichtung. Dazu kommt, dass sie die von ihr erfundene oder besser: erstmals angewandte Technik nutzte, stark verdünnte Farben auf unbehandelte, auf dem Boden liegende Leinwand aufzutragen, oft zu schütten, also die Leinwand die Farben aufsaugen zu lassen, und das in großen Flächen. Sie schuf dadurch leuchtende Farbspiele. Es entstanden neue Farben durch übereinander verlaufende Schichten. Trotzdem bleiben ihre Bilder flach, wie mit der Leinwand verbunden. Das alles kann man sehen, ohne irgendetwas darüber gelesen zu haben. Man kann es sehen dadurch, dass sie oft in der Mitte ihrer Werke die unbehandelte Leinwand einfach sich selbst zu überlassen schien. Besonders deutlich wird das bei *Spanning* (1971) **Abb. 3**.

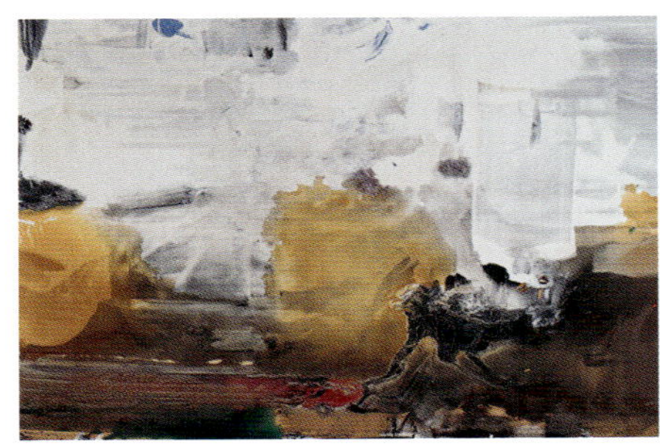

**Abb./Fig. 1** → S./p. 136
*For Hiroshige*, 1981
Acryl auf Leinwand /
Acrylic on canvas,
158,7 × 234 cm

**Abb./Fig. 2** → S./pp. 134/135
*August Deep*, 1978
Acryl auf Leinwand /
Acrylic on canvas,
240,2 × 426,2 cm

different layers and different perspectives. Among Frankenthaler's land-scape paintings, this picture, especially since it was painted only in 1981, is a truly exceptional work. At the time of purchase, I didn't realise that; I just liked it.

That same year, I went to an auction at Sotheby's in New York. I had seen a monumental work of hers in the auction catalogue: *August Deep* (1978) fig. 2. My intention was simply to take a look at it. However, when I saw it at a preview, my plans changed. I found the colours – mainly greens and browns in various shades, stretching across a canvas more than four metres wide and referring to a season or an emotional state – absolutely overwhelming. Two days later, after I had returned home, I placed my bid by telephone. My bid was successful, which is why the painting is now hanging here. To date, I have a total of 50 works by Helen Frankenthaler in my collection.

I was often asked what I find so special about her work. My usual answer was: Look at her paintings, then you'll know.

It was easy for me to connect with her painting. I love colours. By that I don't just mean bright colours that make me feel joyful, but also those that would be associated more with melancholy or sadness. No other artist puts such colours on the canvas like Helen Frankenthaler. For example, *August Deep* transports me to October/November, to a time of darker colours. And yet I feel good. I prefer to look at it in the spring and summer, playing with the thought that it will be autumn again, that the cold is on its way, that I will sit by the fireplace, look out the window and watch the leaves falling. Helen Frankenthaler's paintings evoke emotions.

Why, what is different about her paintings? I think there is more than one reason. In America, she is regarded as a 'Colour Field Painter', a reference to the creation of large, homogeneous fields of colour. How-ever, I consider Frankenthaler to be the most expressive artist of this movement. In addition, she used a technique which she invented – or rather, first employed – of applying and often pouring heavily diluted paint onto unprimed canvases laid out on the floor, allowing the canvas to soak up large areas of paint. You can see all of this without having read anything about it. You can see it from the way she often seemed to simply leave the unprimed canvas to its own devices in the middle of her works. This is particularly evident in *Spanning* (1971) fig. 3.

Helen Frankenthaler is, as I have said, my favourite artist. She knew not only how to create the most beautiful colours, but also how to trigger feelings with her paintings. I could tell you what I feel when I look at each of the 50 works.

The great thing is that viewers can decide for themselves what they see or want to see. That is the advantage of abstraction. As Frank Stella, the great American artist, put it: 'What you see is what you see.' No inter-pretation is wrong.

Helen Frankenthaler created the basis, but left it to us to develop or perceive our own feelings and emotions when looking at her work.

I think that is what this great artist wanted.

Helen Frankenthaler ist, wie gesagt, meine Lieblingskünstlerin. Sie verstand es nicht nur, die schönsten Farben hervorzubringen, sondern sie auch so zu kombinieren, wie ich sie vorher nie nebeneinander sah. Sie schafft es, mit ihren Bildern Gefühle auszulösen. Zu jedem der 50 Werke könnte ich Ihnen sagen, was ich bei seiner Betrachtung empfinde.

Das Schöne ist, dass jeder Betrachter für sich entscheiden kann, was er sieht oder sehen möchte. Das ist der Vorteil der Abstraktion. So wie Frank Stella, der große amerikanische Künstler, es auf den Punkt brachte: „What you see is what you see." Du siehst, was du siehst. Keine Interpretation ist falsch.

Helen Frankenthaler schafft die Basis, überlässt es aber uns, beim Betrachten ihrer Werke unsere ganz eigenen Empfindungen und Emotionen zu entwickeln bzw. wahrzunehmen.

Ich glaube, es ist das, was sich diese große Künstlerin wünschte.

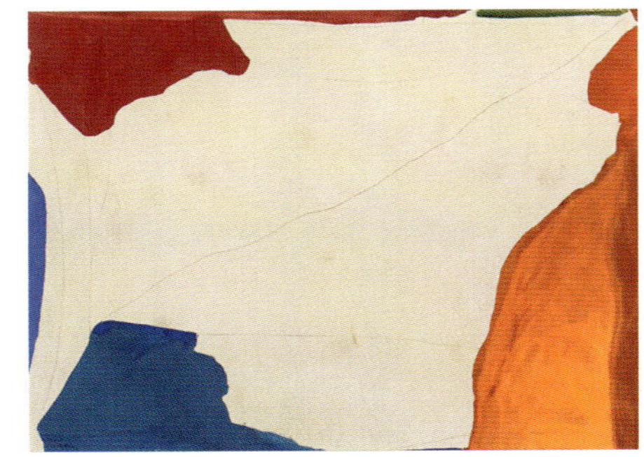

**Abb./Fig. 3** → S./p. 93

*Spanning*, 1971
Acryl auf Leinwand /
Acrylic on canvas,
270,5 × 363,9 cm

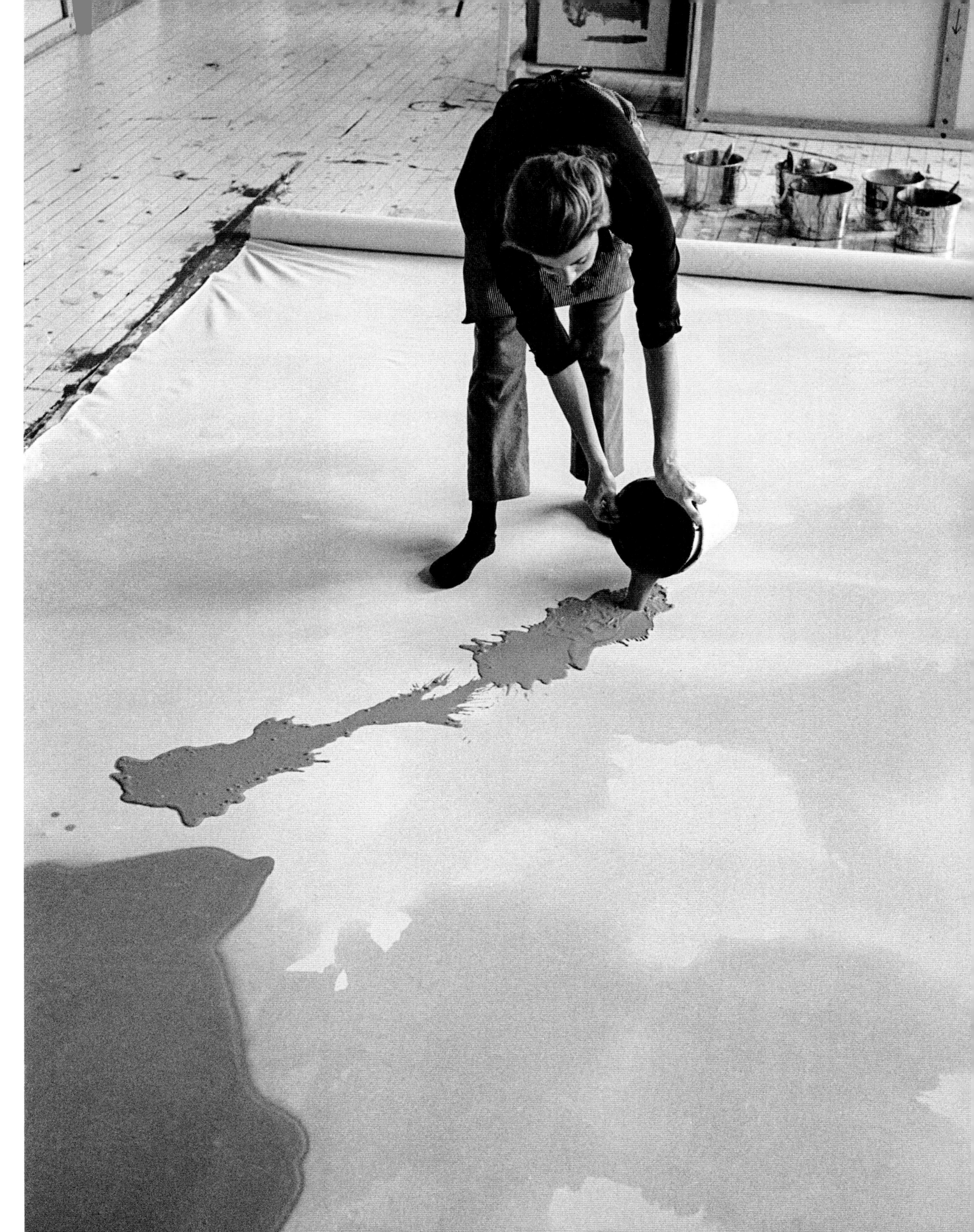

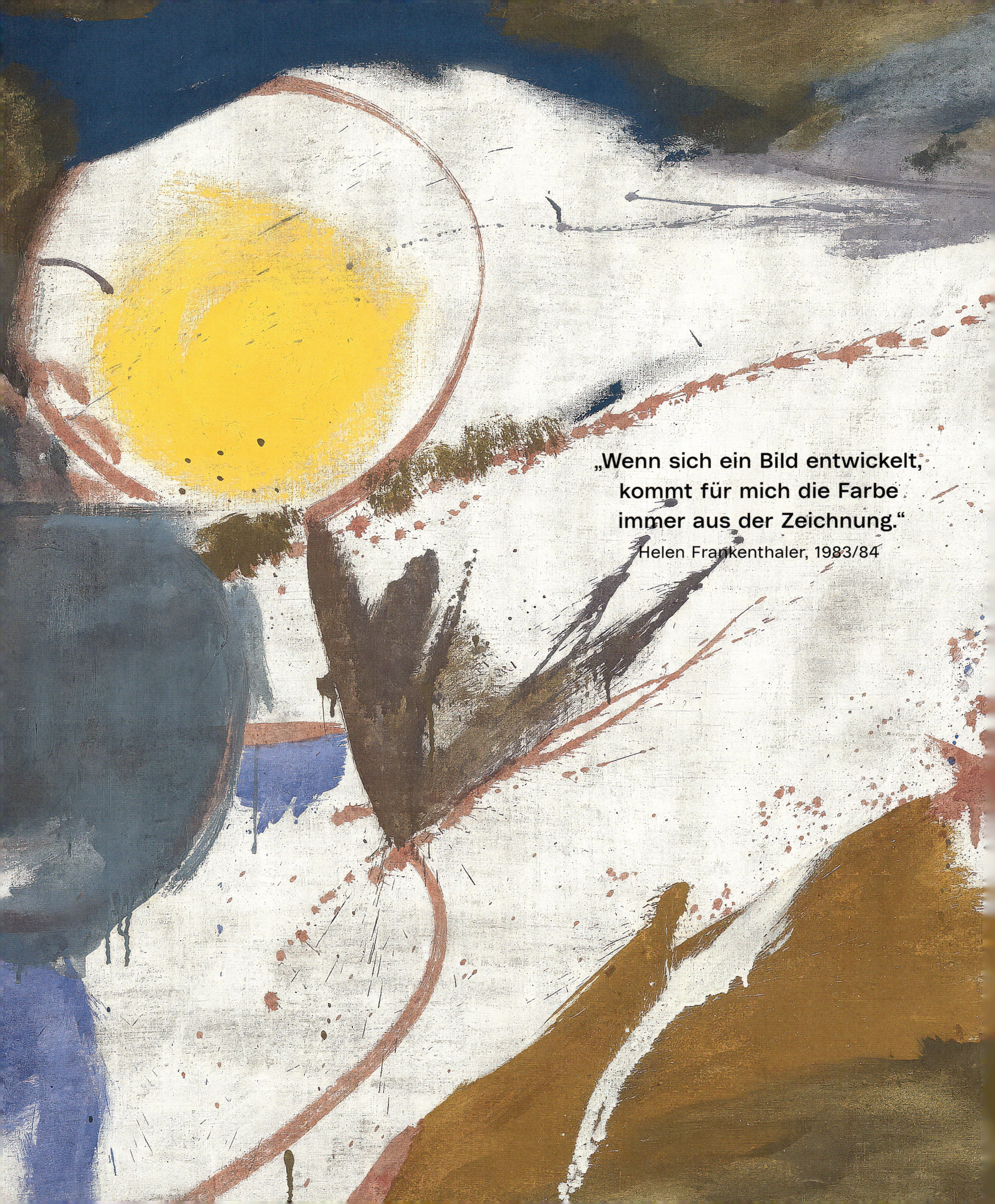
„Wenn sich ein Bild entwickelt,
kommt für mich die Farbe
immer aus der Zeichnung."
Helen Frankenthaler, 1983/84

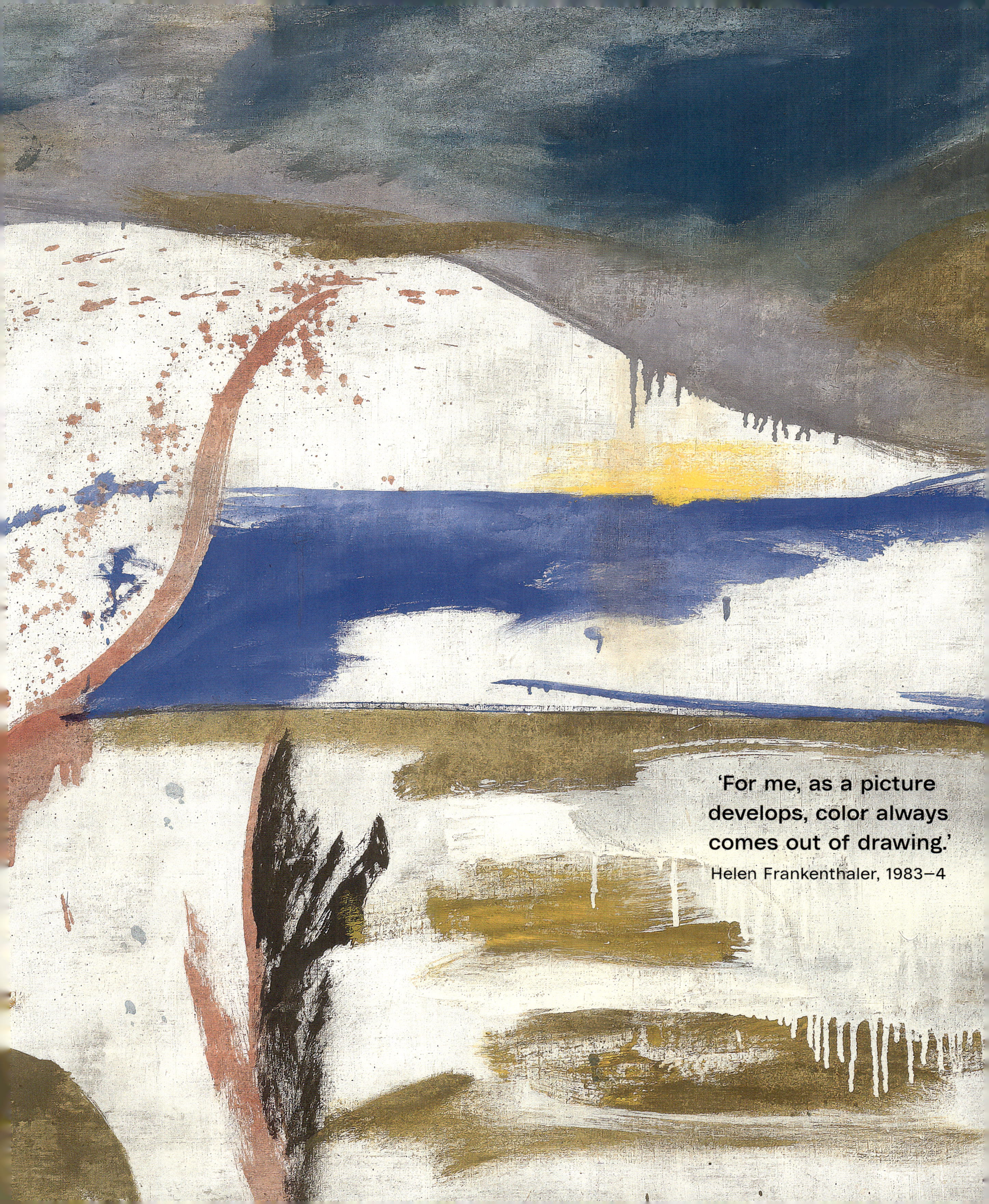
'For me, as a picture
develops, color always
comes out of drawing.'
Helen Frankenthaler, 1983—4

*Provincetown Harbor* (1950) ist das früheste Werk von Helen Frankenthaler in der Sammlung Reinhard Ernst. Wahrscheinlich malte sie es im Freien von der Veranda aus und hielt den Blick auf den Hafen von Provincetown in einer freien, impressionistischen Abstraktion fest. Mit dünn gezogenen grauen Linien konstruiert sie die Hafenansicht und lässt die wasserverdünnte Farbe in das Papier einsickern. Diese Technik sollte sie in den 1950er Jahren in ihre abstrakte, großformatige Malerei in Ölfarbe auf Leinwand übertragen.

Das Blatt entsteht während Frankenthalers Aufenthalt in Provincetown, einer Küstenstadt in Massachusetts. Im Sommer 1950 besuchte sie für drei Wochen die Malschule von Hans Hofmann, dem deutsch-amerikanischen Maler, Lehrer und Kunstprofessor, der zur ersten Generation der sogenannten New York School zählt. Die Pleinairmalerei (dt. Freiluftmalerei) war Teil seiner eigenen künstlerischen Arbeit und folglich seines Unterrichts.

Hans Hofmanns Lob war für Helen Frankenthaler Bestätigung, dass sie mit ihrer Kunst auf dem richtigen Weg war, erinnert sie sich später.[1] Die Bedeutung dieses Werkes zeigt sich darin, dass es viele Jahre in ihrer persönlichen Sammlung blieb, so als wolle sie sich ihrer künstlerischen Anfänge immer vergewissern. Die Gegend um Provincetown sollte in den 1960er Jahren zum bevorzugten Urlaubsort für Helen Frankenthaler und ihren späteren Ehemann Robert Motherwell werden. Von 1960 bis 1969 verbrachten sie dort fast jeden Sommer.

*Provincetown Harbor* (1950) is the earliest work by Helen Frankenthaler in the Reinhard Ernst Collection. She likely painted it outdoors from the veranda, capturing the view of Provincetown Harbor in a free, impressionistic abstraction. With thin grey lines, she constructed the harbour view and allowed the watercolour to seep into the paper. Later in the 1950s, she would transfer this technique to her large-scale abstract oil paintings on canvas.

The piece was created during Frankenthaler's stay in Provincetown, a coastal town in Massachusetts. In the summer of 1950, she attended Hans Hofmann's painting school for three weeks. Hofmann, a German-American painter, teacher and art professor, was among the first generation of the so-called New York School. Plein-air painting (Ger. *Freiluftmalerei*) was part of Hofmann's own artistic practice and consequently of his teaching. Hans Hofmann's praise was a significant affirmation for Helen Frankenthaler, who later recalled that it reassured her she was on the right path with her art.[1] The importance of this work is evident from the fact that it remained in her personal collection for many years, as if she always wanted to be reminded of her artistic beginnings. The area around Provincetown would later become a favourite holiday spot for Helen Frankenthaler and her future husband, Robert Motherwell. They spent almost every summer there from 1960 to 1969.

**1**  Barbara Rose: „Oral History Interview with Helen Frankenthaler," 1968, Archives of American Art, Smithsonian Institution, https://www.aaa.si.edu/collections/ interviews/oral-history-interview-helenfrankenthaler-12171 (aufgerufen 23. Oktober 2023). Siehe weiterführend Mary Gabriel: „Helen Frankenthaler als junge Künstlerin. Die Tiefe des Staunens", in: *Helen Frankenthaler, Malerische Konstellationen*, Ausst.-Kat. Krems/ Essen, Köln 2022, S. 160–167, hier S. 162.

**1**  Barbara Rose, 'Oral History Interview with Helen Frankenthaler', 1968, Archives of American Art, Smithsonian Institution, https://www.aaa.si.edu/collections/ interviews/oral-history-interview-helen-frankenthaler-12171 (accessed: 23 October 2024). See also Mary Gabriel, 'Helen Frankenthaler as a young artist: The deep end of wonder', in *Helen Frankenthaler, Painterly Constellations*, exh. cat. Krems/Essen, Cologne 2022, pp. 160–7, here p. 162.

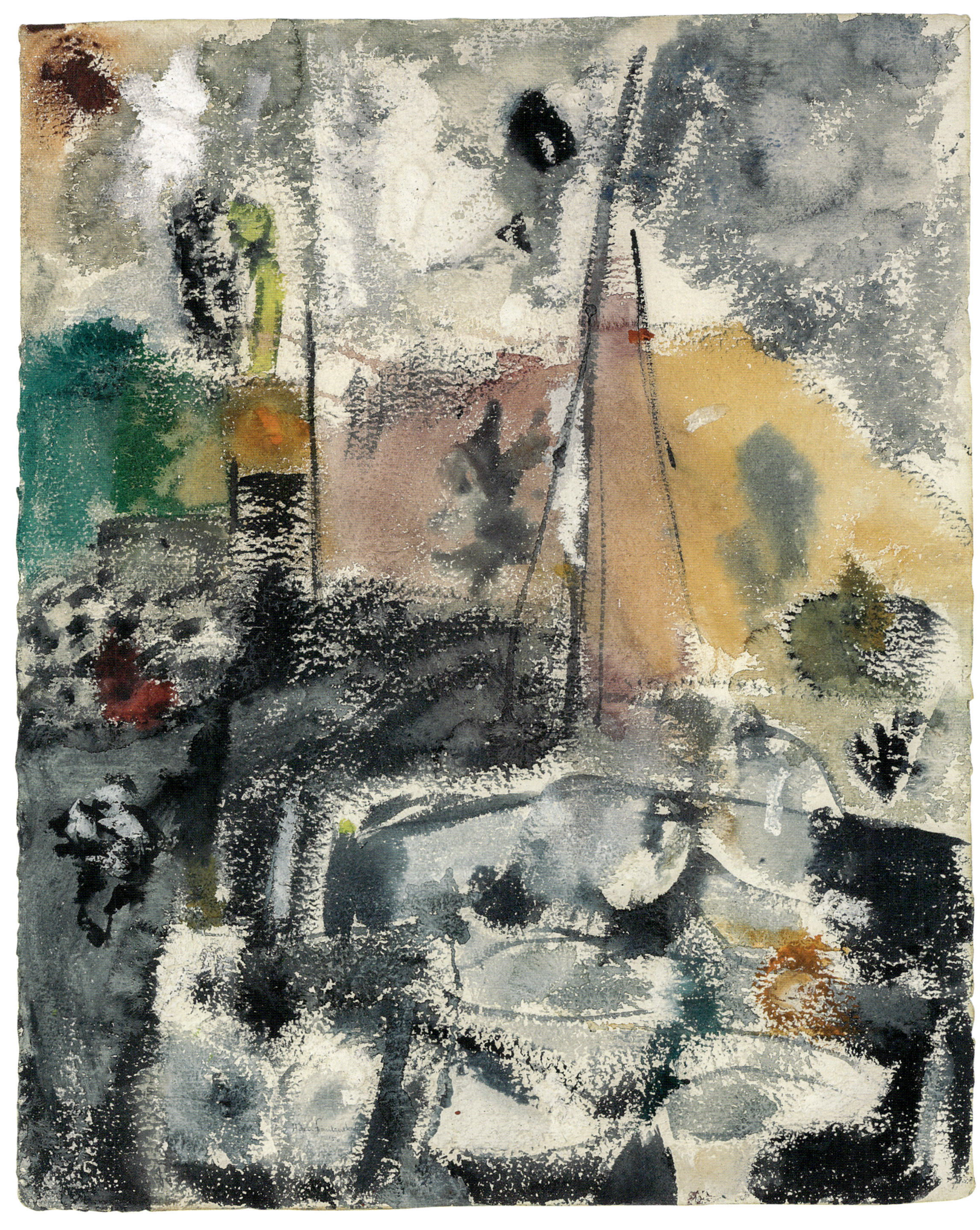

*Provincetown Harbor,* 1950

## *Beach Horse,* 1959

*Beach Horse* (1959) gilt als die einzige bekannte Shaped Canvas (dt. geformte Leinwand) der Künstlerin. Auf einem Querformat mit abgeschrägter linker Seite entfaltet Frankenthaler ihre gesamte malerische Virtuosität. Dazu unterteilt sie die Leinwand in drei Bereiche: An der spitz zulaufenden linken Bildkante lässt sie das Gewebe unbemalt. Ein ruhiges, weiß grundiertes Feld schließt daran an. Darauf folgt ein Bereich, auf dem sie ihr malerisches Können zur Geltung bringt: Schnell gezogene Linien stehen neben lasierenden Flächen und opaken Formen. Farblich bezieht sie den Ton des Gewebes in die Komposition mit ein. Frankenthaler zeigte *Beach Horse* in ihrer ersten Einzelausstellung in der André Emmerich Gallery im März 1959 und 1960 in ihrer Retrospektive im Jewish Museum in New York. Der Künstler Frank Stella (1936–2024) erwarb schließlich das Werk, das Frankenthaler ihm zuvor zum Tausch angeboten hatte.[1] Stella erinnerte sich: „Ich hatte immer im Kopf, dass ich ein Bild von Helen haben wollte." Auf die Frage, warum er *Beach Horse* wählte, antwortete er: „Ich mochte das Gemälde sehr… die rohe Leinwand, der leere Raum, wissen Sie, zusammen mit dem anderen Raum, der so ausgefüllt ist."[2] Um 1960 begann Frank Stella selbst, Shaped Canvases zu malen, um das traditionelle rechtwinklige Format zu überwinden und die Grenzen der flachen Malerei durch die Dimension des Raums aufzuheben.

1 „She offered me a really beautiful painting but I was embarrassed by it, so I just let it slide." Frank Stella, zitiert in einem von Christie's geführten Interview, Februar 2019. URL: https://www.christies.com/en/stories/select-works-from-frank-stella-personal-collection-9a7dd0a0e87a4f14bdc7ee82a9e47794 (Zugriff: 9.12.2024).

2 „I always had in my mind that I wanted to have a painting of Helen's […] I liked the painting a lot … the raw canvas, the empty space, you know, put together with the other space that's so filled up. […] The painting is terrific." Frank Stella, ebd.

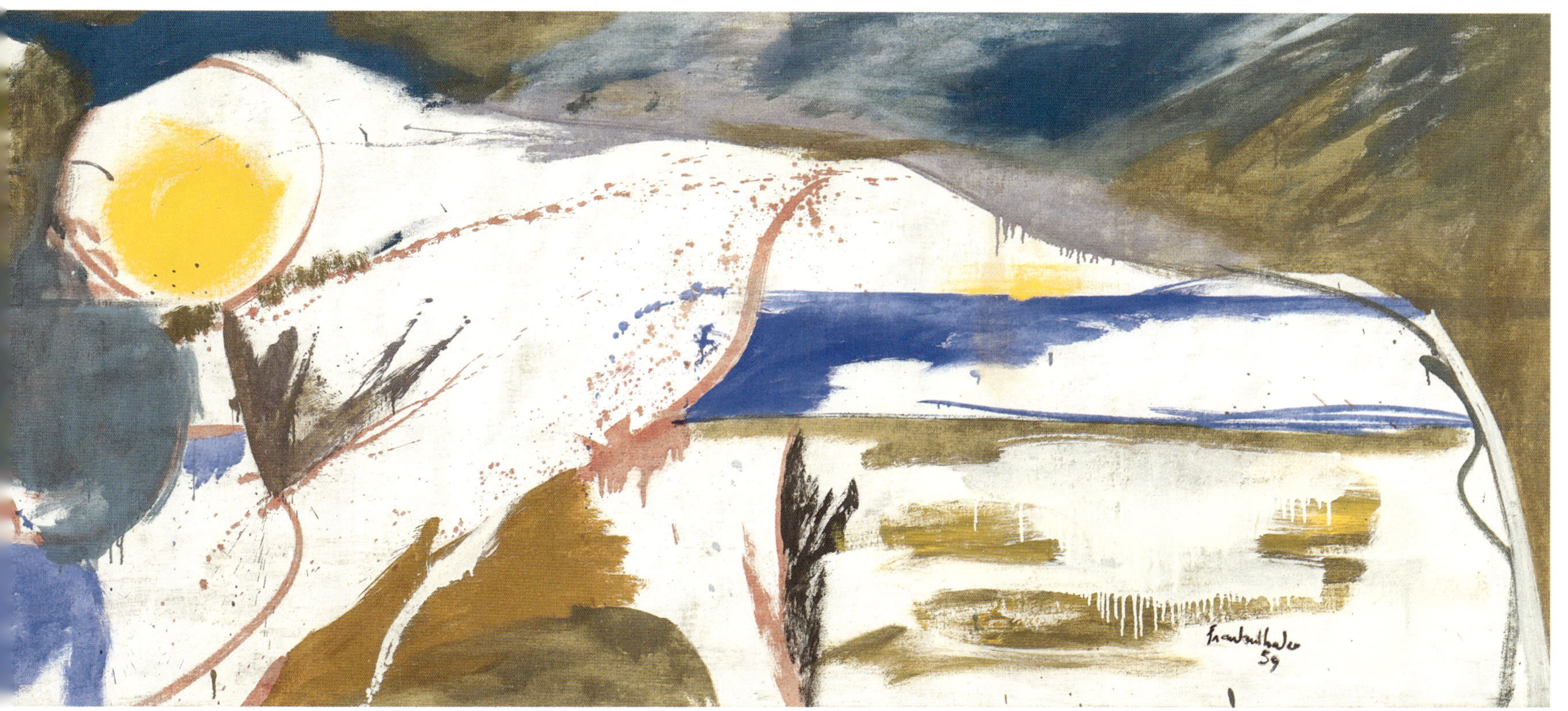

*Beach Horse* (1959) is considered the only known shaped canvas by the artist. In this horizontal piece with a slanted left side, Frankenthaler demonstrates her full painterly virtuosity. She divides the canvas into three sections: at the tapered left edge, she leaves the fabric unpainted. This is followed by a calm, white-primed field, leading into a section where she showcases her painterly skills: swiftly drawn lines stand alongside translucent washes and opaque shapes. She incorporates the tone of the raw canvas into the composition.

Frankenthaler first displayed *Beach Horse* in her solo exhibition at the André Emmerich Gallery in March 1959, and again in her retrospective at the Jewish Museum in New York in 1960. Artist Frank Stella (1936–2024) eventually purchased the work, which Frankenthaler had previously offered to him in an exchange.[1] Stella recalled, 'I always had in my mind that I wanted to have a painting of Helen's.' When asked why he chose *Beach Horse*, he replied, 'I liked the painting a lot … the raw canvas, the empty space, you know, put together with the other space that's so filled up. The painting is terrific.'[2] Around 1960, Frank Stella himself began to paint shaped canvases, seeking to overcome the traditional rectangular format and dissolve the boundaries of flat painting by incorporating the dimension of space.

---

[1] 'She offered me a really beautiful painting but I was embarrassed by it, so I just let it slide.' Frank Stella in an interview with Christie's, February 2019, https://www.christies.com/en/stories/select-works-from-frank-stella-personal-collection-9a7dd0a0e87a4f14bdc7ee-82a9e47794 (accessed: 9 December 2024).

---

[2] Ibid.

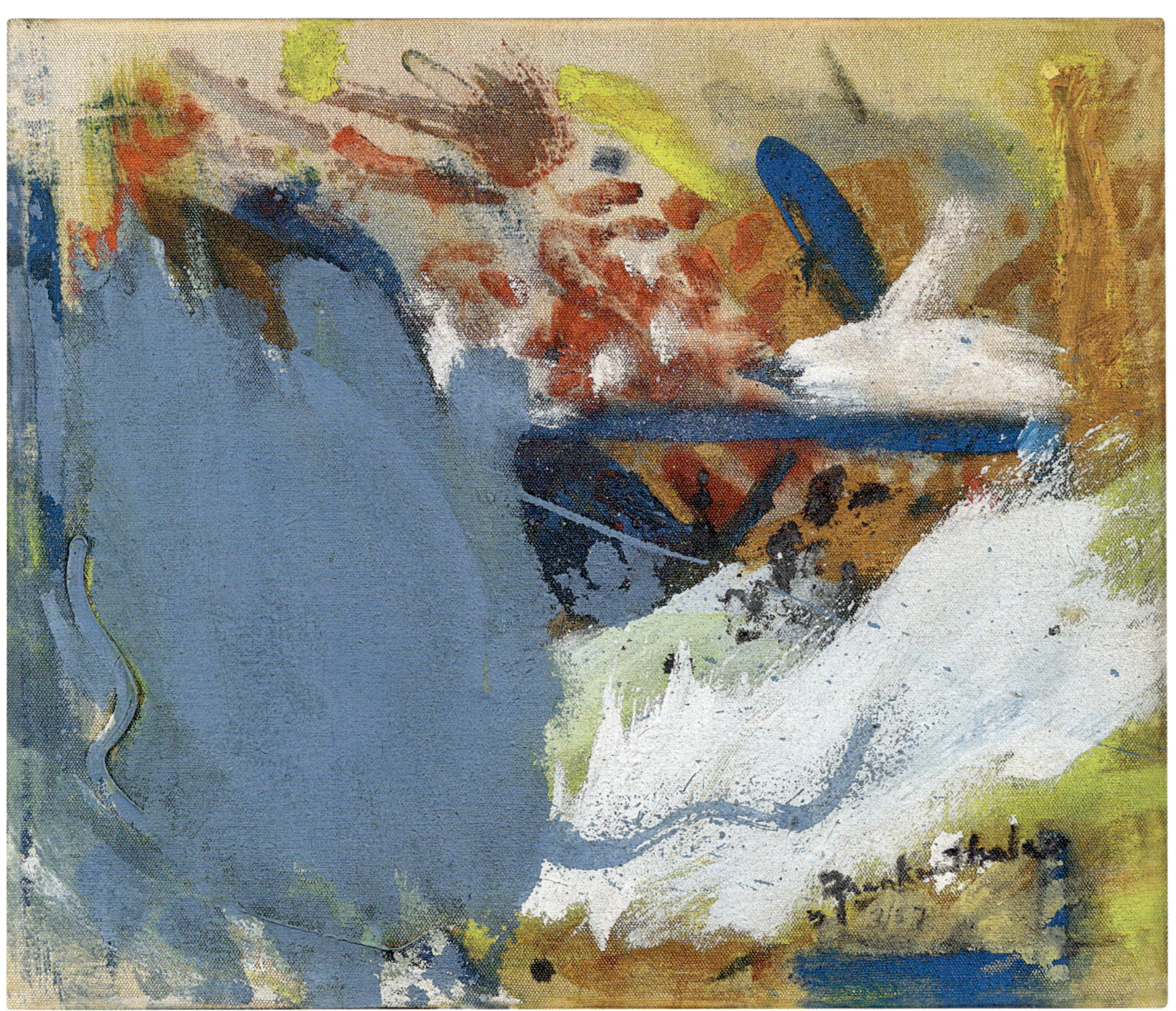

*The Bay,* 1957

„Ich betrachte meine Bilder
als explosive Landschaften,
Welten und Distanzen, die
auf einer flachen Oberfläche
festgehalten sind."[1]

Helen Frankenthaler, 1957

———————————————
**1** Helen Frankenthaler, 1957, in: *Young
America 1957: Thirty American Painters
and Sculptors under Thirty-Five*, Ausst.-
Kat. New York, Whitney Museum of
American Art, 1957, o. S.

'I think of my pictures as
explosive landscapes, worlds
and distances held on a
flat surface.'[1]

Helen Frankenthaler, 1957

———————————————
**1** Helen Frankenthaler, 1957, in *Young
America 1957: Thirty American Painters
and Sculptors under Thirty-Five*, exh.
cat. Whitney Museum of American Art,
New York 1957, n.p.

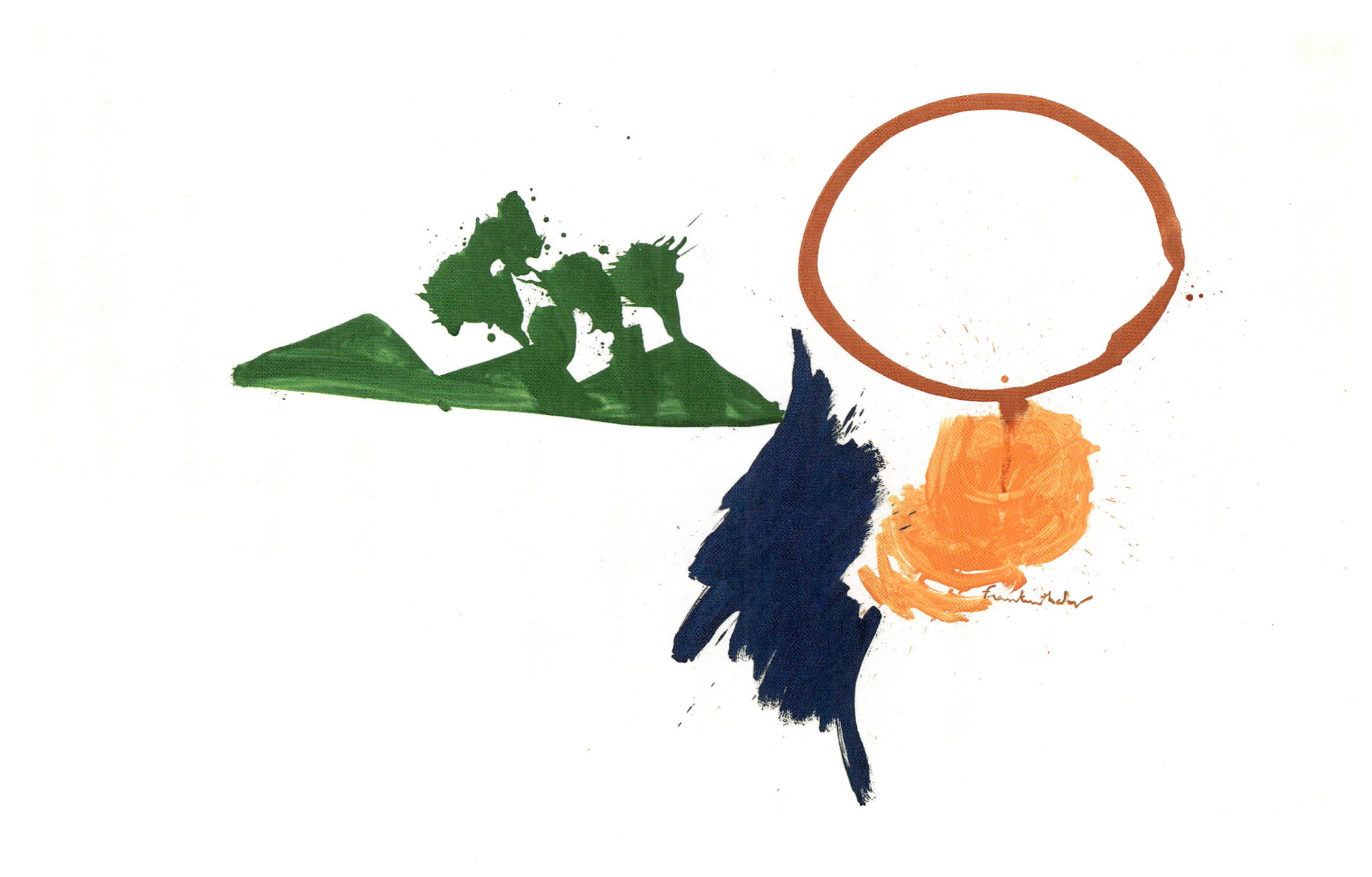

*Figure in a Landscape,* 1960

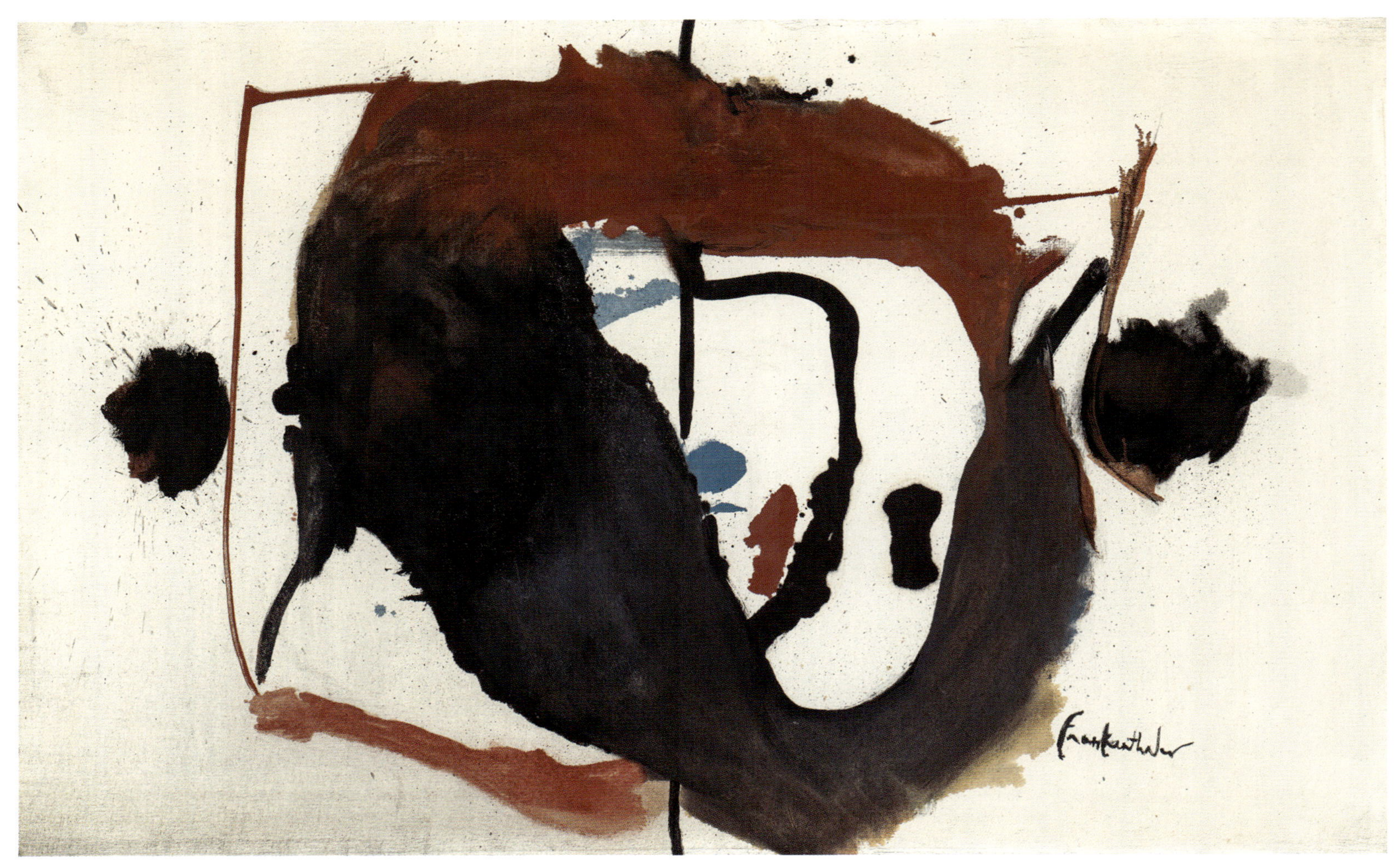

*Tire,* 1961

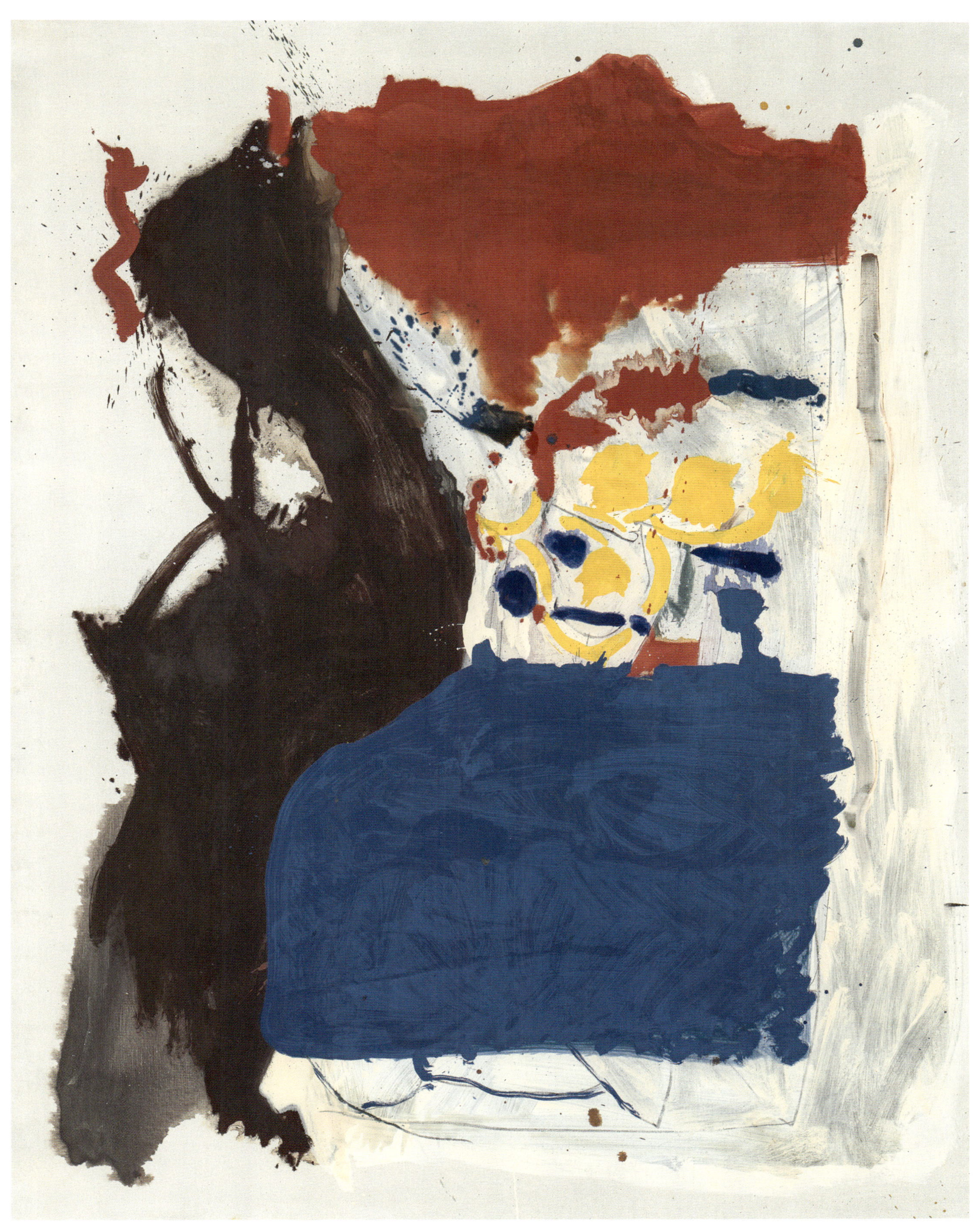

*Untitled,* 1959/60

Bereits 1953 hatte Helen Frankenthaler auf einer Europareise Spanien besucht und ihrem damaligen Lebensgefährten, dem Kunstkritiker Clement Greenberg, von ihrer Begeisterung für die prähistorischen Höhlenmalereien in Altamira (Nordspanien) berichtet. Auf einer Postkarte beschrieb sie, wie „die Konturen der Decke den Formen der Tiere entsprechen – z. B. die große Vorwölbung der Decke, wo der Rumpf des Bisons ist. […] Das Ganze sieht aus wie ein riesiges Gemälde auf ungrundierter Leinwand; tatsächlich erinnerte mich das alles an viele meiner Bilder."[1] In den Höhlenmalereien erkannte sie eine Möglichkeit, die Zweiteilung von Figur und Hintergrund aufzuheben: Wie die Oberfläche des Gesteins mit dem Malmaterial verbunden ist, so sind die Fasern des Malgrunds eins mit der Farbe. *Cave Memory* aus dem Jahr 1959 weist erdige Farbtöne und skizzenhafte Linien auf, die an die Zeichnungen aus Lascaux und Altamira erinnern. Besonders bemerkenswert: Frankenthaler entschied sich, die Rückseite der Leinwand zu verwenden, nachdem sie die Vorderseite verworfen hatte.

Helen Frankenthaler visited Spain on a trip to Europe in 1953 and told her then partner, the art critic Clement Greenberg, about her enthusiasm for the prehistoric cave paintings in Altamira (northern Spain). In a postcard, she described how 'the contour of the ceiling matches the forms of the animals – e.g., big bump on ceiling where bison's rump is. It all looks like one huge painting on unsized canvas; in fact it all reminded me of a lot of my pictures.'[1] In the cave paintings, she recognised a way to dissolve the duality of figure and background: just as the surface of the rock is integrated with the painting material, so too the fibres of the canvas fuse with the paint. *Cave Memory*, created in 1959, features earthy tones and sketch-like lines, evoking the drawings of Lascaux and Altamira. Particularly noteworthy: Frankenthaler decided to use the reverse side of the canvas after discarding the front.

---

[1] „The contour of the ceiling matches the forms of the animals – e.g., big bump on ceiling where bison's rump is. It all looks like one huge painting on unsized canvas; in fact it all reminded me of a lot of my pictures." Helen Frankenthaler, Postkarte mit einem Detail der Höhlenmalereien von Altamira, abgesendet aus Santander am 9.8.1953 an Clement Greenberg; Archives of American Art, Smithsonian Institution, Washington, D.C.

[1] Helen Frankenthaler, postcard with detail of Altamira cave paintings, sent to Clement Greenberg from Santander on 9 August 1953; Archives of American Art, Smithsonian Institution, Washington, DC.

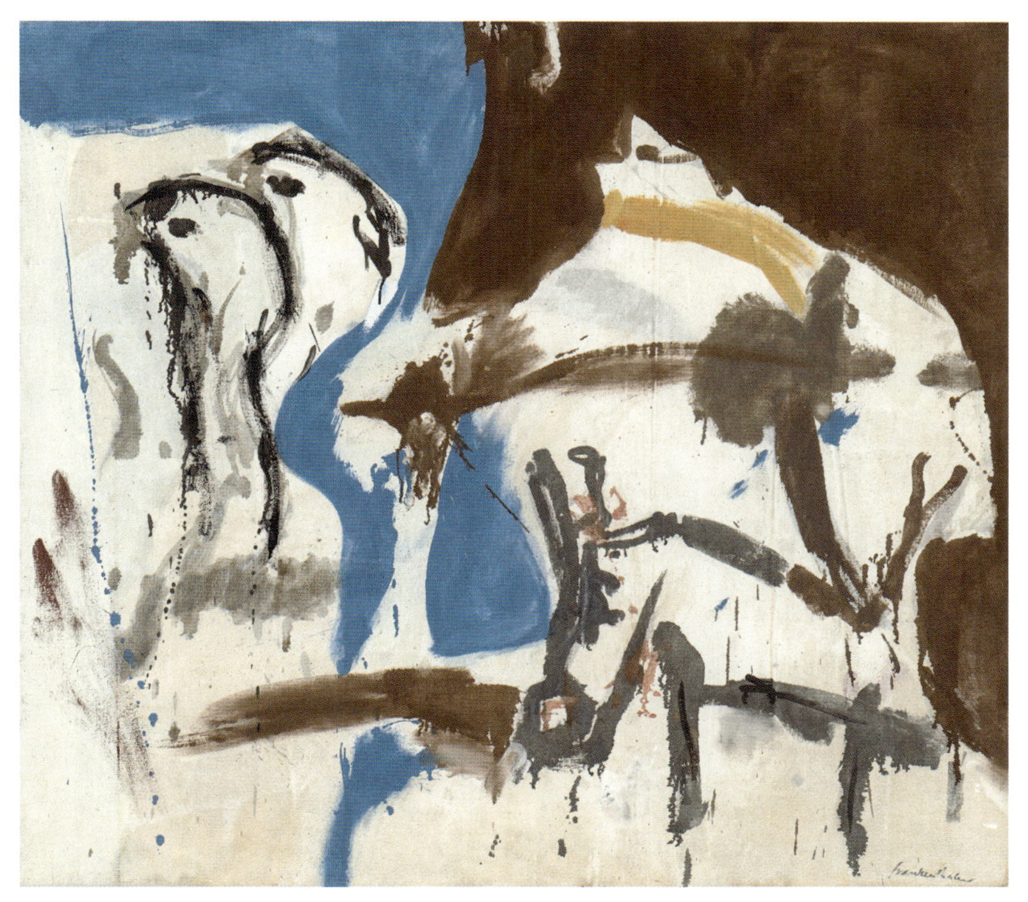

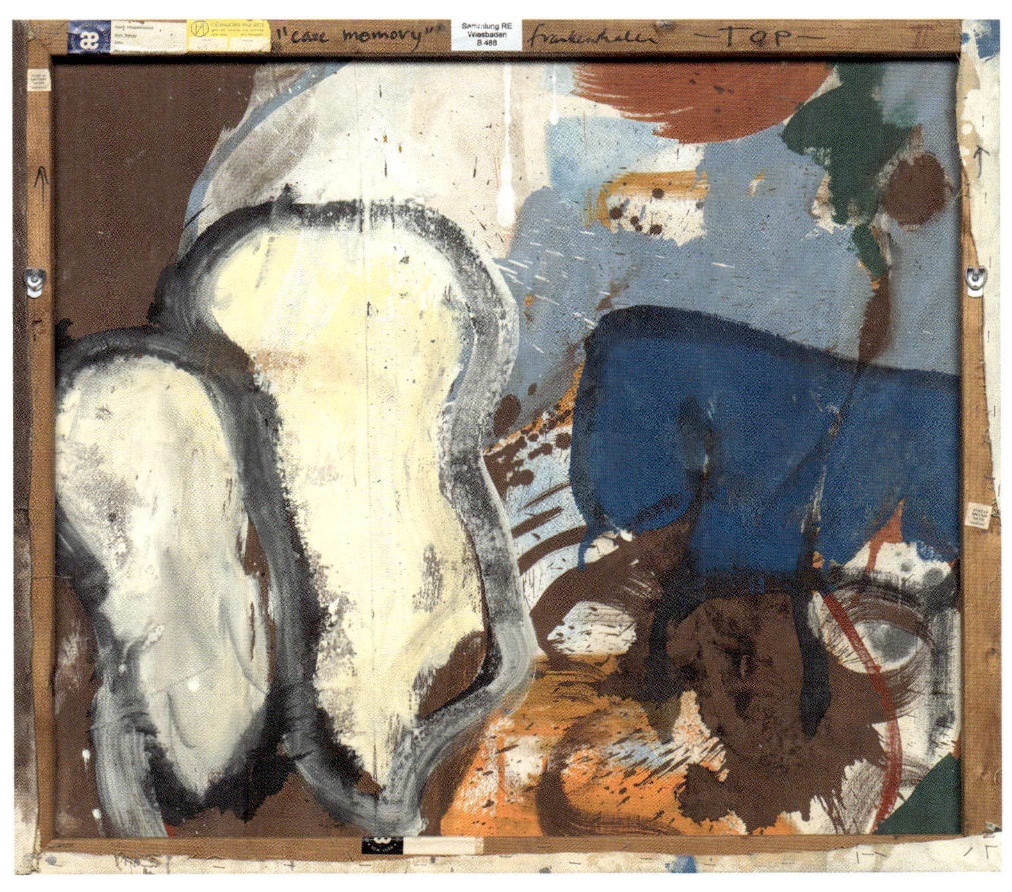


*Cave Memory,* 1959

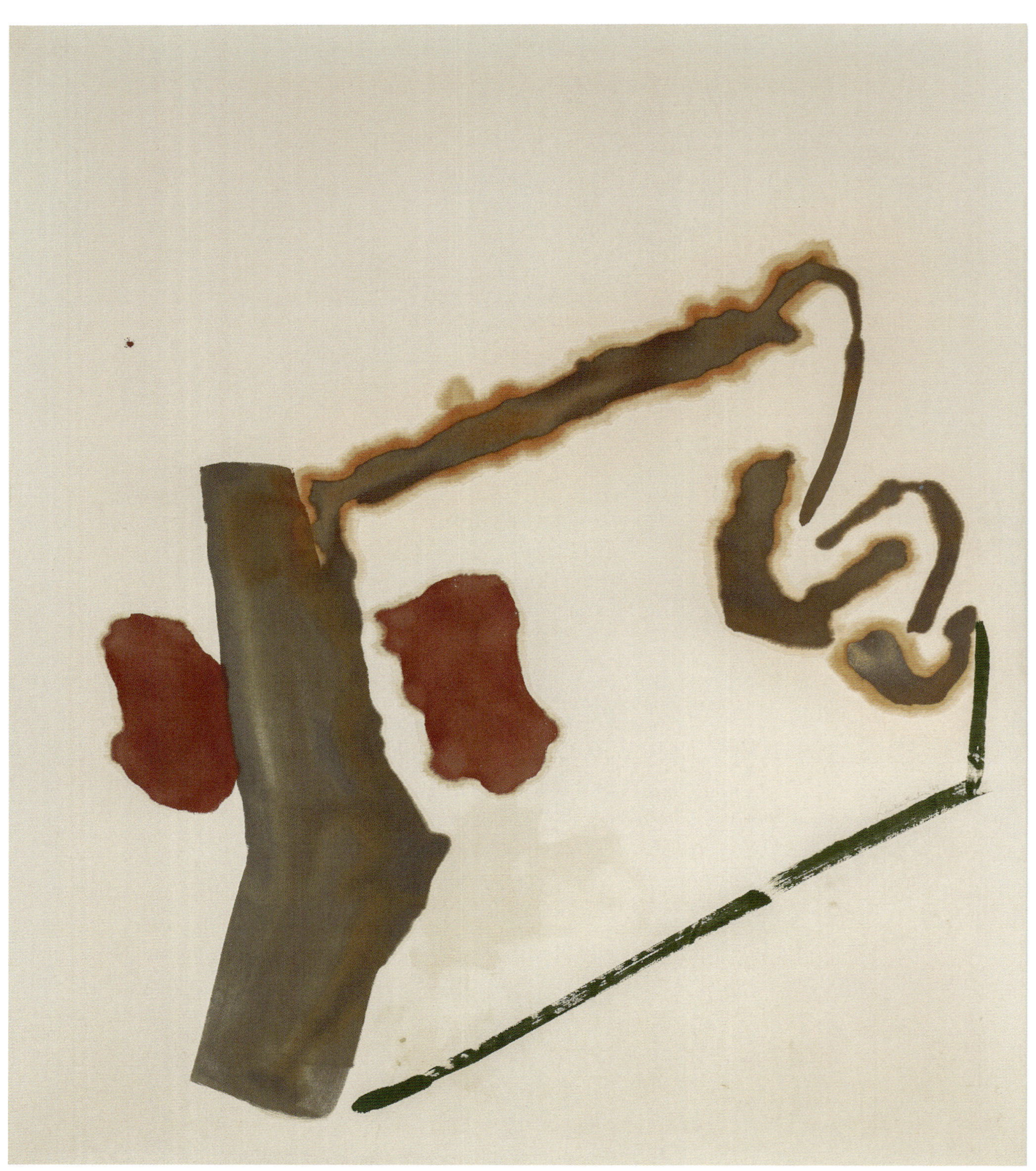

*Tight Rope,* 1969

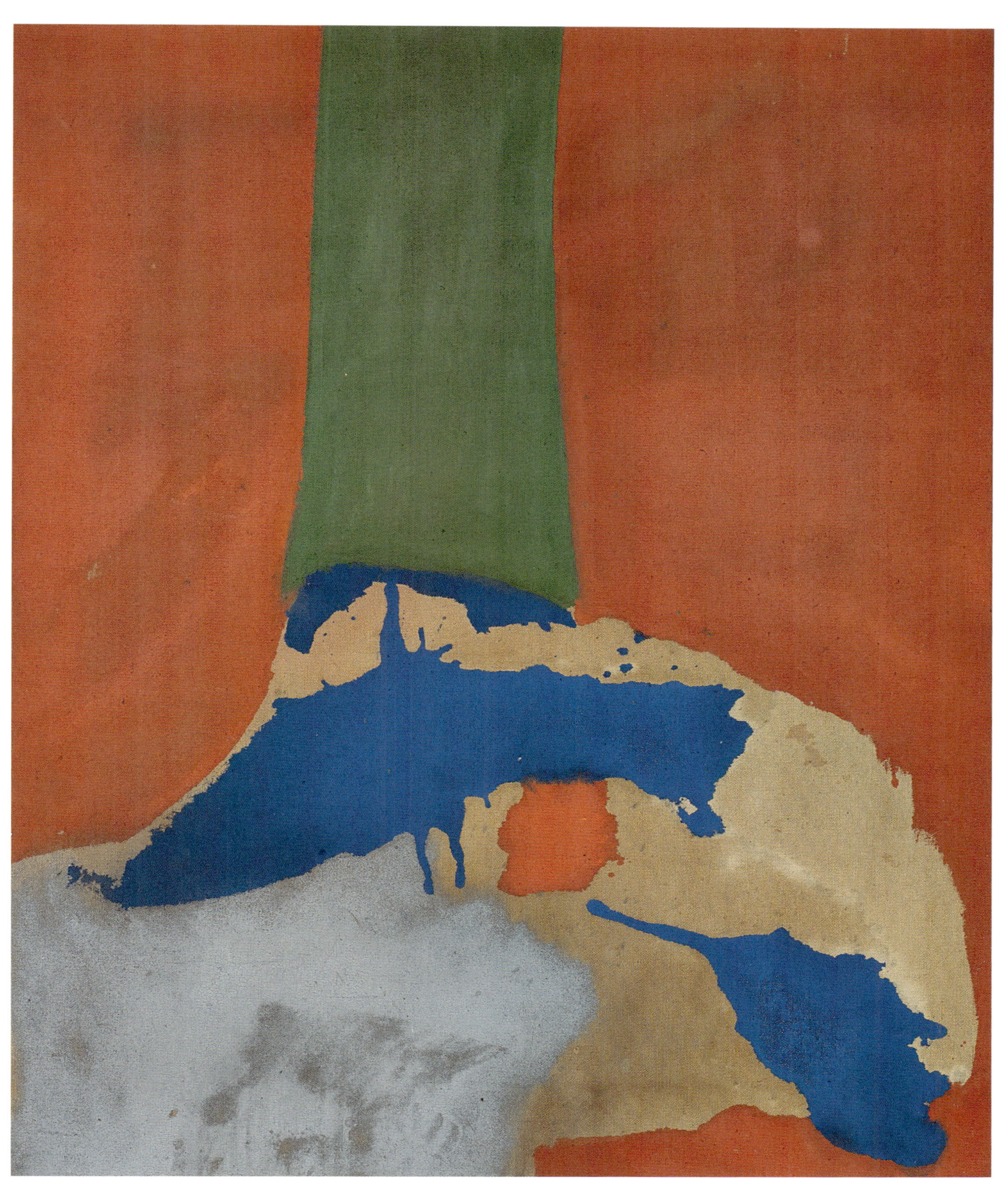

*Belfry,* 1964

Im Jahr 1987 sagte Frankenthaler in Bezug auf eine Gruppe von Bildern, die sie kurz zuvor fertiggestellt hatte: „Farbe allein ergibt keinen Sinn. Zeichnung allein ergibt keinen Sinn. Ein Bild braucht sowohl Raum als auch Licht, um Magie zu erzeugen."[1] *Regatta*, das ein Jahr zuvor entstand, ist ein prominentes Beispiel für die Magie, die durch Flächen und Linien erzeugt werden kann. Im tiefen Blau des Gemäldes kombiniert Frankenthaler ihre Soak-Stain-Technik mit farbigen Linien. Aus einem blauen Grund erheben sich in Grüntönen abgestufte Farbinseln, die von pastosen, teils schimmernden Linien und Flächen belebt werden. In Farb- und Titelgebung verweist die Künstlerin auf die See. Sie betonte stets die persönlichen wie die materialästhetischen Bezüge zum Element Wasser, die ihr Werk durchziehen. So stellte sie in einem Interview mit Julia Brown 1997 fest: „Mein ganzes Leben lang habe ich mich vom Wasser und von Transparenz angezogen gefühlt. Ich liebe das Wasser; ich liebe es zu schwimmen, das veränderliche Meer zu betrachten. Eine meiner Lieblingsbeschäftigungen als Kind war es, ein Spülbecken mit Wasser zu füllen und Nagellack hineinzugießen, um zu sehen, was passierte, wenn die Farben sich plötzlich auf der Oberfläche ausbreiteten und sich in schwebenden, veränderlichen Formen vermischten."[2] In dieser Anekdote setzt Frankenthaler ihre Leidenschaft für das Schwimmen, die schwerelose Fortbewegung im Wasser, in Zusammenhang mit dem Fließen des flüssigen Farbmaterials und macht einmal mehr deutlich, wie umfassend ihre Auseinandersetzung mit dem Fluiden ist.

In 1987, Frankenthaler said of a group of paintings she had recently completed: 'Color alone makes no sense. Drawing alone makes no sense. A picture needs both space and light to make magic.'[1] *Regatta*, created a year earlier, is a prominent example of the magic that can be generated through both planes and lines. In the deep blue of the painting, Frankenthaler combines her soak-stain technique with coloured lines. From a blue ground, green-toned colour islands arise, animated by impasto, sometimes shimmering lines and areas. Both the colour and the title reference the sea. Frankenthaler consistently emphasised the personal and material-aesthetic connections to water that run through her work. In an interview with Julia Brown in 1997, she noted: 'All my life, I have been drawn to water and translucency. I love the water; I love to swim, to watch changing seascapes. One of my favorite childhood games was to fill a sink with water and put nail polish into it to see what happened when the colors burst upon the surface, merging into each other as floating, changing shapes.'[2] Here, Frankenthaler links her love of swimming and weightless movement in water to the flowing of liquid paint, further demonstrating her deep engagement with fluidity.

**1** Helen Frankenthaler, typed statement, 25 September 1987, Helen Frankenthaler Foundation Archives, New York, quoted in Douglas Dreishpoon, 'Drawing to Paint', in *Painterly Constellations*, exh. cat. Kunsthalle Krems, Museum Folkwang Essen, Cologne 2022, p.169.

**2** Quoted in 'A Conversation: Helen Frankenthaler with Julia Brown', in *After Mountains and Sea: Frankenthaler 1956–1959*, exh. cat. Guggenheim New York/Bilbao/Berlin, Ostfildern-Ruit 1998, pp.29–49, here p.41.

**1** Helen Frankenthaler, getipptes Statement, 25.9.1987, Helen Frankenthaler Foundation Archives, New York, zit. nach Douglas Dreishpoon: „Zeichnen, um zu malen", in: *Malerische Konstellationen*, Ausst.-Kat. Kunsthalle Krems, Museum Folkwang Essen, Köln 2022, S.169.

**2** Aus: „Ein Gespräch, Helen Frankenthaler und Julia Brown", in: *After Mountains and Sea: Frankenthaler 1956–1959*, Ausst.-Kat. Guggenheim New York/Bilbao/Berlin, Ostfildern-Ruit 1998, S.29–49, hier S.41.

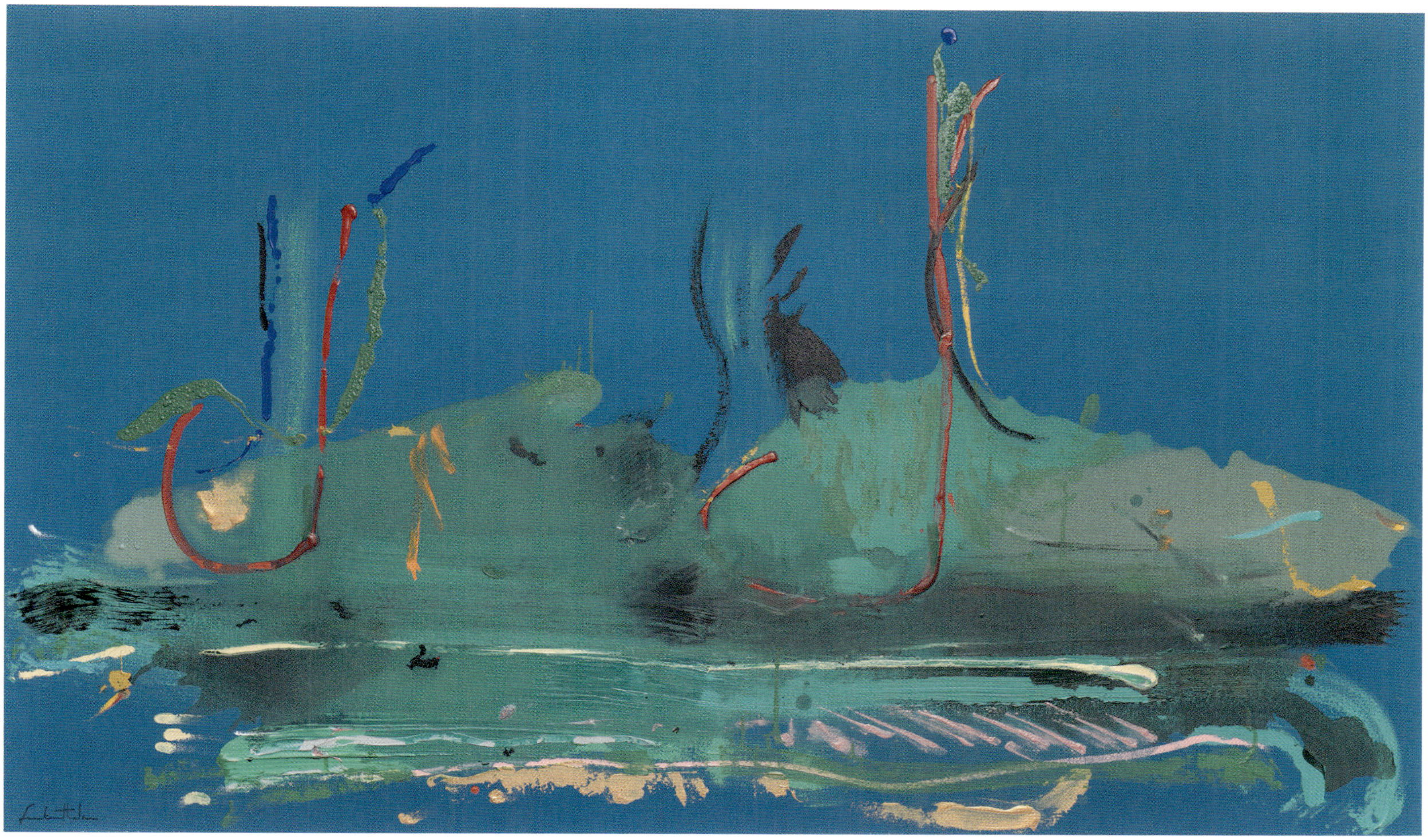

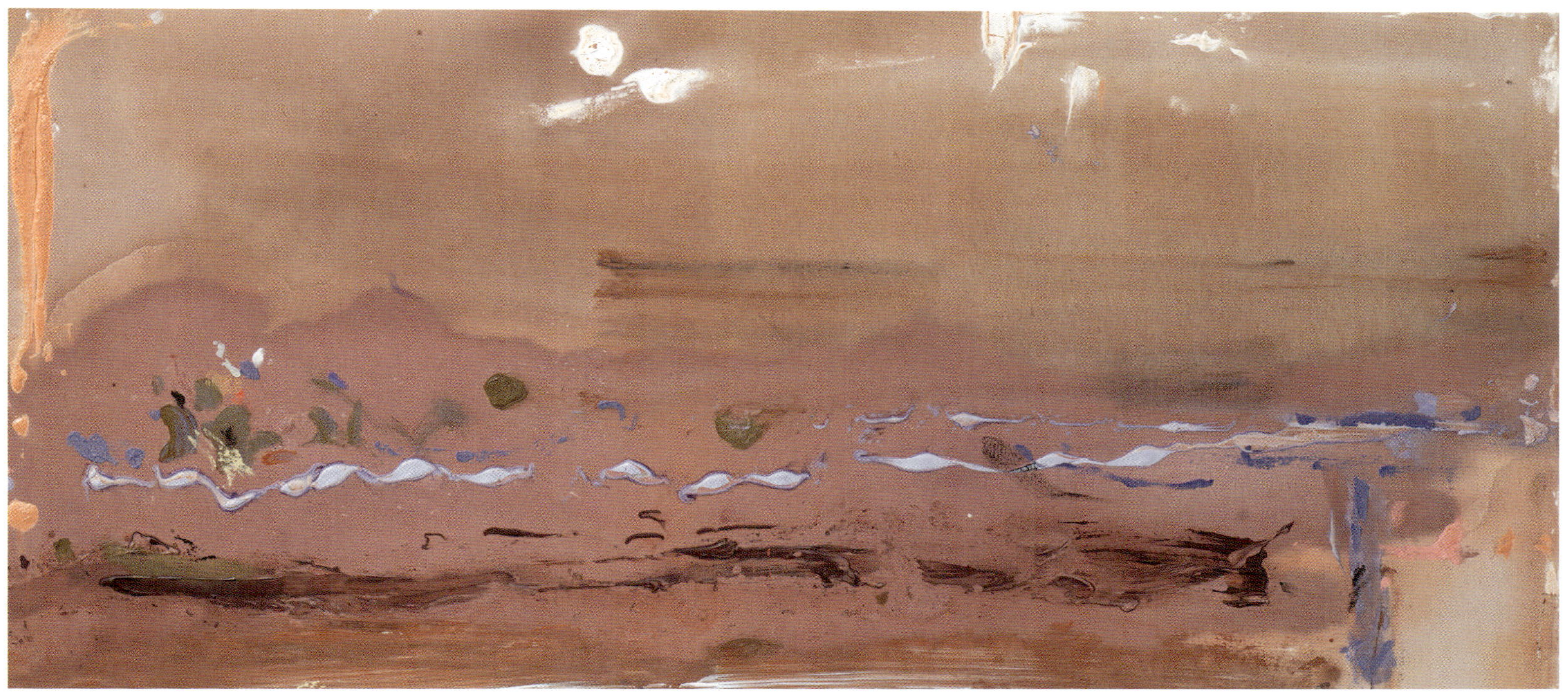

*Regatta,* 1986                    *Purple Sage,* 1982

# Helen Frankenthaler: Move and Make

**Lea Schäfer**

Ein Blick in die erste Einzelausstellung von Helen Frankenthaler in der André Emmerich Gallery in New York im Jahr 1959 **Abb. 1** zeigt: Diese Künstlerin arbeitete und dachte in großen Dimensionen. Sie füllte den Galerieraum mit monumentalen Leinwänden, wie *Madridscape* (1959) und *Before the Caves* (1958), die vom Boden bis zur Decke ragten. Es scheint, als habe Frankenthaler diese Präsentationsform gewählt, um den Besucher:innen ein Raumerlebnis zu vermitteln, das mit dem Entstehungsort ihrer Gemälde vergleichbar ist. Denn auch in ihrem Atelier nahmen viele Formate, die sie zunächst auf dem Boden malte, als Bild die gesamte Wandfläche ein. Das Malen solcher Werke und die Art der Inszenierung erforderten Risikobereitschaft, Mut und Beweglichkeit. Im Alter von gerade 30 Jahren trat sie in der New Yorker Kunstszene mit einem unterschütterlichem Selbstbewusstsein auf.

Ehrgeizig und überzeugt von ihrem einzigartigen Talent, war Helen Frankenthaler früh entschlossen, Künstlerin zu werden. Nachdem sie bei dem mexikanischen Maler Rufino Tamayo an der Dalton School in der Upper East Side von Manhattan bis 1945 Unterricht nahm, wurde Paul Feeley am Bennington College in Vermont 1946 zu ihrem Mentor, der sie vor allem mit der kubistischen Raumauffassung vertraut machte.[1] Mit 20 Jahren kehrte sie 1949 nach New York zurück und rich-tete sich in der East 21st Street ein erstes eigenes Atelier ein. Im pulsierenden Manhattan der 1950er Jahre sollte sich Frankenthaler zu einer der bedeutendsten Figuren der abstrakten Malerei entwickeln.

Die Kunstszene zu dieser Zeit wurde von den männlichen Künstlern der New York School dominiert.[2] Im Gegensatz zu einigen ihrer Malerkolleginnen, wie Grace Hartigan (die zeitweise unter dem Pseudonym „George Hartigan" arbeitete) oder Corinne Michelle West (die sich „Michael West" nannte), gab Frankenthaler in ihren Ausstellungen ihren vollen Namen an. Sie war nicht bereit, ihre Identität zu verbergen, um den in jener Zeit vorherrschenden geschlechtsspezifischen Vorurteilen zu entgehen. Auf die Frage, ob sie sich als Frau in der Kunstwelt benachteiligt fühlte, antwortete sie: „Das Malen von einem anspruchsvollen Werk ist schwierig und kompliziert für alle professionellen Künstler:innen. Man muss man selbst sein, immer."[3]

In den folgenden sechs Jahrzehnten schuf Helen Frankenthaler ein reiches Gesamtwerk, das ihre kontinuierliche Selbstbefragung und Experimentierfreudigkeit widerspiegelt. Anhand ausgewählter Arbeiten von 1950 bis 1989 aus der Sammlung Reinhard Ernst wird im Folgenden der Pioniergeist der Künstlerin in den Blick genommen. In beeindruckenden Werken sowie in Selbstzeugnissen zeigt sich ihr Erfindungsreichtum, ihre Hingabe an das Medium der Malerei und vor allem ihre Entschlossenheit, konventionelle Pfade der Kunst zu verlassen und Neuland zu betreten.

Der künstlerische Durchbruch gelang ihr durch ihre Soak-Stain-Technik, bei der verdünnte Farbe direkt in ungrundierte Leinwand eindringt und mit dem Stoff eins wird. Das Malen auf dem Boden und das Auftragen der Farbe von allen Seiten erzeugt Farblachen, die fließen, hervor- oder zurücktreten und so unvergleichliche Farbräume entstehen lassen. Diese Technik hebt die traditionelle Unterscheidung zwischen Bildträger und Bild auf und verleiht der Leinwand eine neue Bedeutung als integraler Bestandteil der Komposition.

A look at Helen Frankenthaler's first solo exhibition at the André Emmerich Gallery in New York in 1959 **fig. 1** shows that she was an artist who worked and thought in large dimensions. She filled the gallery space with monumental canvases, including *Madridscape* (1959) and *Before the Caves* (1958), which extended from floor to ceiling. It seems to us that Frankenthaler chose this form of presentation in order to give visitors a feeling of space comparable to the place where her paintings were created. Many of the pictures she had initially painted on the floor of her studio took up the entire wall when they were eventually hung vertically. Painting such works and presenting them in this way required courage, agility and a willingness to take risks. At just 30 years old, she was already confronting the New York art scene with unwavering self-confidence.

Helen Frankenthaler was ambitious, convinced of her own talent and determined to become an artist from an early age. After lessons with the Mexican painter Rufino Tamayo at the Dalton School on the Upper East Side of Manhattan until 1945, she adopted Paul Feeley at Bennington College in Vermont as her mentor in 1946. It was Feeley who introduced her above all to the Cubist concept of space.[1] She returned to New York in 1949 at the age of 20 and set up her first studio on East 21st Street. In vibrant 1950s Manhattan, Frankenthaler would become one of the most important figures in abstract painting.

The art scene at that time was heavily dominated by the male artists of the New York School.[2] Unlike other female painters such as Grace Hartigan (who occasionally worked under the pseudonym 'George Hartigan') or Corinne Michelle West (who called herself 'Michael West'), Frankenthaler used her full name in exhibitions. She was not prepared to conceal her identity in order to escape the gender-specific prejudices prevailing at the time. When asked whether she felt disadvantaged as a woman in the art world, she replied: 'The making of serious painting is difficult and complicated for all serious painters. One must be oneself, whatever.'[3]

Over the following six decades, Helen Frankenthaler created a rich body of work that reflected her continuous self-questioning and willingness to experiment. The following is an examination of her pioneering spirit, based on selected works from the Reinhard Ernst Collection created from 1950 to 1989. Her inventiveness, her devotion to the medium of painting and above all her determination to depart from conventional artistic paths and break new ground are evident in her impressive works as well as in her own personal statements.

She achieved her artistic breakthrough with her soak-stain technique, in which diluted paint is applied directly to unprimed canvas and becomes one with the fabric. Painting on the floor and applying the paint from all sides creates pools of colour that flow, emerge or recede, giving rise to incomparable chromatic fields. This technique broke with the traditional differentiation between the painting and the support, giving the canvas new significance as an integral part of the composition.

# Helen Frankenthaler: Move and Make

**Lea Schäfer**

## „Es ist eine Art langweiliger Unfall
## für mich, ein Tropfen…"[4]

Das Malen auf der flach liegenden Leinwand wurde bereits von einem anderen Künstler praktiziert. Im Jahr 1946 schuf Jackson Pollock erstmals Gemälde, bei denen er die von Janet Sobel entwickelte Dripping-Technik nutzte.[5] Spätestens seit der Doppelseite im *Life* Magazin 1949 mit den Fotografien von Martha Holmes **Abb. 2**[6] und den inszenierten Atelierfotos von Hans Namuth aus dem Sommer 1950[7] war der Begriff des Drip-Paintings fest mit Jackson Pollock verbunden und einer breiten Öffentlichkeit bekannt.[8] Seine Malerei entstand nicht auf einer Leinwand, die aufrecht an der Wand hing oder an der Staffelei lehnte, um den Betrachter:innen einen Blick wie durch ein Fenster in eine andere Welt zu eröffnen. Vielmehr befand sich der Künstler auf derselben Ebene wie der Malgrund, wodurch das Bild von allen Seiten bearbeitet werden konnte. In dieser Komposition waren alle Teile und Seiten gleichwertig, die Unterscheidung zwischen Vorder- und Hintergrund verschwand. Der Bildraum wirkte wie ein willkürlicher Ausschnitt aus einem größeren Ganzen – das Gemälde ließ sich über die Grenzen des Bildträgers hinaus weiterdenken.

Als Helen Frankenthaler 1950 in der Betty Parsons Gallery Pollocks *Number 32* (1950) **Abb. 3** sah, faszinierte sie das raumgreifende Gefühl, als ob die Bilder „keine Ränder hätten und er mit seinem wohlgeordneten Tanz immer weiter fortfahren und weitermalen könne, bis das Gemälde ihm Einhalt gebietet"[9]. Dennoch verspürte sie nicht den Wunsch, Pollock zu kopieren: „Ich wollte keinen Stock nehmen und ihn in einen Eimer mit Lack tauchen"[10] – und beschrieb den Tropfen in einem Interview 1968 als „einen langweiligen Unfall"[11]. Was sie jedoch in Pollocks Prozess erkannte, war eine Möglichkeit, den Gegensatz von Farbe und Linie aufzuheben und beide Elemente auf völlig neue Weise zu verbinden.

## „Eine Brücke zwischen Pollock und dem,
## was möglich war."[12]

*Mountains and Sea* (1952) **Abb. 4** war das erste Gemälde, in dem sie hierfür eine Lösung fand: Schnell gezogene Markierungen aus Kohle konturieren beiläufig wirkende farbige Linien und Flächen aus lösungsmittelverdünnter Farbe. Teilweise schmiegen sich die gezeichneten Linien an die Farbflecken oder umkreisen sie als eigenständige Formen. Frankenthaler resümierte: „Die Mittel und Materialien, die ich 1952 verwendete, um *Mountains and Sea* zu malen, waren nicht Teil einer konzentrierten Anstrengung, eine Technik zu entdecken, die Technik, rohe, unpräparierte, nicht grundierte Leinwand aus Baumwollsegeltuch mit Farbe zu tränken und fleckenartig einzufärben. Mir war all das, was ich tat, nicht bewusst. Ich probierte nicht das Einfärben an sich aus. Ich versuchte, etwas herauszufinden. Ich wusste nicht, was es war, bis es offenbar wurde."[13]

Clement Greenberg, einer der einflussreichsten Kunstkritiker und ihr Partner zu dieser Zeit, führte 1953 die Washingtoner Künstler Morris Louis und Kenneth Noland in ihrer Abwesenheit durch Frankenthalers Atelier und zeigte ihnen *Mountains and Sea*. Die Künstler waren beeindruckt

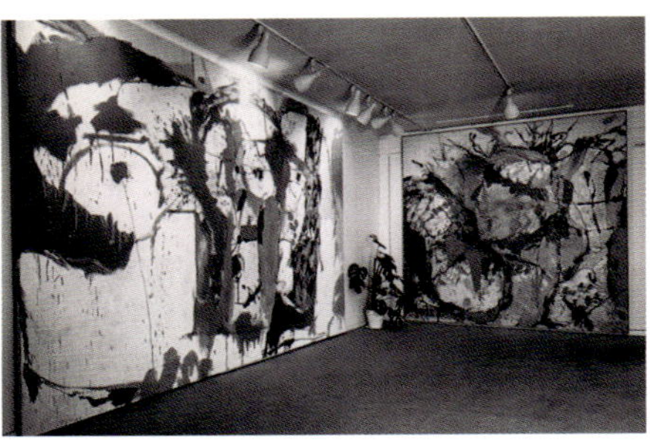

**Abb./Fig. 1**

Installationsansicht der ersten Ausstellung von Helen Frankenthaler in der Galerie André Emmerich, 1959

Installation view of Helen Frankenthaler's first exhibition at the André Emmerich Gallery, 1959

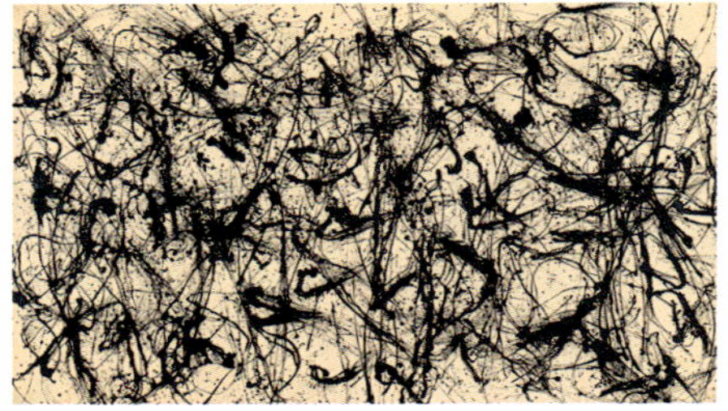

**Abb./Fig. 3**

Jackson Pollock (1912–1956)
*Number 32*, 1950
Lackfarbe auf Leinwand /
Enamel on canvas,
269 × 457,5 cm
Kunstsammlung Nordrhein-Westfalen, Düsseldorf

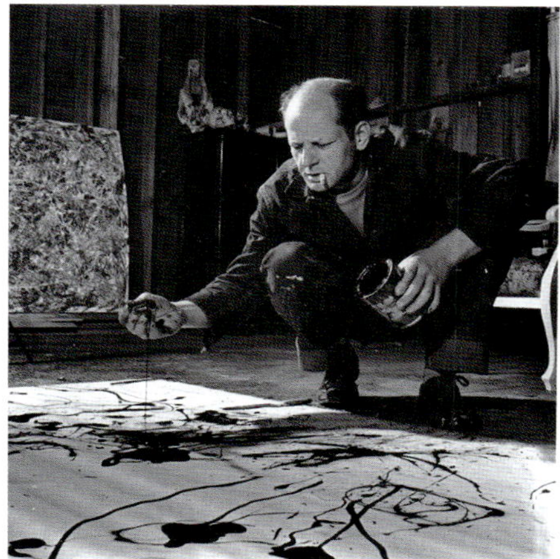

Abb./Fig. 2

Jackson Pollock bei der Arbeit in
seinem Atelier, Long Island, 1949

Jackson Pollock painting in his
studio, Long Island, 1949

## 'It's a kind of boring accident to me, a drip'[4]

Another artist had already practiced painting on a canvas lying on the ground: beginning in 1946, Jackson Pollock created paintings using a drip technique that was very likely developed by Janet Sobel.[5] A double-page spread in *Life* magazine with photographs by Martha Holmes in 1949 fig. 2[6] as well as Hans Namuth's staged studio photos from the summer of 1950[7] meant that the term 'drip painting' was firmly associated with Jackson Pollock and familiar to a broad public.[8] Pollock's painting did not develop on a canvas hanging upright on the wall or leaning on an easel, offering the observer a view into another world as if through a window. Instead, the artist was on the same level as the canvas, working on the picture from all sides. This kind of composition regarded all components and sides as equal and erased the distinction between foreground and background. The pictorial space appeared to be an arbitrary section of a larger whole — you could easily imagine the painting continuing beyond the boundaries of the support.

When Helen Frankenthaler saw Pollock's *Number 32* fig. 3 at the Betty Parsons Gallery in 1950, she was fascinated by the expansive feeling, as if the paintings 'had no edges, as if he could go on and on with this ordered dance, paint until the painting demanded that he stop'.[9] Yet she had no desire to copy Pollock — 'I didn't want to take a stick and dip it in a can of enamel'[10] — and described a drip as 'a boring accident'.[11] What she did see in Pollock's process, however, was a way to overcome the opposition of colour and line and combine the two elements in a completely new way.

## 'A bridge between Pollock and what was possible'[12]

*Mountains and Sea* (1952) fig. 4 was the first painting in which she found a solution for this: rapidly drawn charcoal marks outline seemingly spontaneous coloured lines and areas of solvent-thinned paint. In some instances, the lines nestle against the colour spots or encircle them as independent forms. Frankenthaler summed it up: 'The materials I used in 1952 to make *Mountains and Sea* were not part of a concentrated effort to discover a technique of soaking and staining into raw, unsized, unprimed, cotton-duck canvas. I didn't realize all that I was doing. I didn't try staining per se. I was trying to get at something. I didn't know what it was until it was manifest.'[13]

In 1953, Clement Greenberg, one of the most influential art critics and Frankenthaler's partner at the time, showed the Washington, DC, artists Morris Louis and Kenneth Noland around Frankenthaler's studio in her absence. There they saw *Mountains and Sea*, and were so impressed with the technique they adapted it and used it in their own work. Louis first used the soak-stain method in a series he called the *Veil Paintings*, produced between 1954 and 1958–9. One such work is *Dalet Sin* (1958) fig. 5, in which he poured a number of coloured glazes over the canvas, covering large areas in a vertical direction. The thin layers overlap like curtains, combining to form a dark area that contrasts with the vibrant tones shimmering at the edges. Instead of traditional oil paints, he used Magna paints based on synthetic acrylic resin, which dry quickly and

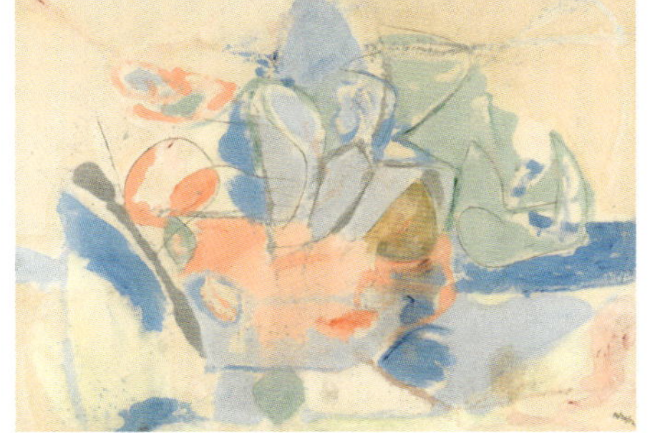

Abb./Fig. 4

Helen Frankenthaler (1928–2011)
*Mountains and Sea*, 1952
Öl und Kohle auf ungrundierter
Leinwand / Oil and charcoal
on unsized, unprimed canvas,
220 × 298,8 cm

Helen Frankenthaler Foundation, New York,
Dauerleihgabe an / on extended loan to the
National Gallery of Art, Washington, DC.

von dieser neuen Technik, was sich auch darin äußerte, dass beide sie
für sich adaptierten. Louis wandte die Soak-Stain-Technik zunächst
in seiner Werkserie der *Veil Paintings* (dt. Schleier) an, die zwischen 1954
und 1958/59 entstanden. Ein Beispiel hierfür ist *Dalet Sin* (1958) **Abb. 5**,
bei dem er mehrere farbige Lasuren großflächig und vertikal über die
Leinwand goss. Die dünnen Schichten legen sich wie Vorhänge übereinander und addieren sich zu einer dunklen Fläche. Im Kontrast dazu
schimmern an ihren Rändern die leuchtenden Töne hervor, die Louis
übereinandergeschichtet hatte. Statt traditioneller Ölfarben verwendete
er Magna-Farben auf Kunstharzbasis, die sich durch schnelle Trock-
nungszeiten und eine intensive Leuchtkraft auch bei Verdünnung auszeichnen. Diese besonderen Eigenschaften ermöglichten es Louis,
die Effekte, die Frankenthaler in ihren frühen Soak-Stain-Bildern erzielte,
weiter auszubauen. 1960 arbeitete Morris Louis an den sogenannten
*Unfurled Paintings* (dt. ausgerollte Gemälde), zu denen auch *Gamma
Epsilon* (1960/61) **Abb. 6** zählt. Von den Seiten des Gemäldes fließen Farb-
rinnsale diagonal herab. In dieser Werkphase verbindet er seine Faszination für die Zeichnung mit dem Kolorismus: Wie in Frankenthalers
*Mountains and Sea* finden hier Farbe und Linie auf harmonische Weise
zusammen.

Auch Kenneth Noland beschrieb Frankenthalers Ansatz treffend als
„drawing painting"[14] und verstand darunter eine neuartige Verschmelzung von Malerei und Zeichnung. Für Werke wie *Two Joys* (1961) **Abb. 7**
übernahm er zwar ihre Färbetechnik, verzichtete jedoch auf ihre gestische Malweise. Stattdessen entwickelte er eine streng geometrische
Bildsprache und trug mit Pinsel, Rollbürste, Gummiwalze oder Schwamm
Schicht um Schicht Ölfarbe in bis zu 30 Tönen übereinander auf.

Durch diese Weiterentwicklungen wurden sowohl Louis als auch Noland
bald als Pioniere der von Clement Greenberg geprägten neuen Kunstbewegung des Color-Field-Painting (dt. Farbfeldmalerei) gefeiert.
Greenbergs Anerkennung für Frankenthalers grundlegende Leistung
blieb jedoch lange Zeit aus.[15] Morris Louis hingegen erkannte, dass
ihre Kunst „eine Brücke zwischen Pollock und dem, was möglich war"[16],
darstellte. Frankenthaler soll daraufhin kommentiert haben: „Ja, und
sie [Louis und Noland] sind einfach über diese Brücke gegangen."[17]

### „Wenn ich von Zeichnen spreche, meine ich ‚wie erschaffst du deinen Raum', nicht wohin führt der Stift"[18]

In den 1950er Jahren entwickelte Helen Frankenthaler Werke, die sich
durch das besondere Verhältnis von Linie und Farbe auszeichnen.
Im Gegensatz zu Jackson Pollocks tropfender Malerei suchte sie nach
neuen Wegen, um auf dem flachen Untergrund überzeugenden Bildraum zu schaffen. Dabei griff sie auf ihre Ausbildung bei Paul Feeley
und ihre intensive Auseinandersetzung mit dem Kubismus zurück **Abb. 8**.

Der Kubismus revolutionierte das damalige Verständnis von Malerei,
indem er den innerbildlichen Raum eines Gemäldes flächig gliederte. In
diesem neuen Konzept war die Linie von grundlegender Bedeutung,
um die Farbwert- und Kräfteverteilungen auf der Fläche zu definieren.
Die Farbe wurde in Frankenthalers Werk zu einem weiteren zentralen
Gestaltungselement, das entscheidend zur Wirkung des Raums beitrug.

**Abb./Fig. 5**
Morris Louis (1912–1962)
*Dalet Sin*, 1958
Acryl (Magna) auf Leinwand /
Acrylic (Magna) on canvas,
223 × 359 cm
Sammlung Reinhard Ernst /
Reinhard Ernst Collection, Wiesbaden

**Abb./Fig. 7**
Kenneth Noland (1924–2010)
*Two Joys*, 1961
Öl auf Leinwand /
Oil on canvas,
86 × 112,5 cm
Sammlung Reinhard Ernst /
Reinhard Ernst Collection, Wiesbaden

produce an intense luminosity even when diluted, properties that enabled Louis to further develop the effects achieved by Frankenthaler in her early soak-stain paintings. In 1960, Louis was working on the so-called *Unfurled Paintings*, including *Gamma Epsilon* (1960–1) **fig. 6**, where rivulets of paint flow diagonally down from the sides of the image. In this phase of his work, he combined his fascination for drawing with colourism: as in Frankenthaler's *Mountains and Sea*, here colour and line are harmoniously united.

Kenneth Noland likewise aptly described Frankenthaler's approach as 'drawing painting,'[14] understood to mean a novel fusion of the two media. In works such as *Two Joys* (1961) **fig. 7**, Noland adopted her colour technique but dispensed with her gestural painting style. Instead, he developed a strictly geometric pictorial language and applied layer upon layer of oil paint in up to 30 hues, using a brush, roller brush, rubber roller or sponge.

These developments soon led to both Louis and Noland being celebrated as pioneers of the new movement known as Colour Field Painting, a term coined by Clement Greenberg. However, it was a long time before Greenberg recognised Frankenthaler's groundbreaking contribution.[15] Morris Louis, on the other hand, recognised that her art built 'a bridge between Pollock and what was possible'.[16] Frankenthaler is said to have commented: 'Yes, and they [Louis and Noland] walked right over that bridge.'[17]

### 'When I talk about drawing, I mean "how are you getting your space", not where's the pencil going'[18]

In the 1950s, Helen Frankenthaler developed works characterised by a special relationship between line and colour. In contrast to Jackson Pollock's drip painting, she sought new ways to create a convincing pictorial space on a flat surface. In doing so, she drew on her training with Paul Feeley and her intensive study of Cubism **fig. 8**.

Cubism revolutionised the conventional understanding of painting by structuring the pictorial space of a painting in two dimensions. This new concept declared that line was of fundamental importance in defining the distribution of energies and colour values on the surface. In Frankenthaler's work, colour became another central design element that contributed significantly to the effect of the space. 'Cubism had another kind of action or movement, playing foregrounds against backgrounds, and empty spaces against rather crowded spaces. That was appealing to me. I have always been concerned with painting that simultaneously insists on a flat surface and then denies it. This was a primary issue for me. I wanted to move painting forward using these elements of Cubism.'[19] Frankenthaler was interested in the paradox of using painting to create a spatial pictorial effect on a two-dimensional surface, only to negate it again elsewhere. The resulting ambivalence of depth and frontality was to occupy her throughout her career.

Frankenthaler's interest in prehistoric cave painting provided her with another important impetus. During her visit to the caves of Altamira in 1953, she discovered a new way of handling line in the powerful lines

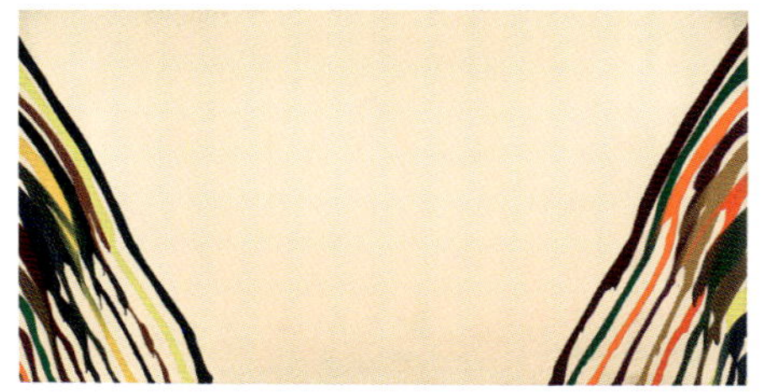

**Abb./Fig. 6**

Morris Louis (1912–1962)
*Gamma Epsilon*, 1960–61
Acryl (Magna) auf Leinwand /
Acrylic (Magna) on canvas,
260,4 × 492,8 cm
Sammlung Reinhard Ernst /
Reinhard Ernst Collection, Wiesbaden

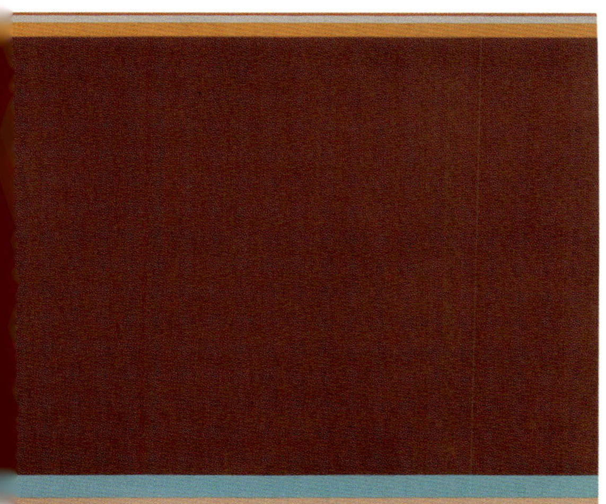

„Der Kubismus hatte eine andere Art von Aktion oder Bewegung, indem
er Vordergründe gegen Hintergründe und leere Räume gegen relativ
volle Räume ausspielte. Das sprach mich an. Ich habe mich immer mit
einer Malerei beschäftigt, die die flache Oberfläche betont und sie
dann wieder negiert. Das war mein wichtigstes Anliegen. Ich wollte die
Malerei weiterbringen, indem ich diese Gesichtspunkte des Kubismus
aufgriff.“[19] Frankenthaler interessierte das Paradoxon, mit den Mitteln
der Malerei auf einer zweidimensionalen Fläche eine räumliche Bild-
wirkung zu erzeugen, um sie an anderer Stelle wieder zu negieren. Die
dadurch entstehende Ambivalenz von Tiefe und Frontalität sollte sie
in ihrem gesamten Schaffen beschäftigen.

Einen weiteren wichtigen Impuls erhielt Frankenthaler durch ihre
Beschäftigung mit prähistorischer Höhlenmalerei. Bei ihrem Besuch der
Höhlen von Altamira 1953 entdeckte sie in den kraftvollen Linien und
Formen auf den gewölbten Wänden und Decken einen neuen Umgang
mit der Linie. Sie erkannte, wie die Menschen die natürlichen Uneben-
heiten der Höhlendecke nutzten, um ihren Figuren räumliche Präsenz
zu verleihen. Die Linie diente nicht nur der Abgrenzung von Formen,
sondern stellte auch einen Bezug zum umgebenden Raum her. Diese
Einsicht war für Frankenthaler entscheidend, die Zweiteilung von Figur
und Grund aufzuheben sowie Linien und Flächen als zusammenhän-
gendes, raumgreifendes Geflecht zu verstehen. Ihrem damaligen Lebensgefährten Clement Greenberg schrieb sie begeistert auf einer Postkarte, wie „die Konturen der Decke den Formen der Tiere entsprechen –
z. B. die große Vorwölbung der Decke, wo der Rumpf des Bisons ist. […]
Das Ganze sieht aus wie ein riesiges Gemälde auf ungrundierter Leinwand; tatsächlich erinnerte mich das alles an viele meiner Bilder.“[20]
Während bei der Höhlenmalerei eine dreidimensionale Gesteinsstruktur
in eine zweidimensionale Flächenmalerei überführt wird, geht Helen
Frankenthaler den entgegengesetzten Weg: Ihre Werke verwandeln eine
flache Leinwand in eine räumliche Illusion. Dadurch entsteht eine faszi-
nierende Wechselbeziehung, in der beide Ansätze – aus entgegengesetzten Ausgangslagen – letztlich zu einem ähnlichen Ergebnis führen:
dem Verschmelzen von Malgrund und Farbe.

Fünf Jahre später, während ihrer Hochzeitsreise mit Robert Motherwell
1958, bestand sie darauf, die Höhlen von Altamira **Abb. 9** ein zweites
Mal zu besichtigen. Diesmal nicht in Begleitung einer Gruppe, sondern
nach Abschluss der Führungen für diesen Tag. Es brannte nur eine
einzelne elektrische Glühbirne, aber der Guide reichte Motherwell eine
Kerze und schaltete das Licht aus.[21] Bei Kerzenschein, umgeben von
Dunkelheit und Stille, betrachteten sie die Zeichnungen von Bisons,
Wildschweinen, Pferden und Hirschen. Für das Künstlerpaar war die
Betrachtung dieser frühen Bildzeugnisse ein tiefgreifendes Erlebnis.
Ein Jahr nach ihrer Reise beschreibt Frankenthaler ihr Empfinden in den
Höhlen von Altamira und Lascaux: „Die Gemälde haben mich zutiefst
beeindruckt – von direkten, leidenschaftlichen, flächendeckenden
Wandbildern umgeben zu sein.“[22] Die Einflüsse dieser Reise nach Frank-
reich und Spanien sind in der neuen Ästhetik der in den folgenden
Jahren entstandenen Werke deutlich spürbar. Beide beziehen sich
später in ihren Äußerungen und in ihrer Kunst auf diese Erfahrung
**Abb. 10.**

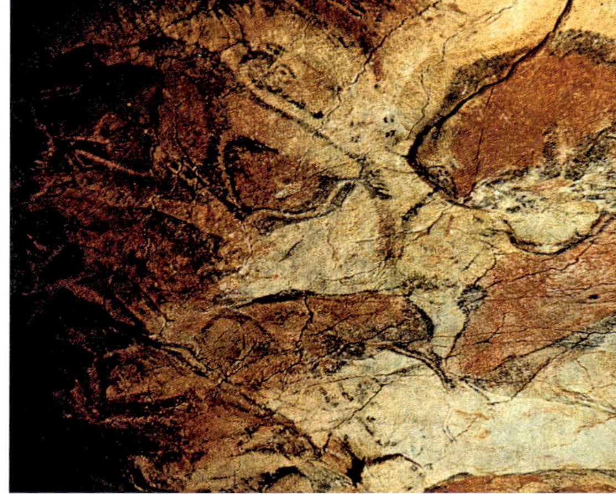

**Abb./Fig. 9**

Bisons – Detail aus der Bilderdecke
der Höhle von Altamira

Detail of bison from cave at Altamira

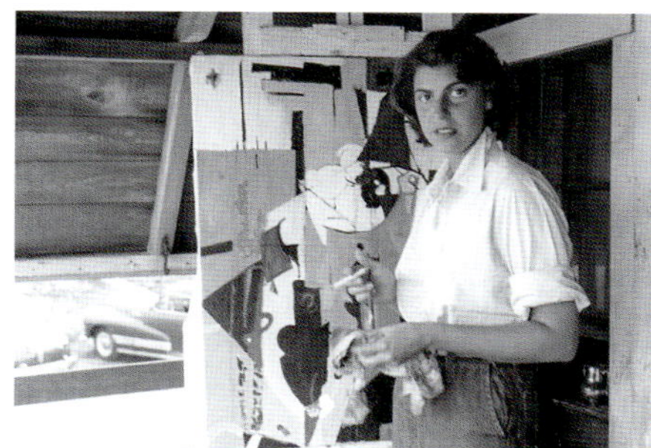



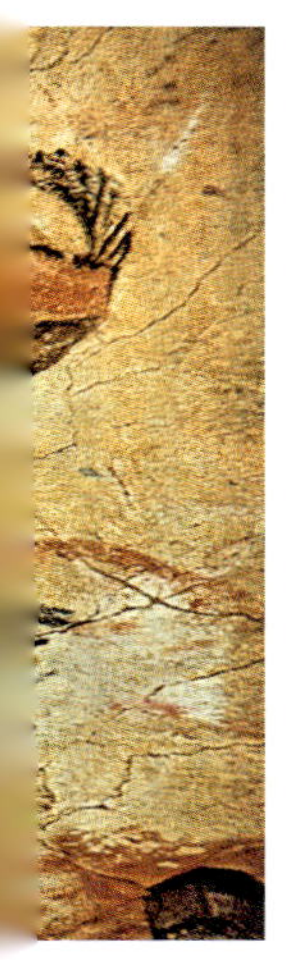

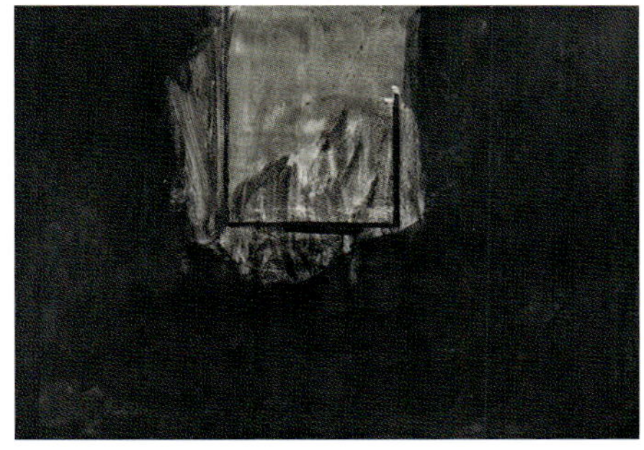



and forms on the vaulted walls and ceilings. She recognised how the natural unevenness of the cave ceiling was used to give the figures spatial presence. The line not only served to delineate the forms, but also established a relationship to the surrounding space. This insight was crucial for Frankenthaler in overcoming the dichotomy between figure and ground and grasping lines and surfaces as a coherent spatial network. On a postcard sent to her then partner Clement Greenberg, she wrote enthusiastically: 'The contour of the ceiling matches the forms of the animals — e.g., big bump on ceiling where bison's rump is. It all looks like one huge painting on unsized canvas; in fact it all reminded me of a lot of my pictures.'[20] While cave paintings translate a three-dimensional rock structure into a two-dimensional painting, Helen Frankenthaler takes the opposite approach: her works transform a flat canvas into a spatial illusion. This results in a fascinating interrelationship in which both approaches — from opposite starting points — ultimately lead to a similar result: the merging of paint and support.

Five years later, during her honeymoon with Robert Motherwell in 1958, she insisted on visiting the caves of Altamira fig. 9 a second time. This time they managed to avoid the constraints of a group by entering after the tours had ended for the day. There was a single electric bulb, but the guide handed Motherwell a candle and switched off the light.[21] By candlelight, surrounded by darkness and silence, they contemplated the drawings of bison, wild boar, horses and deer. For the artist couple, viewing these early pictorial testimonies was a profound experience. A year after their trip, Frankenthaler described her feelings in the caves of Altamira and Lascaux: 'I was enormously affected by the paintings; — being surrounded by direct, passionate, all-over murals.'[22] The influence of their trip to France and Spain is clearly visible in the new aesthetic of the works the two artists created in the years that followed. Both later referred to this experience in their writings and art fig. 10.

*Cave Memory* fig. 11, painted in 1959, features earthy tones and sketch-like lines reminiscent of the drawings from Lascaux and Altamira. In the soothing, bright blue and brown colour fields, Frankenthaler subtly deviates from the bold and gestural brushstrokes of Abstract Expressionism by instead emphasising the flat surface of the canvas. She combined the Cubist concept of space with the spatiality she discovered in prehistoric paintings: while Cubism dissected the pictorial elements on the flat surface into geometric shapes using lines, Frankenthaler saw in the cave paintings how line and space can be inextricably linked. The line served not only as a boundary, but also as a dynamic element, uniting form, space and movement.

### 'I think of my pictures as explosive landscapes, worlds and distances held on a flat surface'[23]

*Provincetown Harbor* (1950) fig. 12 is the earliest work by Helen Frankenthaler in the Reinhard Ernst Collection. It is a landscape, in the classical sense, which Frankenthaler likely painted outside from the veranda. She captures the view of the harbour with thinly drawn grey lines. Her use of watercolour foreshadows the soak-stain technique she would develop shortly thereafter. The work was created while she was

*Cave Memory* **Abb. 11** aus dem Jahr 1959 weist neben erdigen Farbtönen skizzenhafte Strichen auf, die an die Zeichnungen aus Lascaux und Altamira erinnern. In den beruhigenden, leuchtend blauen und braunen Farbflächen weicht Frankenthaler subtil von den kühnen und gestischen Pinselstrichen des Abstrakten Expressionismus ab, indem sie stattdessen die flache Oberfläche der Leinwand betont. Sie verknüpfte die kubistische Raumauffassung mit der Räumlichkeit, die sie in den prähistorischen Malereien entdeckte: Während der Kubismus die Bildelemente auf der flachen Oberfläche durch die Linie in geometrische Formen zerlegte, erkannte Frankenthaler in den Höhlenmalereien, wie Zeichnung und Raum untrennbar miteinander verbunden sein können. Die Linie diente nicht nur als Begrenzung, sondern als dynamisches Element, das Form, Raum und Bewegung miteinander vereint.

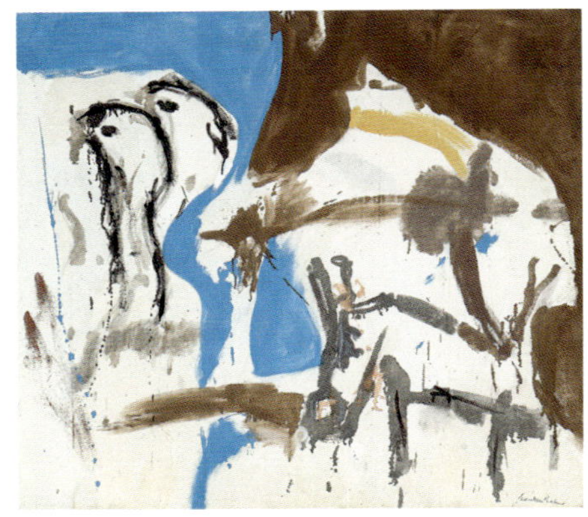

Abb./Fig. 11 → S./p. 29
*Cave Memory*, 1959
Öl auf grundierter Leinwand /
Oil on primed canvas,
94,5 × 104,5 cm

> **„Ich betrachte meine Bilder als explosive Landschaften,
> Welten und Distanzen, die auf einer flachen Oberfläche
> festgehalten werden"[23]**

*Provincetown Harbor* (1950) **Abb. 12** ist das früheste Werk von Helen Frankenthaler in der Sammlung Reinhard Ernst. Im klassischen Sinne ist es eine Landschaftsmalerei, die Frankenthaler vermutlich von der Veranda aus im Freien malte. Mit dünn gezogenen grauen Linien fängt sie die Hafenansicht ein. In ihrem Umgang mit der wasserverdünnten Farbe lässt sich bereits die Soak-Stain-Technik erahnen, die sie kurz darauf entwickeln sollte. Das Blatt entstand während ihres Aufenthalts in Provincetown, einer Küstenstadt in Massachusetts. Auf Empfehlung von Clement Greenberg besuchte sie dort im Sommer 1950 für drei Wochen die Malschule von Hans Hofmann, dem deutsch-amerikanischen Maler und Lehrer und Kunstprofessor, der zur ersten Generation der sogenannten New York School zählt. Die Pleinairmalerei (dt. Freiluftmalerei) war Teil seiner künstlerischen Praxis und folglich auch seines Unterrichts.[24]

In ihrer Kunst stellte Helen Frankenthaler immer wieder die Frage nach dem Verhältnis von Malerei, Landschaft und Abstraktion. Natur und Landschaft sollten lebenslange Inspirationsquellen für die Künstlerin bleiben. Wie viele abstrakt arbeitende Künstler:innen testete auch sie die Grenzen der Gattung aus und fügte bisweilen Elemente erkennbarer Motive in ihre Kompositionen ein. Ein Blick in die Sammlung Reinhard Ernst zeigt, wie Frankenthaler im Laufe der Zeit ein fragiles Gleichgewicht zwischen Abstraktion und differenzierter Reaktion auf Natur und Ort entwickelte. Die naturgetreue Wiedergabe, wie sie selbst in dem frühen Blatt *Provincetown Harbor* nur noch zu erahnen ist, stand dabei nicht im Fokus. Vielmehr ging es ihr um zwei andere Aspekte: Zum einen wollte sie die Erinnerung an einen Ort festhalten und zum anderen den räumlichen Eindruck dieses Ortes auf der zweidimensionalen Leinwand wiedergeben. Dabei brachte sie auf verschiedenen Ebenen der Bildfläche Nähe und Ferne der Landschaft zum Ausdruck. Mit ihrem spielerischen Umgang mit diesen Aspekten betonte sie einerseits die flache Bildoberfläche, schuf jedoch gleichzeitig einen Bildraum, der landschaftliche Assoziationen hervorrief — nur um diese Assoziationen anschließend wieder zu verneinen.[25]

staying in Provincetown, a coastal town in Massachusetts. At the recommendation of Clement Greenberg, she spent three weeks there during the summer of 1950 attending a painting school run by Hans Hofmann, a German-American painter, teacher and art professor and one of the first generation of the so-called New York School. Outdoor painting was part of his artistic practice and consequently also of his teaching.[24]

Helen Frankenthaler's art repeatedly explored the relationship between painting, landscape and abstraction. Nature and landscape would remain lifelong sources of inspiration for her; like many abstract artists, she also tested the boundaries of the genre and sometimes incorporated elements of recognisable motifs into her compositions. A look at the Reinhard Ernst Collection shows how over time, Frankenthaler developed a delicate balance between abstraction and a nuanced response to nature and place. The focus was not on a naturalistic rendering, as evidenced even in her early work *Provincetown Harbor*. Rather, she was concerned with two other aspects: on the one hand with capturing the memory of a place, and on the other with reproducing the spatial impression of that place on a two-dimensional canvas. In doing so, she expressed the proximity and distance of the landscape on different levels of the picture plane. With her playful handling of both of these aspects, she emphasised the flat surface of the painting while at the same time creating a pictorial space that evoked associations with landscape — only to then negate these associations once again.[25]

In the 1950s in particular, she explored landscape references in her abstraction, as the critic E. C. Goossen noted in 1958.[26] The painting *The Bay* fig. 13 from 1957 serves as a good example. The dominant colour area is a large, irregular blue on the left side, while on the right and above, dynamic brushstrokes in bright yellow, ochre and bold red create a stark contrast. These colours seem to combine in a blazing swirl. The painting is composed of different layers, which sometimes come to the fore and sometimes open up the pictorial space to the rear. This ambivalence ensures that the painting is constantly in motion. The result is a billowing representation of the eponymous bay, a dynamic landscape of colour fields in which the various elements enter into a dialogue without defining clear forms or lines.

In the 1970s, she further developed her understanding of landscape painting by emphasising horizontality and often taking the picture format to extremes. She created numerous large landscape paintings in a cinematic format that allowed viewers to experience the landscape in a new way, drawing them into the picture plane.

In 1975, she created two such images: *After Hours* fig. 14 and *When the Snow Melts* fig. 15, works that show strong references to landscape painting, but in an abstract, almost reduced form. What was new was that Frankenthaler began by tinting the canvas in a colour tone.[27] In *After Hours*, horizontal layers and fields of brown, ochre, blue and light tones are superimposed on a pale blue background. The harmony of earth and cloud colours brings to mind a landscape with mountains, water and sky. The horizontal layering with warm areas of yellow and ochre, as well as the title, suggest twilight or sunset. The individual fields are finely attuned and suggest depth, space and movement, creating a flowing, atmospheric effect.

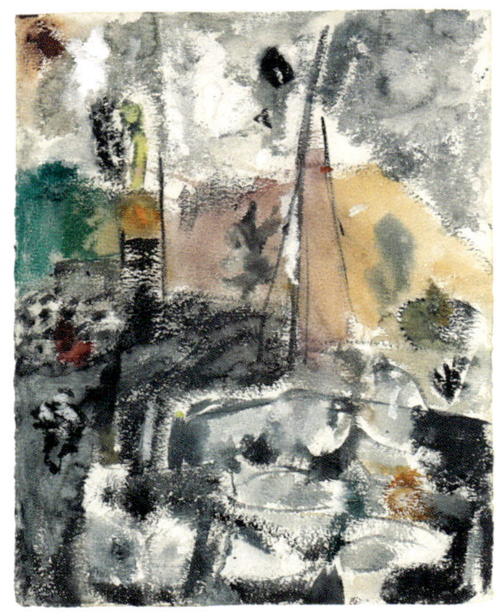

Abb./Fig. 12 → S./p. 21

*Provincetown Harbor*, 1950
Wasserfarbe auf Papier /
Watercolour on paper,
62,9 × 48,9 cm

Insbesondere in den 1950er Jahren verhandelt sie in ihrer Abstraktion landschaftliche Bezüge, wie der Kritiker E.C. Goossen 1958 bemerkte.[26] Beispielhaft dafür ist das Gemälde *The Bay* Abb. 13 aus dem Jahr 1957. Die dominierende Farbfläche ist ein großes, unregelmäßiges Blau auf der linken Seite. Rechts und oben kontrastieren dynamische Pinselstriche in leuchtendem Gelb, Ocker und kräftigem Rot. Diese Farben scheinen sich in einem lodernden Wirbel miteinander zu verbinden. Das Bild setzt sich aus unterschiedlichen Ebenen zusammen, die mal nach vorne treten und mal den Bildraum nach hinten öffnen. Diese Ambivalenz sorgt dafür, dass das Bild ständig in Bewegung bleibt. Es entsteht die wogende Darstellung der titelgebenden Bucht, eine dynamische Landschaft aus Farbflächen, bei der die verschiedenen Elemente in Dialog treten, ohne dabei klare Formen oder Linien zu definieren.

In den 1970er Jahren entwickelte sie ihr Verständnis der Landschaftsmalerei weiter, indem sie die Horizontale betonte und das Bildformat oftmals ins Extreme führte. Es entstanden zahlreiche große Querformate, die durch ihr Kinoleinwandformat den Landschaftsraum neu erfahrbar machten und den:die Betrachter:in in die Bildfläche hineinzogen.

1975 entstanden gleich zwei solcher Werke: *After Hours* Abb. 14 und *When the Snow Melts* Abb. 15 zeigen starke Bezüge zur Landschaftsmalerei, jedoch in einer abstrahierten, nahezu reduzierten Form. Neu hinzu kam, dass Frankenthaler den Malgrund vorher in einem Farbton einfärbte.[27] In *After Hours* schieben sich horizontale Schichten und Felder aus Braun-, Ocker-, Blau- und hellen Tönen über einer blassblauen Untermalung zusammen. Der Zusammenklang aus Erd- und Wolkenfarben erinnert beim Betrachten an eine Landschaft mit Bergen, Wasser und Himmel. Die horizontale Schichtung mit den warmen Gelb- und Ockerflächen sowie der Titel lassen an eine Dämmerung oder einen Sonnenuntergang denken. Die einzelnen Flächen sind fein aufeinander abgestimmt und suggerieren Tiefe, Raum und Bewegung, wodurch eine fließende, atmosphärische Wirkung entsteht.

*When the Snow Melts* könnte als Wechsel der Jahreszeiten und das Schmelzen des Schnees interpretiert werden. Im Bild zeigt sich eine pastellige Farbpalette auf einem hellen orangefarbenen Grund. Die verwaschen wirkende grüne Farbfläche, die fast den gesamten oberen Bereich einnimmt, erinnert an einen dunstigen Frühlingshimmel. Während *After Hours* durch seine erdigen Farbflächen ein Gefühl von Stille, Stillstand und Schwere evoziert, steht *When the Snow Melts* für Aufbruch und Veränderung. Trotz dieser Unterschiede bleibt die Landschaftsmalerei in beiden Fällen durch das horizontale Format und die Tiefe des Bildraums, die durch die Überlagerung der transparenten Farbschichten entsteht, als Bezugspunkt erhalten.

Frankenthaler war sich des landschaftlichen Eindrucks ihrer Bilder durchaus bewusst. Gleichzeitig war sie überzeugt davon, dass gegenständliche Verweise von der Qualität der abstrakten Malerei ablenken können. In einem Interview mit der Kuratorin Julia Brown sprach sie über die Tücken der gegenständlichen Assoziationen, die allein durch die Ausrichtung des Bildformats entstehen können: „Landschaft ist ein Reizwort für einen abstrakten Maler. Wenn man ein abstraktes querformatiges Gemälde betrachtet, nimmt man mehr oder weniger unbewusst die

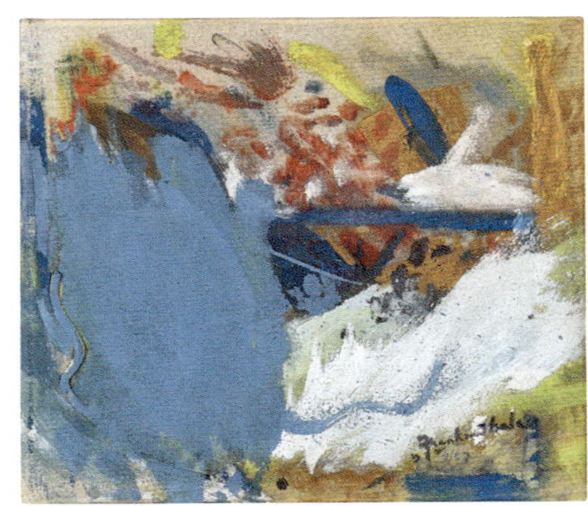

**Abb./Fig. 13** → S./p. 24
*The Bay*, 1957
Öl auf Leinwand /
Oil on canvas,
36 × 41 cm

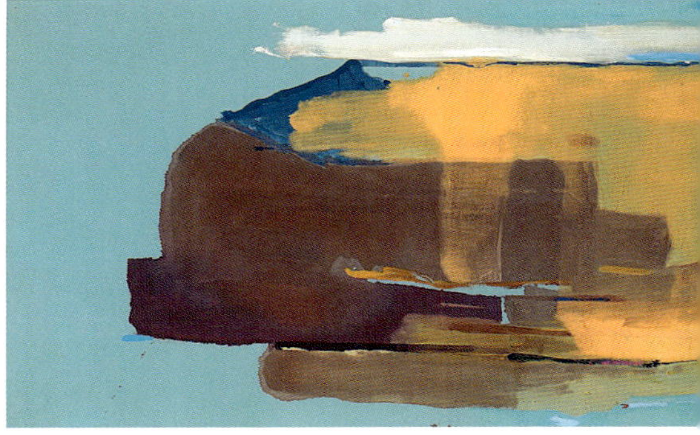

**Abb./Fig. 14** → S./pp. 68/69
*After Hours*, 1975
Acryl auf Leinwand /
Acrylic on canvas,
152,5 × 429,5 cm

**Abb./Fig. 15** → S./pp. 64/65
*When the Snow Melts*, 1975
Acryl auf Leinwand /
Acrylic on canvas,
179,5 × 429,5 cm

*When the Snow Melts* could be read as a change of seasons and the melting of snow. The picture shows a pastel colour palette on a light orange background. The green puddle, which seems washed out and takes up almost the entire upper area, is reminiscent of a hazy spring sky. While *After Hours* with its earthy colour fields evokes a feeling of stillness, stasis and heaviness, *When the Snow Melts* is all about awakening and change. Despite these differences, in both cases landscape painting remains a point of reference through the horizontal format and depth of pictorial space achieved by the overlapping transparent layers of colour.

Frankenthaler was well aware of the landscape-like impression of her paintings. At the same time, she was convinced that figurative references could distract from the quality of abstract painting. In an interview with curator Julia Brown, she talked about the pitfalls of the figurative associations that can arise simply from the orientation of the picture: 'Landscape is a loaded question for an abstract painter. When one looks at an abstract horizontal canvas, one more or less consciously perceives nature or a horizon or a view. One is not apt to think of a figurative reference, which is more apt to be vertical. Looking specifically for figures or landscape in abstraction can sometimes inhibit the ability to recognize a picture's true quality.'[28]

To confound expectations and surprise herself in the process, she not only retained the greatest possible freedom in the painting phase and the subsequent cropping, but also played with the orientation of her images once they were stretched on the canvas. *Sea Level* (1976) **fig. 16** not only refers in its title to the originally conceived landscape format; the spreading bands of colour also recall the eponymous sea level. The work, which was originally conceived as a horizontal composition, was rotated to a vertical format by Frankenthaler. On the back, she corrected the orientation of the painting with a red crayon **fig. 17**.

In a studio photograph from 1975 **fig. 19**, the painting *Lunar Avenue* **fig. 18** from a year earlier is clearly visible, leaning against the wall and turned 180 degrees. If the work is tilted 90 degrees to the right, an abstract landscape suddenly appears, illuminated by a moon peeking out from the coloured bands — a reference to the title *Lunar Avenue*. The vertical presentation of the painting shifts the reading of the image to a bird's-eye view of a street or passageway. Frankenthaler turns expectations upside down, thereby subverting conventional ways of seeing.

**'When a picture needs blank canvas
to breathe a certain way I leave it … This is an aspect
of giving up one's "mark"'[29]**

In an interview with curator Henry Geldzahler in 1965, Helen Frankenthaler explained: 'When a picture needs blank canvas to breathe a certain way I leave it', adding, 'This is an aspect of giving up one's "mark".'[30] This conviction characterised her work during the 1960s, leading to a reduction of pictorial content and an increased focus on the colour field.

The highly reduced work *One O'Clock* **fig. 20** from 1966 is an outstanding example from this creative phase, in which all the painted elements

**45**

Natur oder einen Horizont oder eine Aussicht wahr. Man wird wahrscheinlich nicht an eine figurative Anspielung denken, die eher ein Hochformat voraussetzen würde. Wenn man speziell nach Figuren oder
Landschaften in abstrakten Bildern sucht, so kann das gelegentlich die
Fähigkeit beeinträchtigen, ihre wahre Qualität zu erkennen." [28]

Um die Erwartungen zu durchkreuzen und sich selbst im Prozess über-
raschen zu lassen, bewahrte sie sich nicht nur in der Phase des Malens
und bei der anschließenden Wahl des Bildausschnitts größtmögliche
Freiheit. Sie spielte auch mit der Ausrichtung ihrer Bilder, sobald sie diese
auf den Keilrahmen aufgespannt hatte. *Sea Level* (1976) **Abb. 16** nimmt
nicht nur im Titel Bezug auf das ursprünglich zunächst angedachte
landschaftliche Querformat. Auch die Farbbahnen, die sich hier ausbrei-
ten, erinnern an den titelgebenden Meeresspiegel. Das Werk, das ursprünglich als horizontale Komposition gedacht war, wurde von Frankenthaler ins Hochformat gekippt. Auf der Rückseite korrigierte sie die
Ausrichtung des Gemäldes mit einem roten Buntstift **Abb. 17**.

Das ein Jahr zuvor entstandene *Lunar Avenue* **Abb. 18** lehnt auf einer
Studioaufnahme von 1975 um 180 Grad gedreht an der Wand **Abb. 19**.
Wenn man das Werk um 90 Grad nach rechts kippt, erscheint plötzlich
eine abstrahierte Landschaft, auf die ein Mond herabscheint, der aus
den Farbbahnen hervorlugt. Dies verweist auf den Titel *Lunar Avenue*,
der übersetzt etwa „Mondlicht-Allee" bedeutet. Die vertikale Präsentation
der Malerei verschiebt die Lesart des Bildes hin zu einer Vogelperspektive mit Blick auf eine Straße oder einen Durchgang. Frankenthaler
stellt Erwartbares auf den Kopf und unterläuft damit konventionelle
Sehgewohnheiten.

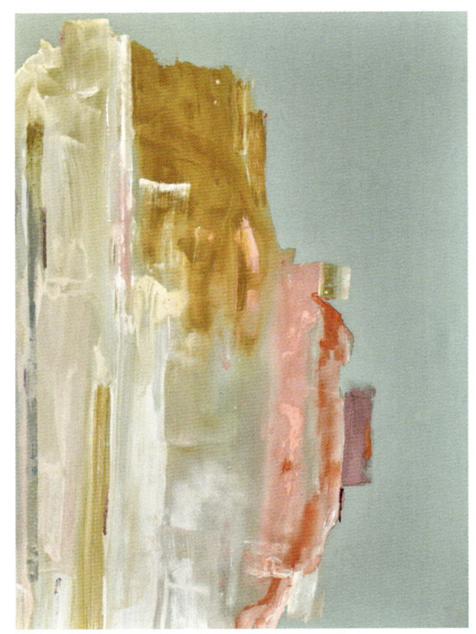



*Sea Level*, 1976
Acryl auf Leinwand /
Acrylic on canvas,
226 × 160 cm

> **„Wenn ein Bild eine leere Fläche auf der Leinwand braucht,
> um auf eine bestimmte Weise zu atmen, dann lasse ich
> sie leer […] das ist ein Aspekt des Verzichts auf die eigene
> ‚malerische' Handschrift."[29]**

In einem Interview im Jahr 1965 erklärte Helen Frankenthaler dem Kurator Henry Geldzahler: „Wenn ein Bild eine leere Fläche auf der Leinwand braucht, um auf eine bestimmte Weise zu atmen, dann lasse ich
sie leer", und fügte hinzu: „Das ist ein Aspekt des Verzichts auf die
eigene ‚malerische Handschrift'."[30] Diese Überzeugung prägte ihre Werke
der 1960er Jahre, führte zu einer Reduktion der Bildinhalte und einem
zunehmenden Fokus auf das Farbfeld.

Ein herausragendes Beispiel aus dieser Schaffensphase ist das stark
reduzierte Werk *One O'Clock* **Abb. 20** von 1966, in dem alle gemalten Elemente an den Rändern des Bildes angeordnet sind. Die einzige aktive
weiße Fläche in der Mitte der Leinwand wird von einer Form am linken
Rand reflektiert. Die Leere im Gemälde unterstreicht Frankenthalers
Aussage. In einem Atelierfoto **Abb. 21**, das der Fotograf Alexander Liberman im Entstehungsjahr des Werks aufgenommen hat, scheint *One
O'Clock* gerade aufgespannt zu werden und enthält zusätzliche Farbflächen auf der rechten Seite, die später beschnitten wurden. Die Künstlerin entschied über den endgültigen Bildausschnitt erst ganz zum
Schluss, nachdem sie den Malprozess beendet hatte. Ihre Malerei entstand somit unabhängig von einem festgelegten Bildformat. Die Wahl,

*Lunar Avenue*, 1975
Acryl auf Leinwand /
Acrylic on canvas,
389 × 240,7 cm

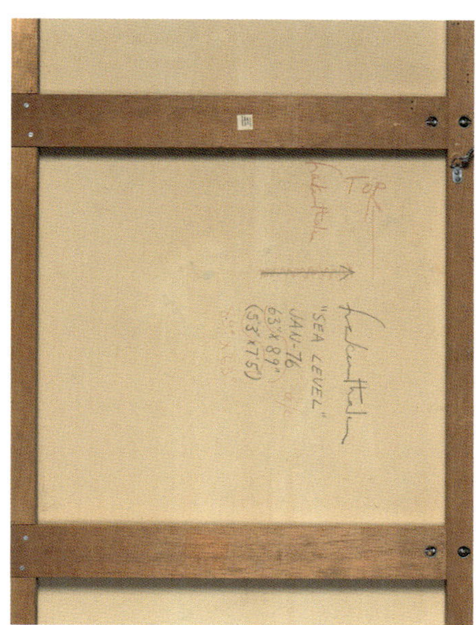



*Sea Level*, 1976 (verso)

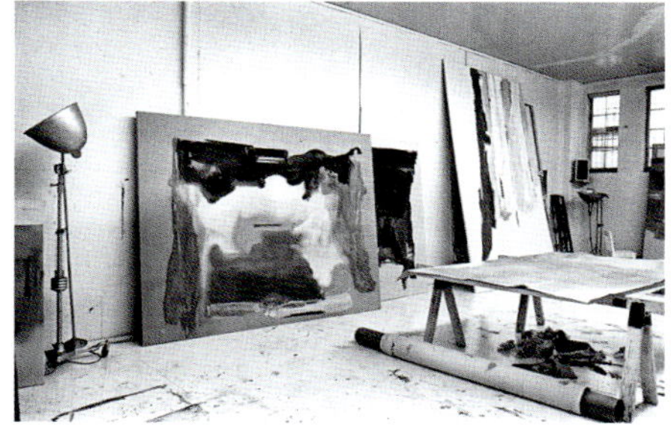



Helen Frankenthalers Atelier mit
*Lunar Avenue* in der East 83rd Street
in New York, Herbst 1975

Helen Frankenthaler's *Lunar Avenue*
in her East 83rd Street studio in New
York, autumn of 1975

are arranged at the edges of the picture. The only active white area in the middle of the canvas is reflected by a form on the left edge. The emptiness in the painting underscores the statement by Frankenthaler quoted above. In a studio photograph **fig. 21** taken by Alexander Liberman the year the work was created, *One O'Clock* appears to be in the process of being stretched and includes additional forms on the right-hand side that were later cropped. The artist decided on the final composition only at the very end, after she had finished the painting process. The choice of adding or removing coloured shapes ultimately determined whether a work conveyed tension or a sense of space and room to breathe.

Helen Frankenthaler and Robert Motherwell married in 1958. From 1961 on, they spent several months every summer but one in Provincetown, Massachusetts. In August 1962, they purchased a property at 631 Commercial Street on Provincetown Bay, where they planned the construction of their own studio building.[31] Both were strongly attracted to the sea. Frankenthaler recalled: 'All my life, I have been drawn to water and translucency. I love the water; I love to swim, to watch changing seascapes.'[32] Motherwell also had a deep connection to the sea. Inspired by the powerful impact of waves against the seawall behind his house, he began his first series called *Beside the Sea* in 1962, comprising sixty-four oil paintings on paper.[33] The powerful, whip-like gestures with which he captured the chaotic energy of the surf became an experiment in imitating natural phenomena through painting. Like Frankenthaler, Motherwell was less interested in reproducing the appearance of nature than in using natural processes to approximate its effects. Despite the obvious differences in their work, Frankenthaler and Motherwell shared fundamental convictions about how to approach abstraction.[34]

During this phase, Helen Frankenthaler worked intensively on an equally concentrated pictorial theme, which she explicitly invoked in the titles of three of her works: *Three Color Space*, *Four Color Space* and *Five Color Space* (all 1966). Previously she had worked with a few, but generous fields of colour, as in *Pink Lightning* (1965) **fig. 22**, which recalls the paintings of her artist friend Friedel Dzubas **fig. 23**. Here, however, she explored a specific pictorial idea within a series rather than in individual works. Using the example of the somewhat later *Cloud Slant* (1968), she described her approach as 'a "play" on a square or rectangular theme in which the shape of the square echoes the shape of the canvas itself. The shapes (depending on where they are placed, their colours, their relation to the four edges and corners of the stretcher) act as lines, as well as shapes, to denote that square.'[35]

In *Four Color Space* (1966) **fig. 24**, four opaque colour fields define the vertical format of the painting: the centre is partially primed in white, while on the right side the painting is confined by an area of deep blue that almost touches the upper edge. On the left, a green colour field slopes downward, overlaid by a small light blue triangle in the middle of the lower edge. Above the green area, a stroke of deep red begins and extends beyond the white area. These four saturated areas frame the centre and create an entrance to the interior of the painting, which is suggested by the white area.

Farbformen hinzuzufügen oder zu entfernen, bestimmte letztlich, ob ein Werk Spannung oder ein Gefühl von Freiraum und Platz zum Atmen vermittelte.

1958 heirateten Helen Frankenthaler und Robert Motherwell. Ab 1961 verbrachten sie mit einer Ausnahme jeden Sommer mehrere Monate in Provincetown, Massachusetts. Im August 1962 erwarben sie ein Grund-stück in der 631 Commercial Street an der Provincetown Bay, wo sie den Bau eines eigenen Ateliergebäudes planten.[31] Beide fühlten sich stark zum Meer hingezogen. Frankenthaler erinnerte sich: „Mein ganzes Leben lang habe ich mich vom Wasser und von Transparenz angezogen ge-fühlt. Ich liebe das Wasser; ich liebe es zu schwimmen, das veränderliche Meer zu betrachten.“[32] Auch Motherwell war tief mit dem Meer verbun-den. Inspiriert vom kraftvollen Aufprall der Wellen an der Mauer hinter ihrem Haus, begann er 1962 seine erste *Beside the Sea* Serie, die 64 Öl-gemälde auf Papier umfasst.[33] Die kraftvollen, peitschenartigen Gesten, mit denen er die chaotische Energie der Gischt einfing, wurden zu einem Experiment, das Naturphänomen mit malerischen Mitteln zu imitieren. Ähnlich wie Frankenthaler war Motherwell weniger daran interessiert, das Erscheinungsbild der Natur wiederzugeben, sondern nutzte die Prozes-se der Natur, um deren Wirkungen nachzuvollziehen. Trotz offensicht-licher Unterschiede in ihren Arbeiten teilten Frankenthaler und Mother-well grundlegende Überzeugungen im Umgang mit der Abstraktion.[34]

Helen Frankenthaler arbeitet in dieser Phase intensiv an einem ebenso konzentrierten Bildthema, das sie explizit in drei Werktiteln benannte: *Three*, *Four* und *Five Color Space* (dt. Drei-, Vier- und Fünf- Farben-Raum, alle aus dem Jahr 1966). Zuvor hatte sie bereits mit wenigen, aber großzügigen Farbflächen gearbeitet, wie in *Pink Lightning* (1965) **Abb. 22**, das an die Malerei des befreundeten Künstlers Friedel Dzubas erinnert **Abb. 23**. Statt in Einzelarbeiten untersucht sie hier jedoch innerhalb einer Serie eine spezifische bildnerische Idee. Am Beispiel des etwas später entstandenen *Cloud Slant* (1968) beschrieb sie ihre Herangehensweise als „ein ,Spiel' mit quadratischen oder rechteckigen Formen, bei dem die Form des Quadrats die Form der Leinwand selbst widerspiegelt. Die Formen (je nach ihrer Platzierung, ihren Farben und ihrer Beziehung zu den vier Kanten und Ecken des Rahmens) fungieren sowohl als Linien als auch als Flächen, um das Quadrat hervorzuheben.“[35]

In *Four Color Space* (1966) **Abb. 24** definieren vier opake Farbflächen das Hochformat des Bildes: Das Zentrum ist stellenweise weiß grundiert, am rechten Bildrand wird es von einer tiefblauen Farbfläche eingeengt, die fast am oberen Rand abschließt. Links neigt sich eine grüne Farb-bahn, die in der Mitte des unteren Bildrands von einem kleinen hell-blauen Dreieck überlagert wird. Oberhalb der grünen Fläche setzt ein tiefroter Farbstrich an, der über die weiße Fläche hinausläuft. Diese vier durchtränkten Flächen rahmen das Zentrum und schaffen einen Zu-gang zum Bildinneren, das durch die weiße Fläche angedeutet wird.

In dieser Phase erkundete auch Robert Motherwell in seiner *Open*-Serie das Verhältnis zwischen Zentrum und Außenrändern. Diese Serie basiert auf den unendlichen Möglichkeiten gezeichneter Rechtecke, die Bezug auf das Bildformat nehmen. Interessanterweise entstand sie durch einen Zufall. Während er 1967 in seinem New Yorker Atelier in der 414 East 75th Street arbeitete, sah er eine ockergelb eingefärbte

**Abb./Fig. 20**  → S./p. 103
*One O'Clock*, 1966
Acryl auf Leinwand /
Acrylic on canvas,
238,8 × 196,2 cm

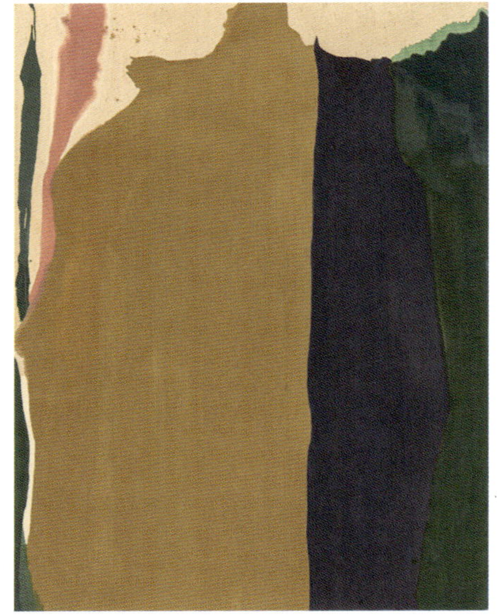

**Abb./Fig. 22**  → S./p. 100
*Pink Lightning*, 1965
Acryl auf Leinwand /
Acrylic on canvas,
183,4 × 135,5 cm

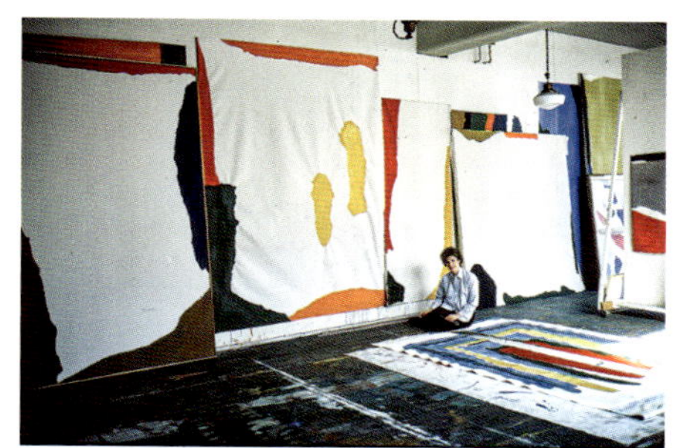



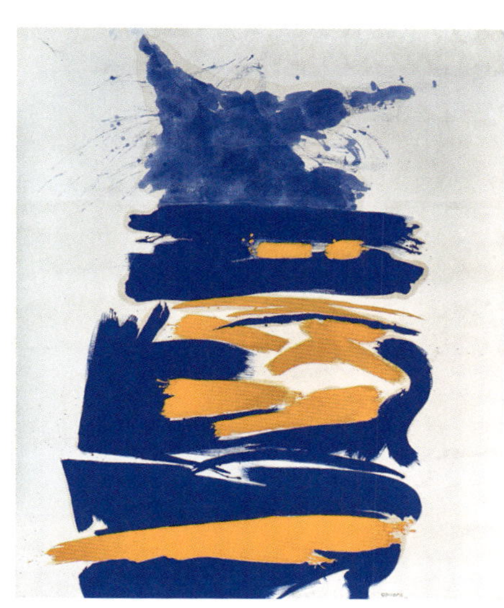



It was also during this phase that Robert Motherwell explored the relationship between the centre and the outer edges in his *Open* series, based on the infinite possibilities of drawn rectangles echoing the picture format. Interestingly, the series came about by accident: while working in his New York studio at 414 East 75th Street in 1967, he saw an ochre-yellow canvas standing against the wall, next to which, by chance, a smaller canvas was leaning fig. 25. Because the painter liked the relationship of the smaller canvas to the larger one, he sketched the shape of the former onto the latter, so 'that the lines looked like a door – a very abstract one.'[36] After intensive studies lasting several months, he decided that he preferred the painting turned 180 degrees, making it into a window fig. 26. In the *Open* series, the viewer's gaze alternates between the actual flat surface of the painting and the illusion of space suggested by the inner rectangle.

In the series of works created during this period, Frankenthaler and Motherwell explored how the internal pictorial space could be structured through the deliberate reduction and targeted arrangement of forms. Like Motherwell, Frankenthaler shows clear restraint in *Four Color Space*, restricting herself to basic geometric forms. While Frankenthaler frames spatial depth with intense colour fields and emphasises the openness of her working process by cropping the image only at the end, Motherwell creates a subtle tension between surface and line in his *Open* series. He contrasts a simple rectangular charcoal drawing with monochromatic painting, creating a field of tension between surface and line, illusion and pictorial space. Despite these formal similarities, their works trigger different visual experiences.

In response to Frankenthaler's retrospective at the Whitney Museum of American Art in 1969, which was also presented in London, Hanover and Berlin, *Time* magazine wrote: 'For the past eleven years, she has been the wife of Robert Motherwell, and in a sense, Helen always seemed in the artistic shadow of her husband and other "first-generation" Abstract Expressionists. Thus it came as something of a discovery to learn that Helen can really paint.'[37] The success of this exhibition may have encouraged her to make decisive changes in the years that followed. The 1970s began with a major upheaval for her: she moved into a new studio, a former coach house on East 83rd Street, just a block and a half from her previous studio, and she divorced Robert Motherwell in July 1971. It was during this phase of new beginnings that *Spanning* (1971) fig. 27 was created. With this work Frankenthaler claimed a new space for herself, both personally and artistically, exploring the pictorial theme of the trio *Three*, *Four* and *Five Color Space* with a newly acquired independence on a large scale.

### 'You never give up anything, ever, from the past'[38]

Helen Frankenthaler regarded the past as an inexhaustible source that constantly influenced her artistic work. Curator Douglas Dreishpoon counts every place she visited, every success and failure, every friendship, passion, love affair and contemporary and historical painting that sparked her curiosity as part of the wealth of experience she drew upon throughout her life.[39] She spoke openly about how she saw herself

Leinwand an der Wand stehen, an der zufällig eine kleinere Leinwand lehnte **Abb. 25**. Da dem Maler das Verhältnis der kleineren zur größeren Leinwand gefiel, skizzierte er die Form der kleineren Leinwand auf der größeren, so „dass die Linien aussahen wie eine Tür – eine sehr abstrakte"[36]. Nach intensiven Studien, die sich über mehrere Monate erstreckten, entschied er, dass ihm das Bild um 180 Grad gedreht besser gefiel, da es dadurch zu einem Fenster wurde **Abb. 26**. Bei der *Open*-Serie wechselt der betrachtende Blick zwischen der tatsächlichen flachen Oberfläche des Gemäldes und der durch das innere Rechteck suggerierten Illusion von Raum.

Frankenthaler und Motherwell untersuchten in den in dieser Zeit entstandenen Serien, wie der innere Bildraum durch bewusste Reduktion und gezielte Anordnung von Formen strukturiert werden kann. Ähnlich wie Motherwell zeigt Frankenthaler in *Four Color Space* eine klare Zurückhaltung, die auf der Beschränkung auf grundlegende geometrische Formen basiert. Während Frankenthaler mit intensiven Farbflächen eine räumliche Tiefe einrahmt und durch den erst am Ende gewählten Bildausschnitt die Offenheit ihres Werkprozesses betont, erzeugt Motherwell in seiner *Open*-Serie eine subtile Spannung zwischen Fläche und Linie. Er kontrastiert eine schlichte rechteckige Kohlezeichnung mit monochromer Malerei, wodurch ein Spannungsfeld zwischen Fläche und Linie, Illusion und Bildraum entsteht. Trotz dieser formalen Gemeinsamkeiten lösen ihre Werke unterschiedliche visuelle Erfahrungen aus.

Nach Frankenthalers Retrospektive im Whitney Museum of American Art 1969, die auch in London, Hannover und Berlin gezeigt wurde, schrieb das *Time* Magazin: „In den vergangenen elf Jahren war sie die Ehefrau von Robert Motherwell und schien gewissermaßen im künstlerischen Schatten ihres Mannes und anderer Vertreter der ‚ersten Generation' des Abstrakten Expressionismus zu stehen. Umso überraschender war die Erkenntnis, dass Helen wirklich malen kann."[37] Möglicherweise ermutigte sie der Erfolg dieser Ausstellung, in den darauffolgenden Jahren entscheidende Veränderungen vorzunehmen. Die 1970er Jahre begannen für sie mit einem Umbruch: Sie bezog ein neues Atelier, ein ehemaliges Kutschenhaus in der East 83rd Street, nur anderthalb Blocks entfernt von ihrem bisherigen Studio, und ließ sich im Juli 1971 von Robert Motherwell scheiden. In dieser Phase des Neuanfangs entstand *Spanning* (1971) **Abb. 27**. Es ist ein Werk, mit dem sich Frankenthaler sowohl im Privaten als auch im Künstlerischen einen neuen Raum eroberte und das bildnerische Thema des Trios *Three*, *Four* und *Five Color Space* mit einer neu gewonnenen Unabhängigkeit im großen Format untersuchte.

### „Du gibst nie etwas aus der Vergangenheit auf, niemals."[38]

Für Helen Frankenthaler war die Vergangenheit eine unerschöpfliche Quelle, die ihre künstlerische Arbeit stets beeinflusste. Kurator Douglas Dreishpoon zählt jeden Ort, den sie besucht hat, jeden Erfolg und Misserfolg, jede Freundschaft, Leidenschaft, Liebesbeziehung sowie jedes zeitgenössische und historische Gemälde, das ihre Neugier weckte, zu ihrem Erfahrungsschatz, auf den sie zeitlebens zurückgriff.[39] Sie sprach offen darüber und sah sich selbst als die Summe von Erfahrung, Überlieferung und Erfindung. In den 1980er Jahren schöpfte sie aus diesem

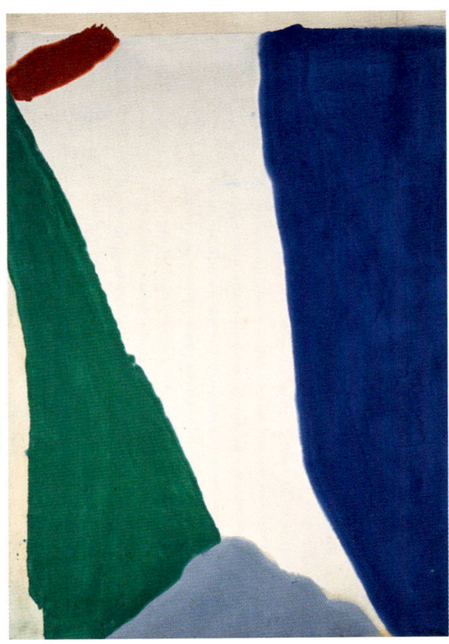

**Abb./Fig. 24**  → S./p. 101
*Four Color Space*, 1966
Acryl auf Leinwand /
Acrylic on canvas,
296,5 × 183,2 cm

**Abb./Fig. 26**
Robert Motherwell (1915–1991)
*Open No. 1: In Yellow Ochre*, 1967
Acryl und Kohle auf Leinwand /
Acrylic and charcoal on canvas,
289,6 × 210, cm
Sammlung Reinhard Ernst /
Reinhard Ernst Collection, Wiesbaden

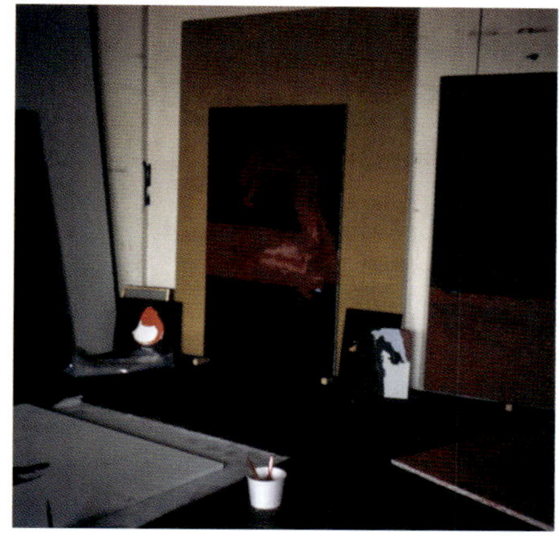

Abb./Fig. 25

Motherwells Atelier in der 414 East 75th Street, New York, mit *Summertime in Italy*, angelehnt an *Open No. 1*, Juni 1967

Motherwell's studio at 414 East 75th Street, New York, with *Summertime in Italy* leaning against *Open No. 1: In Yellow Ochre*, June 1967

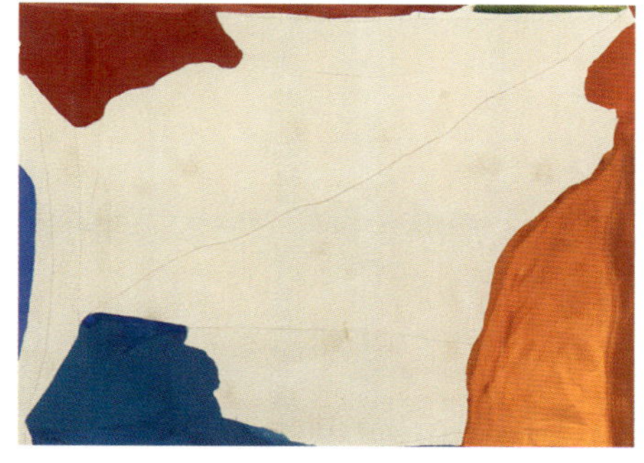

Abb./Fig. 27 → S./p. 93

*Spanning*, 1971
Acryl auf Leinwand /
Acrylic on canvas,
270,5 × 363,9 cm

as the sum of her experience, tradition and invention. In the 1980s, she drew from the rich trove of material she had collected over four decades. By this stage in her career, she had freed herself from expectations and attributions. Frankenthaler stayed with abstraction while many of her contemporaries returned to figuration. In contrast to the theoretical considerations of figures from Clement Greenberg to Michael Fried, who focused on the surface, purity and demands of the picture plane, Frankenthaler's artistic language unfolded within a much broader spectrum. The painterly richness and the diverse aggregate states of her materials, especially in the 1970s and 1980s, went beyond the narrow confines of these debates.

Her work *Barcelona* fig. 28 from 1987 is an excellent example of this liberated painting. At the centre of the large vertical format is free, independent colour, bound neither to the representation of an object nor to a gesture. Frankenthaler herself said, 'There is no "always". No formula. There are no rules. Let the picture lead you where it must go.'[40] The work, which she created after she returned from her trip to Spain in May/June 1987, is characterised by a balance of spontaneity and control. Arranged in three vertical bands, the vibrant effect of the painting comes from the deep, saturated colour scheme of emerald green, violet and golden yellow ochre. In some places, she added pearlescent pigments in shades of pink, red and green, which enhance the precious character of the composition with their shimmering effect. Without any of the elements of a traditional landscape painting, the picture conveys the atmospheric density of a place at a specific twilight hour. In *Barcelona*, the artist succeeds in creating a landscape experience that goes far beyond mere representation, evoking the fleeting atmosphere of the city. In this sense, Frankenthaler remains true to her style: she uses colour to convey emotions and maintains a connection to the real world, even though her works are abstract.

### 'Taking risks, being surprised, experimenting, wanting to push painting further'[41]

Helen Frankenthaler's approach to art has enriched and developed painting in many ways. Her decision to work with the canvas on the floor allowed her to create a completely new pictorial design: instead of defining the boundaries of the picture from the outset and developing the composition according to the given format, she allowed the painterly decisions to determine the final work. This allowed her to break away from rigid compositional concepts without jeopardising the unity of the work – because she treated her canvas equally from all sides. Barbara Rose aptly summarised this in 1969: 'Composing by cropping the image, Frankenthaler gained both the freedom to reconsider a composition and to revise in the process of creation without resorting to the compositional juggling at the heart of Cubist painting.'[42] This enabled her to move beyond the paths of Cubism and forge her own way. Her paintings were not created through predetermined geometric or conceptual structures, but developed from a spontaneous and dynamic creative process. Each composition was a direct reflection of her contemporary interests, experiences and moods: 'Everything I make is different because my feelings and moods change from moment to moment, and

reichen Fundus, den sie in über vier Jahrzehnten gesammelt hatte.
In dieser Phase ihrer Karriere hatte sie sich von Erwartungen und Zuschreibungen gelöst. Während viele ihrer Zeitgenossen zur Figuration
zurückkehrten, hielt Frankenthaler an der Abstraktion fest. Im Gegensatz zu den theoretischen Überlegungen von Clement Greenberg bis
Michael Fried, die sich auf Flächigkeit, Reinheit und die Anforderungen
der Bildfläche konzentrierten, entfaltete sich Frankenthalers künstlerische Sprache in einem viel breiteren Spektrum. Der malerische Reichtum und die vielfältigen Aggregatzustände ihrer Farbmaterialien, be-
onders in den 1970er und 1980er Jahren, sprengten die engen Grenzen
dieser Debatten.

Ihr Werk *Barcelona* **Abb. 28** von 1987 ist ein hervorragendes Beispiel für
diese befreite Malerei. Im Zentrum des großen Hochformats steht die
unabhängige, freie Farbe, die weder an die Repräsentation eines Gegenstands noch an eine Geste gebunden ist. Frankenthaler selbst sagte:
„Es gibt kein ‚immer'. Keine Formel. Es gibt keine Regeln. Lass das Bild
dich dorthin führen, wo es hingehen muss."[40] Das Werk entsteht nach
ihrer Rückkehr aus Spanien im Mai/Juni 1987 und ist durch eine Balance
aus Spontanität und Kontrolle geprägt. In drei vertikalen Bahnen angelegt, geht von dem satten und tiefen Farbklang aus Smaragdgrün, Vio-
lett und goldgelbem Ocker eine vibrierende Wirkung aus. An einigen
Stellen setzte sie Perlglanzpigmente in Rosa-, Rot- und Grüntönen ein,
die durch das Schimmern den kostbaren Charakter der Komposition
verstärken. Gänzlich ohne die Elemente eines klassischen Landschafts-
gemäldes vermittelt das Bild die atmosphärische Dichte eines Ortes
zu einer bestimmten Dämmerungsstunde. In *Barcelona* gelingt es der
Künstlerin, ein Landschaftserlebnis zu erschaffen, das weit über die
bloße Darstellung hinausgeht, und die flüchtige Atmosphäre der Stadt
zu erinnern. In diesem Sinne bleibt Frankenthaler ihrem Stil treu: Sie
verwendet Farbe, um Emotionen zu übermitteln, und bewahrt so eine
Verbindung zur realen Welt, auch wenn ihre Werke abstrakt sind.

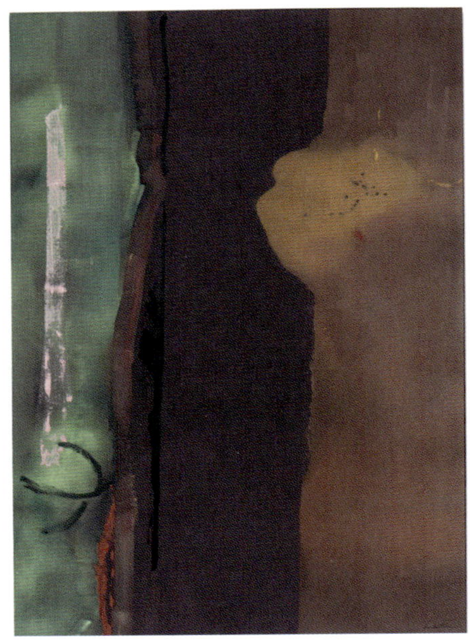

**Abb./Fig. 28** → S./p. 139

*Barcelona*, 1987
Acryl auf Leinwand /
Acrylic on canvas,
235,5 × 165,7 cm

## „Risiken eingehen, überrascht sein, experimentieren, die Malerei weiter vorantreiben wollen."[41]

Helen Frankenthaler hat mit ihrem künstlerischen Ansatz die Malerei
auf vielfache Weise bereichert und weiterentwickelt. Ihre Entscheidung,
das Gewebe auf dem Boden zu bearbeiten, ermöglichte ihr eine völlig
neue Bildgestaltung: Anstatt von vornherein die Begrenzung des Bildes
festzulegen und die Komposition entsprechend dem vorgegebenen Format zu entwickeln, ließ sie die malerischen Setzungen den endgültigen
Bildausschnitt bestimmen. Dadurch konnte sie sich von starren Kom-
positionskonzepten lösen, ohne die Einheitlichkeit des Werks zu gefähr-
den — denn sie bearbeitete ihre Leinwand von allen Seiten gleichwertig.
Barbara Rose fasste dies 1969 treffend zusammen: „Indem sie das Bild
durch Beschneiden komponierte, gewann Frankenthaler die Freiheit,
eine Komposition zu überdenken und im Entstehungsprozess zu über-
arbeiten, ohne auf das kompositorische Jonglieren zurückgreifen zu
müssen, was das Herzstück der kubistischen Malerei ist."[42] Damit gelang
es ihr, die Pfade des Kubismus zu verlassen und eigene Wege zu gehen.
Ihre Gemälde entstanden nicht durch festgelegte geometrische oder
konzeptionelle Strukturen, sondern entwickelten sich aus dem spontanen

they control the decisions in my work.'[43] This kind of freedom was a major advantage of her soak-stain technique.

Frankenthaler understood artistic creation as inextricably linked to her personal experience. Her openness and ability to absorb the world with all her senses made her an outstanding artist. Just as her colours were permeable, Frankenthaler absorbed moods, colour harmonies and places with a thirst for knowledge and a joy in experimentation. She described her approach to painting as follows: 'In no particular order: taking risks, being surprised, experimenting, wanting to push painting further.'[44] She viewed true artistic creation as 'a very lonely process, a totally selfish act, and a totally necessary one that can become a gift to others. That's when the painting finds its audience, whether or not it's in the artist's lifetime.'[45]

Her works reflect her lifelong engagement with painting and with herself. She saw her artistic development as a continuous process in which a fundamental pictorial language and a desire for radical change converge: 'I've been very moved myself by the continuity that an artist projects throughout a lifetime. That there's a basic vocabulary and within that a lot of risks, a lot of hurt, a lot of joy, a lot of catharsis, a lot of guilt, and a lot of bad pictures and a lot of radiant pictures.'[46] This constant progression, openness and curiosity, coupled with the necessity to continue and create, make her a particularly inspiring role model.

Her strong self-confidence allowed her to always be aware of herself and the effect of her works. With this attitude, she confidently held her own against her male contemporaries without adopting a specifically female artistic topos. Her reputation and social status protected her from existential crises and allowed her to devote herself entirely to free expression and experimentation. In doing so, Frankenthaler maintained a sense of openness within her works through deliberate ambivalence. In the pictorial space, this shows itself in an unconventional creative process that allowed her maximum freedom in composition and colour choice. This ambivalence is also evident in her approach to landscape: although her works echo landscape painting and often use corresponding formats, their abstraction undermines conventional expectations. In her pictorial explorations, Frankenthaler retained a painterly quality that contrasted with the geometric and conceptual rigour of her contemporaries. Furthermore, her works evoke memories of real places, but remain abstract and ambiguous. This deliberate ambivalence set her apart from the representatives of Action Painting and secured for her an independent position within Abstract Expressionism.

und dynamischen Schaffensprozess. Jede Komposition spiegelte dabei unmittelbar ihre aktuellen Interessen, Erfahrungen und Stimmungen wider: „Alles, was ich erschaffe, ist anders, weil sich meine Gefühle und Stimmungen von Moment zu Moment ändern, und sie beeinflussen die Entscheidungen in meiner Arbeit."[43] Diese Art von Freiheit war ein wesentlicher Vorteil ihrer Soak-Stain-Technik.

Für Frankenthaler war das künstlerische Schaffen untrennbar mit ihrem persönlichen Erleben verbunden. Ihre Offenheit und ihre Fähigkeit, die Welt mit allen Sinnen aufzunehmen, machten sie zu einer herausragenden Künstlerin. Wie ihre Farben durchlässig waren, nahm auch Frankenthaler mit Wissbegierde und Experimentierfreude Stimmungen, Farbklänge und Orte in sich auf. Ihr Anliegen als Malerin fasste sie so zusammen: „In keiner bestimmten Reihenfolge: Risiken eingehen, überrascht sein, experimentieren, die Malerei weiter vorantreiben wollen."[44] Sie betrachtete wahre künstlerische Schöpfung als „einen sehr einsamen Prozess, eine vollkommen egoistische Handlung – und eine absolut notwendige, die ein Geschenk für andere werden kann. Dann nämlich, wenn ein Gemälde sein Publikum findet, ob das zu Lebzeiten des Künstlers geschieht oder später."[45]

Ihre Werke reflektieren ihre lebenslange Auseinandersetzung mit der Malerei und mit sich selbst. Sie sah ihren künstlerischen Werdegang als kontinuierliche Entwicklung, in der grundlegende Bildsprache und die Lust auf radikale Veränderungen zusammenfließen: „Ich war selbst sehr berührt von der Kontinuität, die ein Künstler im Laufe seines Lebens ausstrahlt. Dass es einen grundlegenden Wortschatz gibt und darin viele Risiken, viel Schmerz, viel Freude, viel Katharsis, viel Schuld und viele schlechte Bilder sowie viele strahlende Bilder."[46] Dieses ständige Voranschreiten, die Offenheit und Neugierde, gepaart mit der Notwendigkeit, weiterzumachen und zu schaffen, machen sie zu einem besonders inspirierenden Vorbild.

Durch ihr starkes Selbstvertrauen war sie sich ihrer selbst und der Wirkung ihrer Werke stets bewusst. Mit dieser Haltung behauptete sie sich souverän gegenüber ihren männlichen Zeitgenossen, ohne einen spezifischen Künstler:innen-Topos zu besetzen. Ihre Reputation und ihr sozialer Status schützten sie vor existenziellen Krisen und ermöglichten ihr, sich ganz ihrem freien Ausdruck und ihrer Experimentierfreude zu widmen. Dabei bewahrt Frankenthaler durch gezielte Ambivalenz die Offenheit innerhalb ihrer Werke. Im Bildraum zeigt sich dies durch einen unkonventionellen Schaffensprozess, der ihr bei Komposition und Farbwahl maximale Freiheit gewährte. Auch im Bezug auf Landschaft wird diese Ambivalenz deutlich: Ihre Werke weisen zwar landschaftliche Anklänge auf und nutzen häufig entsprechende Formate; durch ihre Abstraktion unterlaufen sie jedoch konventionelle Erwartungen. Bei bildnerischen Untersuchungen behielt Frankenthaler ihre malerische Qualität bei, die sich von der geometrischen und konzeptuellen Strenge ihrer Zeitgenossen abhob. Zudem vermitteln ihre Arbeiten Erinnerungen an reale Orte, bleiben aber abstrahiert und mehrdeutig. Diese gezielt eingesetzten Ambivalenzen unterschieden sie von den Vertretern des Action-Paintings und verschafften ihr eine eigenständige Position innerhalb des Abstrakten Expressionismus.

**1** 'His [Feeley's] interest in Cubism encouraged me and that was my concern for three and a half years until I graduated. I could "do" a Braque still life – I'm not being presumptuous – I don't mean I *did* a Braque still life, but I got – felt emotionally and intellectually – the style thoroughly…The exchanges were often thrilling, moving.' Helen Frankenthaler in 'An Interview with Helen Frankenthaler', *Artforum*, vol. 4, no. 2, October 1965, pp. 36–8, here p. 37.

**2** An example of this was the 'Irascibles' or the 'Irascible 18', a group of American abstract artists who wrote an open letter to the president of the Metropolitan Museum of Art in 1950 in which they rejected the museum's exhibition *American Painting Today – 1950* and boycotted the accompanying competition. Among them was only one woman: Hedda Sterne. Although Jackson Pollock was part of the group, his partner Lee Krasner was absent. In an interview with Phyllis Tuchman in 1981, Hedda Sterne recalled the situation: 'They all were very furious that I was in it because they all were sufficiently macho to think that the presence of a woman took away from the seriousness of it all.' Interview with Hedda Sterne by Phyllis Tuchman, December 17, 1981, for the *Mark Rothko and His Times* oral history project, Archives of American Art, Smithsonian Institution, pp. 1–21, here p. 6, https://www.aaa.si.edu/collections/interviews/oral-history-interview-hedda-sterne-13262 (accessed: 8 December 2024).

**3** Helen Frankenthaler in 'An Interview with Helen Frankenthaler', *Artforum*, vol. 4, no. 2, October 1965, pp. 36–8, here p. 38. See *The heroine Paint: after Frankenthaler*, ed. Katy Siegel, Gagosian Gallery, New York 2015.

**4** Oral history interview with Helen Frankenthaler by Barbara Rose, 1968, p. 9, Archives of American Art, Smithsonian Institution, https://www.aaa.si.edu/download_pdf_transcript/ajax?record_id=edanmdm-AAADCD_oh_212046 (accessed: 8 January 2024).

**5** Born Jennie Lechovsky in what is now Ukraine, Sobel emigrated to the United States with her family in 1908. Her paintings were shown by Sidney Janis in 1944 and by Peggy Guggenheim at the *Art of This Century* Gallery in 1945 and are known to have been seen by Jackson Pollock and Clement Greenberg. See *Action, Gesture, Paint: Women Artists and Global Abstraction, 1940–70*, ed. Laura Smith, exh. cat. London/Arles/Bielefeld, London 2023, p. 254.

**6** 'Jackson Pollock', *Life*, 8 August 1949, pp. 42f.

**7** Hans Namuth published a selection of his photographs in 1951 in Alexei Brodovitch's magazine *Portfolio: The Annual of the Graphic Arts* (vol. 1, no. 3, ed. Franz Zachary, Cincinnati 1951). According to cultural critic Ferdinand Protzmann, the film and photographs helped 'transform Pollock from a talented, cranky loner into the first media-driven superstar of American contemporary art, the jeans-clad, chain-smoking poster boy of abstract expressionism'. Ferdinand Protzman, 'The Photographer's Snap Judgment', *The Washington Post*, 23 May 1999.

**8** Art critic Harold Rosenberg coined the term 'Action Painting' in 1952: 'At a certain moment the canvas began to appear to one American painter after another as an arena in which to act – rather than as a space in which to reproduce, re-design, analyze or "express" an object…What was to go on the canvas was not a picture but an event.' Harold Rosenberg, 'The American Action Painters', *ARTnews*, December 1952, pp. 22–50, here p. 22.

**9** 'A Conversation: Helen Frankenthaler with Julia Brown,' in *After Mountains and Sea: Frankenthaler 1956–1959*, ed. Julia Brown, exh. cat. Guggenheim New York/Bilbao/Berlin, Ostfildern-Ruit 1998, pp. 29–49, here p. 45.

**10** Ibid., p. 41.

**11** 'His drips, even though they're on the floor, he wanted the drips. I think a number of reasons [sic]. One is it's a kind of boring accident to me, a drip. There are many accidents that are very rich that you use, but if you exploit a drip it's very boring and familiar to begin with. Drips are drips.' Oral history interview with Helen Frankenthaler by Barbara Rose, 1968, Archives of American Art, Smithsonian Institution, https://www.aaa.si.edu/download_pdf_transcript/ajax?record_id=edanmdm-AAADCD_oh_212046 (accessed: 8 October 2024).

**12** Quoted in Alexandra Schwartz, 'As in Nature: On Frankenthaler's Paintings', in *As in Nature: Helen Frankenthaler Paintings*, exh. cat. Clark Art Institute, Williamstown, MA, 2017, pp. 12–36, here pp. 15–16.

**13** 'A Conversation: Helen Frankenthaler with Julia Brown, in *After Mountains and Sea: Frankenthaler 1956–1959*, ed. Julia Brown, exh. cat. Guggenheim New York/Bilbao/Berlin, Ostfildern-Ruit 1998, pp. 29–49, here p. 41.

**14** *Black Mountain College: Experiment in Art*, ed. Vincent Katz, exh. cat. Museo Nacional Centro de Arte Reina Sofía, Madrid, Cambridge, MA, 2002, p. 66.

**15** Louis and Noland 'were the two I consider for major status (leaving Helen Frankenthaler and Paul Jenkins to one side as special cases)'. He later described Frankenthaler's significance for Louis as follows: 'His first sight of the middle-period Pollocks and of a large and extraordinary painting done in 1952 by Helen Frankenthaler, called "Mountains and Sea," led Louis to change his direction abruptly.' Clement Greenberg, 'Louis and Noland', *Art International*, vol. 4, no. 5, May 1960, pp. 26–9, here p. 28.

**16** Quoted in Alexandra Schwartz, 'As in Nature. On Frankenthaler's Paintings, in *As in Nature: Helen Frankenthaler Paintings*, exh. cat. Clark Art Institute, Williamstown, MA, 2017, pp. 12–36, here pp. 15–16.

**17** E. A. Carmean, Jr, former curator of the National Gallery of Art, recalled Frankenthaler's reaction. Oral history interview with E. A. Carmean, Jr, 28 June 2011, oral history project, Helen Frankenthaler Foundation Archives, New York, printed most recently in Mary Gabriel, *Ninth Street Women: Lee Krasner, Elaine de Kooning, Grace Hartigan, Joan Mitchell, and Helen Frankenthaler: Five Painters and the Movement That Changed Modern Art*, New York 2018, p. 479. In 1997, Frankenthaler recalled: 'In the later 1950s and early 1960s, I was very moved and intrigued by Louis's *Veils* and *Unfurleds* and Noland's targets and chevrons. I had long since made *Mountains and Sea* when I first saw those paintings. Their work departed from mine, used it, and developed from there. They wanted, and it's a beautiful idea, to invent a new way of putting color down without gesture or subject matter.' Helen Frankenthaler in 'A Conversation: Helen Frankenthaler with Julia Brown,' in *After Mountains and Sea: Frankenthaler 1956–1959*, ed. Julia Brown, exh. cat. Guggenheim New York/Bilbao/Berlin, Ostfildern-Ruit 1998, pp. 29–49, here p. 32.

**18** Helen Frankenthaler, lecture at Hunter College, New York, 28 April 1965, transcript, Helen Frankenthaler papers, Helen Frankenthaler Foundation Archives, New York, p. 40.

**19** Helen Frankenthaler in 'A Conversation: Helen Frankenthaler with Julia Brown,' in *After Mountains and Sea: Frankenthaler 1956–1959*, ed. Julia Brown, exh. cat. Guggenheim New York/Bilbao/Berlin, Ostfildern-Ruit 1998, pp. 29–49, here p. 45.

**20** Helen Frankenthaler, postcard with detail of cave paintings of Altamira, sent to Clement Greenberg from Santander on 9 August 1953, Archives of American Art, Smithsonian Institution, Washington, DC.

**1** „His [Feeley's] interest in Cubism encouraged me and that was my concern for three and a half years until I graduated. I could ‚do' a Braque still life – I'm not being presumptuous – I don't mean I *did* a Braque still life, but I got – felt emotionally and intellectually – the style thoroughly…The exchanges were often thrilling, moving." Helen Frankenthaler, in: „Helen Frankenthaler Interview by Henry Geldzahler", in: *Artforum*, Oktober 1965, Bd. 4, Nr. 2, S. 36–38, hier S. 37.

**2** Ein Beispiel hierfür sind die „Irascibles" oder „Irascible 18", eine Gruppe amerikanischer abstrakter Künstler:innen, die 1950 einen offenen Brief an den Präsidenten des Metropolitan Museum of Art schrieben, in welchem sie die Ausstellung *American Painting Today – 1950* des Museums ablehnten und den begleitenden Wettbewerb boykottierten. Unter ihnen war nur eine Frau: Hedda Sterne. Obwohl Jackson Pollock Teil der Gruppe war, fehlte seine Partnerin Lee Krasner. Hedda Sterne erinnerte sich in einem Interview mit Phyllis Tuchman 1981 an die Situation: „They all were very furious that I was in it because they all were sufficiently macho to think that the presence of a woman took away from the seriousness of it all." Interview mit Hedda Sterne von Phyllis Tuchman, 17.12.1981, für das Oral-History-Projekt *Mark Rothko and His Times*, Archives of American Art. Archives of American Art, Smithsonian Institution, S. 1–21, hier S. 6. URL: https://www.aaa.si.edu/collections/interviews/oral-history-interview-hedda-sterne-13262 (Zugriff: 12.12.2024).

**3** Helen Frankenthaler, in: „An Interview with Helen Frankenthaler", in: *Artforum*, Bd. 4, Nr. 2, Oktober 1965, S. 36–38, hier S. 38. Siehe weiterführend: *The heroine Paint: after Frankenthaler*, hrsg. von Katy Siegel, New York, Gagosian Gallery, New York 2015.

**4** Oral history interview with Helen Frankenthaler by Barbara Rose, 1968, S. 8. Archives of American Art, Smithsonian Institution, URL: https://www.aaa.si.edu/download_pdf_transcript/ajax?record_id=edanmdm-AAADCD_oh_212046 (Zugriff: 8.1.2024).

**5** Geboren als Jennie Lechovsky in der heutigen Ukraine, emigrierte Sobel mit ihrer Familie 1908 in die USA. Ihre Gemälde wurden von Sidney Janis 1944 und von Peggy Guggenheim in der Galerie *Art of This Century* 1945 gezeigt und nachweislich von Jackson Pollock und Clement Greenberg gesehen. Siehe weiterführend: *Action, Gesture, Paint. Women Artists and Global Abstraction*, 1940–70, hrsg. von Laura Smith, Ausst.-Kat. London/Arles/Bielefeld, London 2023, S. 254.

**6** „Jackson Pollock", in: *Life*, 8.8.1949, S. 42f.

**7** Hans Namuth veröffentlichte eine Auswahl der Fotografien 1951 in der Zeitschrift *Portfolio: The Annual of the Graphic Arts* von Alexei Brodovitch (Bd. 1, Nr. 3, hrsg. von Franz Zachary, Cincinnati 1951). Der Film und die Fotografien trugen laut Kulturkritiker Ferdinand Protzmann dazu bei, „[to] transform Pollock from a talented, cranky loner into the first media-driven superstar of American contemporary art, the jeans-clad, chain-smoking poster boy of abstract expressionism". Ferdinand Protzman: „The Photographer's Snap Judgment", in: *The Washington Post*, 23.5.1999.

**8** Kunstkritiker Harold Rosenberg prägte den Begriff des Action-Paintings im Jahr 1952: „Seit 1950 ist für eine Reihe amerikanischer Künstler die Leinwand nicht mehr eine leere Fläche, auf der ein Gegenstand reproduziert werden soll, sondern eine Arena, in der es zu agieren gilt. […] Nicht ein Bild gehört auf die Leinwand, sondern ein Ereignis." Harold Rosenberg, in: ders.: „The American Action Painters", in: *ARTnews*, Dezember 1952, S. 22–50, hier S. 22.

**9** Helen Frankenthaler in „Ein Gespräch, Helen Frankenthaler und Julia Brown", in: *After Mountains and Sea: Frankenthaler 1956–1959*, hrsg. von Julia Brown, Ausst.-Kat. Guggenheim New York/Bilbao/Berlin, Ostfildern-Ruit 1998, S. 29–49, hier S. 45.

**10** Ebd., S. 41.

**11** „His drips, even though they're on the floor, he wanted the drips. I think a number of reasons [sic]. One is it's a kind of boring accident to me, a drip. There are many accidents that are very rich that you use, but if you exploit a drip it's very boring and familiar to begin with. Drips are drips." Oral history interview with Helen Frankenthaler by Barbara Rose, 1968. Archives of American Art, Smithsonian Institution, URL: https://www.aaa.si.edu/download_pdf_transcript/ajax?record_id=edanmdm-AAADCD_oh_212046 (Zugriff: 8.10.2024).

**12** Zit. n. Alexandra Schwartz: „As in Nature: On Frankenthaler's Paintings", in: *As in Nature: Helen Frankenthaler Paintings*, Ausst.-Kat. Clark Art Institute, Williamstown MA, 2017, S. 12–36, hier S. 15/16.

**13** Helen Frankenthaler in „Ein Gespräch, Helen Frankenthaler und Julia Brown", in: *After Mountains and Sea: Frankenthaler 1956–1959*, hrsg. von Julia Brown, Ausst.-Kat. Guggenheim New York/Bilbao/Berlin, Ostfildern-Ruit 1998, S. 29–49, hier S. 41.

**14** *Black Mountain College: Experiment in Art*, hrsg. von Vincent Katz, Ausst.-Kat. Museo Nacional Centro de Arte Reina Sofía, Madrid, Cambridge, MA, 2002, S. 66.

**15** Louis und Noland „waren die beiden, die ich für den Hauptstatus in Betracht ziehe (wobei ich Helen Frankenthaler und Paul Jenkins als Sonderfälle beiseite lasse)". Die Bedeutung Frankenthalers für Louis beschreibt er später in seinem Beitrag wie folgt: „Nachdem er zum ersten Mal Pollocks Bilder aus seiner mittleren Periode und das große und außergewöhnliche, 1952 entstandene Gemälde *Mountains and Sea* von Helen Frankenthaler sah, schlug er abrupt eine neue Richtung ein." Clement Greenberg: „Louis and Noland", in: ders.: *Die Essenz der Moderne*, hrsg. von Karlheinz Lüdeking, S. 279–288, hier S. 282 (*Art International*, Bd. 4, Nr. 5, Mai 1960, S. 26–29, hier S. 28).

**16** Zit. n. Alexandra Schwartz: „As in Nature. On Frankenthaler's Paintings", in: *As in Nature: Helen Frankenthaler Paintings*, Ausst.-Kat. Clark Art Institute, Williamstown MA, 2017, S. 12–36, hier S. 16.

**17** E. A. Carmean Jr., ehemaliger Kurator der National Gallery of Art, erinnerte sich an Frankenthalers Reaktion. Oral History Interview with E. A. Carmean Jr., 28.6.2011. Oral History Project, Helen Frankenthaler Foundation Archives, New York, zuletzt abgedruckt in: Mary Gabriel: *Ninth Street Women: Lee Krasner, Elaine de Kooning, Grace Hartigan, Joan Mitchell, and Helen Frankenthaler: Five Painters and the Movement That Changed Modern Art*, New York 2018, S. 479. Im Jahr 1997 erinnerte sich Frankenthaler: „In den späteren fünfziger und frühen sechziger Jahren war ich sehr bewegt und fasziniert von Louis' *Veils* [Schleier] und *Unfurleds* [Entfaltungen] und von Nolands *Targets* [Zielscheiben] und *Chevrons* [Winkel]. Ich hatte *Mountains and Sea* längst gemalt, als ich diese Gemälde zum ersten Mal sah. Ihr Werk ging von meinem aus, lehnte sich daran an und entwickelte sich von dort aus weiter. Sie wollten eine neue Art erfinden, die Farbe ohne Gestik oder gegenständlichen Bezug aufzutragen, was eine wunderbare Idee war." Aus: „Ein Gespräch, Helen Frankenthaler und Julia Brown", in: *After Mountains and Sea: Frankenthaler 1956–1959*, hrsg. von Julia Brown, Ausst.-Kat. Guggenheim New York/Bilbao/Berlin, Ostfildern-Ruit 1998, S. 29–49, hier S. 32.

**18** Helen Frankenthaler, Vortrag, Hunter College, New York, 28.4.1965. Transkript, Helen Frankenthaler papers, Helen Frankenthaler Foundation Archives, New York, S. 40.

**21** Tim Clifford, 'Chronology', in *Robert Motherwell: A Catalogue Raisonné, 1941–1991*, ed. Jack Flam, vol. 1, New Haven 2012, pp. 179–259, here p. 210.

**22** Helen Frankenthaler, artist's statement, in *Contemporary American Painting and Sculpture*, exh. cat. University of Illinois, Urbana 1959, p. 215.

**23** Helen Frankenthaler in *Young America 1957: Thirty American Painters and Sculptors under Thirty-Five*, exh. cat. Whitney Museum of American Art, New York 1957, n.p.

**24** In her study of pictorial space, she became acquainted with Hofmann's theory of 'push and pull', in which he worked with colour contrasts to achieve spatial effect and pictorial depth in painting. He described the contrast between two colours as a relationship between force and counterforce: 'expanding and contracting forces…the picture plane reacts automatically in the opposite direction to the stimulus received … *Push* answers with *pull* and *pull* with *push*.' Hans Hofmann, *Search for the Real and Other Essays*, ed. Sarah T. Weeks and Bartlett H. Hayes, Jr, rev. ed., Cambridge, MA, 1967, p. 44.

**25** In 1970, Helen Frankenthaler stated: '[The painting is] flat, but I can make it – if I do it right – play around so that, because of a color and a shape, things go back miles or come forward yards.' From *Painters Painting: The New York Art Scene 1940–1970*, directed by Emile de Antonio, Turin Film Corp., Arthouse Films, distributed by Revolver Entertainment, 1972 (DVD version, ©2009).

**26** Goossen seems to say that the references to landscape are oblique ('Frankenthaler's paintings are mostly landscapes of an order difficult to apprehend at once though by no means intentionally obscure'), but that in a previous era she might have been a landscape painter, 'a Claude, Constable or Watteau'. See E. C. Goossen, 'Helen Frankenthaler,' *Wall Street Journal*, 21 February 1958, p. 154.

**27** Discussing paintings made in 1974, Elderfield observes 'a significant change in her practice, beginning a painting by laying down a tinted pale ground, and at times simply mixing the paint for a studio assistant to lay down'; John Elderfield, *Frankenthaler*, New York 2024, p. 283.

**28** 'A Conversation: Helen Frankenthaler with Julia Brown,' in *After Mountains and Sea: Frankenthaler 1956–1959*, ed. Julia Brown, exh. cat. Guggenheim New York/Bilbao/Berlin, Ostfildern-Ruit 1998, pp. 29–49, here pp. 35/36.

**29** Helen Frankenthaler in Henry Geldzahler, 'An Interview with Helen Frankenthaler', *Artforum*, vol. 4, no. 2, October 1965, p. 38.

**30** Ibid.

**31** In the three-story building, Helen Frankenthaler worked on the second floor and Robert Motherwell on the third. Cf. *Abstract Climates: Helen Frankenthaler in Provincetown*, ed. Andrea Cohen, exh. cat. Provincetown Art Association and Museum, New Haven 2018, p. 86.

**32** 'A Conversation: Helen Frankenthaler with Julia Brown,' in *After Mountains and Sea: Frankenthaler 1956–1959*, ed. Julia Brown, exh. cat. Guggenheim New York/Bilbao/Berlin, Ostfildern-Ruit 1998, pp. 29–49, here p. 41.

**33** Tim Clifford, 'Chronology', in *Robert Motherwell: A Catalogue Raisonné, 1941–1991*, ed. Jack Flam, vol. 1, New Haven 2012, pp. 179–259, here p. 216.

**34** Cf. Karen Wilkin, 'The Art of Marriage', in *The Art of Marriage: Helen Frankenthaler, Robert Motherwell*, exh. cat. Mnuchin Gallery, New York 2019, pp. 9–20, here p. 17.

**35** John Elderfield, *Frankenthaler*, New York 2024, p. 252.

**36** Robert Motherwell, typed responses to a questionnaire from the Museum of Modern Art for the exhibition *New American Painting and Sculpture: The First Generation*, 18 March 1969, p. 5, quoted in *Robert Motherwell: A Catalogue Raisonné, 1941–1991*, ed. Jack Flam, vol. 1, New Haven 2012, p. 222.

**37** 'Art: Heiress to a New Tradition', *Time*, 28 March 1969, https://time.com/archive/6634065/art-heiress-to-a-new-tradition/ (accessed: 9 October 2024).

**38** Helen Frankenthaler, lecture at Bard College, Annandale-on-Hudson, New York, 27 October 1977, quoted in Douglas Dreishpoon, 'It's a matter of how you resolve your doubts', in *Giving Up One's Mark: Helen Frankenthaler in the 1960s and 1970s*, exh. cat. Buffalo Albright-Knox Art Gallery, New York 2014, pp. 3–25, here p. 4.

**39** Cf. ibid.

**40** Ted Loos, 'Helen Frankenthaler, Back to the Future', *New York Times*, 27 April 2003, https://www.nytimes.com/2003/04/27/arts/art-architecture-helen-frankenthaler-back-to-the-future.html (accessed: 9 October 2024).

**41** Helen Frankenthaler in 'A Conversation: Helen Frankenthaler with Julia Brown,' in *After Mountains and Sea: Frankenthaler 1956–1959*, ed. Julia Brown, exh. cat. Guggenheim New York/Bilbao/Berlin, Ostfildern-Ruit 1998, pp. 29–49, here p. 49.

**42** Barbara Rose, 'Painting within the Tradition: The Career of Helen Frankenthaler', *Artforum*, vol. 7, no. 8, April 1969, pp. 28–33, here p. 29.

**43** Helen Frankenthaler, quoted in Thomas Krens, *Helen Frankenthaler Prints: 1961–1979*, New York 1980, p. 21.

**44** 'A Conversation: Helen Frankenthaler with Julia Brown,' in *After Mountains and Sea: Frankenthaler 1956–1959*, ed. Julia Brown, exh. cat. Guggenheim New York/Bilbao/Berlin, Ostfildern-Ruit 1998, pp. 29–49, here p. 49.

**45** Ibid.

**46** Helen Frankenthaler on *CBS Sunday Morning*, September 16, 1984, quoted in Jane Findlay, 'Helen Frankenthaler: Radical Beauty', in *Helen Frankenthaler: Radical Beauty*, exh. cat. Dulwich Picture Gallery, London 2022, p. 12.

**19** Helen Frankenthaler in „Ein Gespräch, Helen Frankenthaler und Julia Brown", in: *After Mountains and Sea: Frankenthaler 1956–1959*, hrsg. von Julia Brown, Ausst.-Kat. Guggenheim New York/Bilbao/Berlin, Ostfildern-Ruit 1998, S. 29–49, hier S. 45.

**20** Frankenthaler, Postkarte mit einem Detail der Höhlenmalereien von Altamira, abgesendet aus Santander am 9.8.1953 an Clement Greenberg; Archives of American Art, Smithsonian Institution, Washington, D.C.

**21** Tim Clifford: „Chronology", in: *Robert Motherwell: A Catalogue Raisonné, 1941–1991*, hrsg. von Jack Flam, Bd. 1, New Haven 2012, S. 179–259, hier S. 210.

**22** Frankenthaler, Statement, in: *Contemporary American Painting and Sculpture*, Ausst.-Kat. University of Illinois, Urbana 1959, S. 215.

**23** Helen Frankenthaler, in: *Young America 1957: Thirty American Painters and Sculptors under Thirty-Five*, Ausst.-Kat. Whitney Museum of American Art, New York 1957, o. S.

**24** Bei ihrer Beschäftigung mit dem Bildraum lernte sie Hofmanns Theorie des „Push and Pull" kennen: Um eine räumliche Wirkung und Bildtiefe in der Malerei zu erzielen, arbeitete er mit Farbkontrasten. Den Kontrast zweier Farben beschrieb er als Beziehung von Kraft und Gegenkraft: „sich ausbreitende und zusammenziehende Kräfte. […] Die Bildebene reagiert automatisch in die entgegengesetzte Richtung des empfangenen Reizes. […] Zug antwortet mit Druck und Druck mit Zug." („expanding and contracting forces…the picture plane reacts automatically in the opposite direction to the stimulus received… *Push* answers with *pull* and *pull* with *push*.") Hans Hofmann, in: *The Search for the Real and Other Essays*, hrsg. von Sarah T. Weeks und Bartlett H. Hayes Jr., Cambridge MA²1968, S. 44.

**25** Helen Frankenthaler sagte 1970: „[The painting is] flat, but I can make it – if I do it right – play around so that, because of a color and a shape, things go back miles or come forward yards." Aus: *Painters Painting: The New York Art Scene 1940–1970*, Regie: Emile de Antonio, Turin Film Corp., Arthouse Films; distributed by Revolver Entertainment, 1972 (DVD-Version, ©2009).

**26** Goossen scheint zu sagen, dass die Bezüge zur Landschaft indirekt sind („Frankenthalers Gemälde sind größtenteils Landschaften einer Art, die schwer sofort zu erfassen ist, obwohl sie keineswegs absichtlich unklar sind"), aber dass sie in einer früheren Epoche möglicherweise Landschaftsmalerin gewesen wäre, „ein Claude, Constable oder Watteau". Siehe E. C. Goossen: „Helen Frankenthaler," *Wall Street Journal*, 21. Februar 1958, S. 154.

**27** Über die Gemälde von 1974 spricht Elderfield von einer „bedeutenden Veränderung in ihrer Arbeitsweise, indem sie ein Gemälde begann, indem sie einen getönten, hellen Grund auftrug, und manchmal einfach die Farbe mischte, die dann von einem Atelierassistenten aufgetragen wurde"; John Elderfield: *Frankenthaler*, New York 2024, S. 283.

**28** Helen Frankenthaler in „Ein Gespräch, Helen Frankenthaler und Julia Brown", in: *After Mountains and Sea: Frankenthaler 1956–1959*, hrsg. von Julia Brown, Ausst.-Kat. Guggenheim New York/Bilbao/Berlin, Ostfildern-Ruit 1998, S. 29–49, hier S. 35/36.

**29** Helen Frankenthaler, in: Henry Geldzahler: „An Interview with Helen Frankenthaler", in: *Artforum*, Bd. 4, Nr. 2, Oktober 1965, S. 38.

**30** Ebd.

**31** In dem dreistöckigen Gebäude arbeitete Helen Frankenthaler im zweiten, Robert Motherwell im dritten Stock. Vgl. *Abstract Climates, Helen Frankenthaler in Provincetown*, hrsg. von Andrea Cohen, Ausst.-Kat. Provincetown Art Association and Museum, New Haven 2018, S. 86.

**32** Helen Frankenthaler in „Ein Gespräch, Helen Frankenthaler und Julia Brown", in: *After Mountains and Sea: Frankenthaler 1956–1959*, hrsg. von Julia Brown, Ausst.-Kat. Guggenheim New York/Bilbao/Berlin, Ostfildern-Ruit 1998, S. 29–49, hier S. 41.

**33** Tim Clifford: „Chronology", in: *Robert Motherwell: A Catalogue Raisonné, 1941–1991*, hrsg. von Jack Flam, Bd. 1, New Haven 2012, S. 179–259, hier S. 216.

**34** Vgl. Karen Wilkin: „The Art of Marriage", in: *The Art of Marriage: Helen Frankenthaler, Robert Motherwell*, Ausst.-Kat. Mnuchin Gallery, New York 2019, S. 9–20, hier S. 17.

**35** John Elderfield: *Frankenthaler*, New York 2024, S. 252.

**36** „That the lines looked like a door – a very abstract one". Robert Motherwell, maschinengeschriebene Antwort auf einen Fragebogen des Museum of Modern Art für die Ausstellung *New American Painting and Sculpture: The First Generation*, 18.3.1969, S. 5, zit. n. *Robert Motherwell: A Catalogue Raisonné, 1941–1991*, hrsg. von Jack Flam, Bd. 1, New Haven 2012, S. 222.

**37** Aus: „Art: Heiress to a New Tradition", in: *Time*, 28.3.1969, URL: https://time.com/archive/6634065/art-heiress-to-a-new-tradition/ (Zugriff: 9.10.2024).

**38** Helen Frankenthaler, Vortrag, Bard College, Annandale-on-Hudson, New York, 27.10.1977, zit. n. Douglas Dreishpoon: „It's a matter of how you resolve your doubts", in: *Giving Up One's Mark, Helen Frankenthaler in the 1960s and 1970s*, Ausst.-Kat. Buffalo Albright-Knox Art Gallery, New York 2014, S. 3–25, hier S. 4.

**39** Vgl. ebd.

**40** „There is no ‚always'. No formula. There are no rules. Let the picture lead you where it must go", in: Ted Loos: „ART/ARCHITECTURE; Helen Frankenthaler, Back to the Future", in: *New York Times*, 27.4.2003. URL: https://www.nytimes.com/2003/04/27/arts/art-architecture-helen-frankenthaler-back-to-the-future.html (Zugriff: 9.10.2024).

**41** Helen Frankenthaler in „Ein Gespräch, Helen Frankenthaler und Julia Brown", in: *After Mountains and Sea: Frankenthaler 1956–1959*, hrsg. von Julia Brown, Ausst.-Kat. Guggenheim New York/Bilbao/Berlin, Ostfildern-Ruit 1998, S. 29–49, hier S. 49.

**42** Barbara Rose: „Painting within the Tradition: The Career of Helen Frankenthaler", in: *Artforum*, Bd. 7, Nr. 8, April 1969, S. 28–33, hier S. 29.

**43** Helen Frankenthaler, zit. n. Thomas Krens: *Helen Frankenthaler Prints: 1961–1979*, New York 1980, S. 21.

**44** Helen Frankenthaler in „Ein Gespräch, Helen Frankenthaler und Julia Brown", in: *After Mountains and Sea: Frankenthaler 1956–1959*, hrsg. von Julia Brown, Ausst.-Kat. Guggenheim New York/Bilbao/Berlin, Ostfildern-Ruit 1998, S. 29–49, hier S. 49.

**45** Ebd.

**46** Helen Frankenthaler, aus: *CBS Sunday Morning*, 16. September 1984, zit. n. Jane Findlay (Hrsg.): „Helen Frankenthaler: Radical Beauty", in: *Helen Frankenthaler: Radical Beauty*, Ausst.-Kat. Dulwich Picture Gallery, London 2022, S. 12.

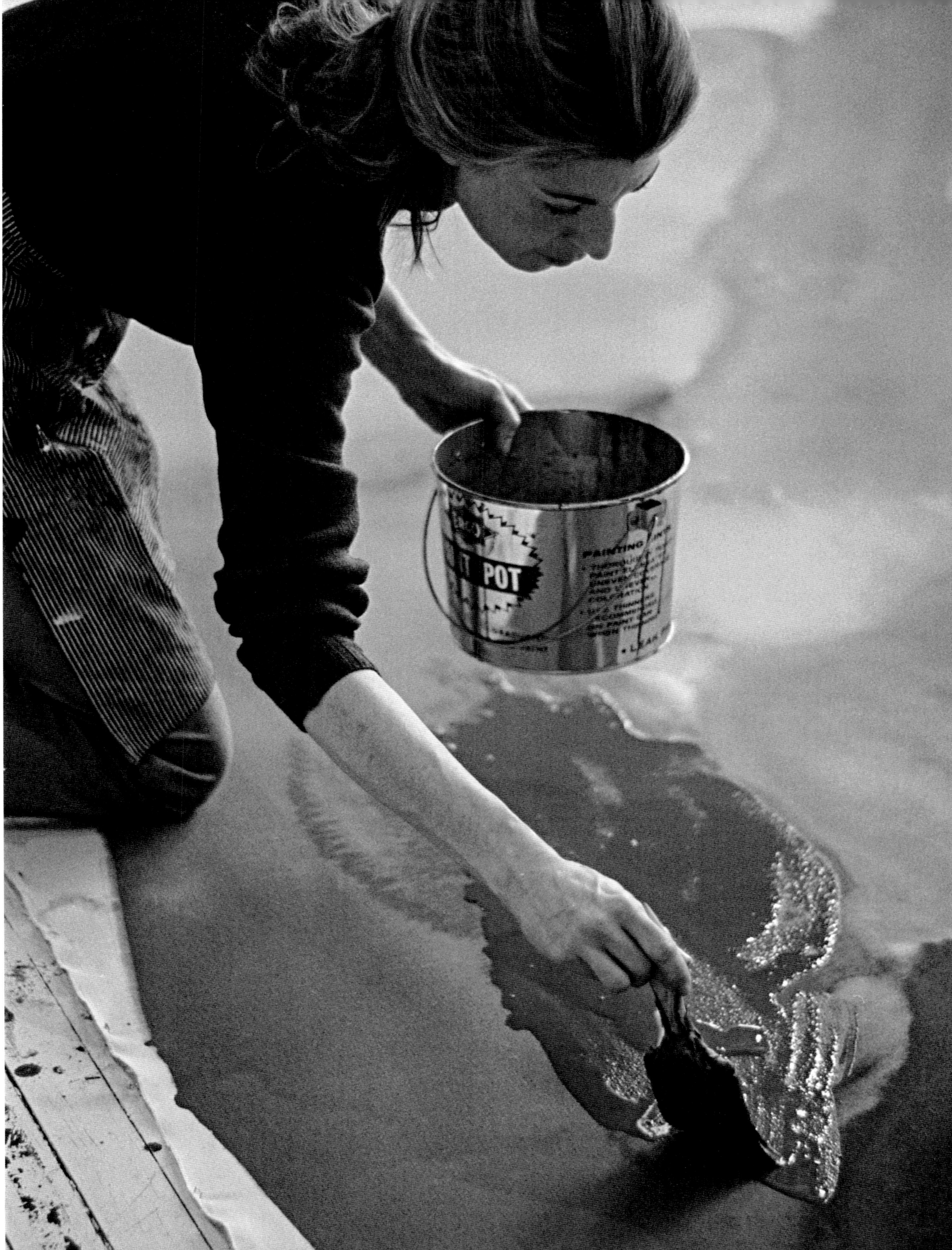
PAINT POT
PAINTING

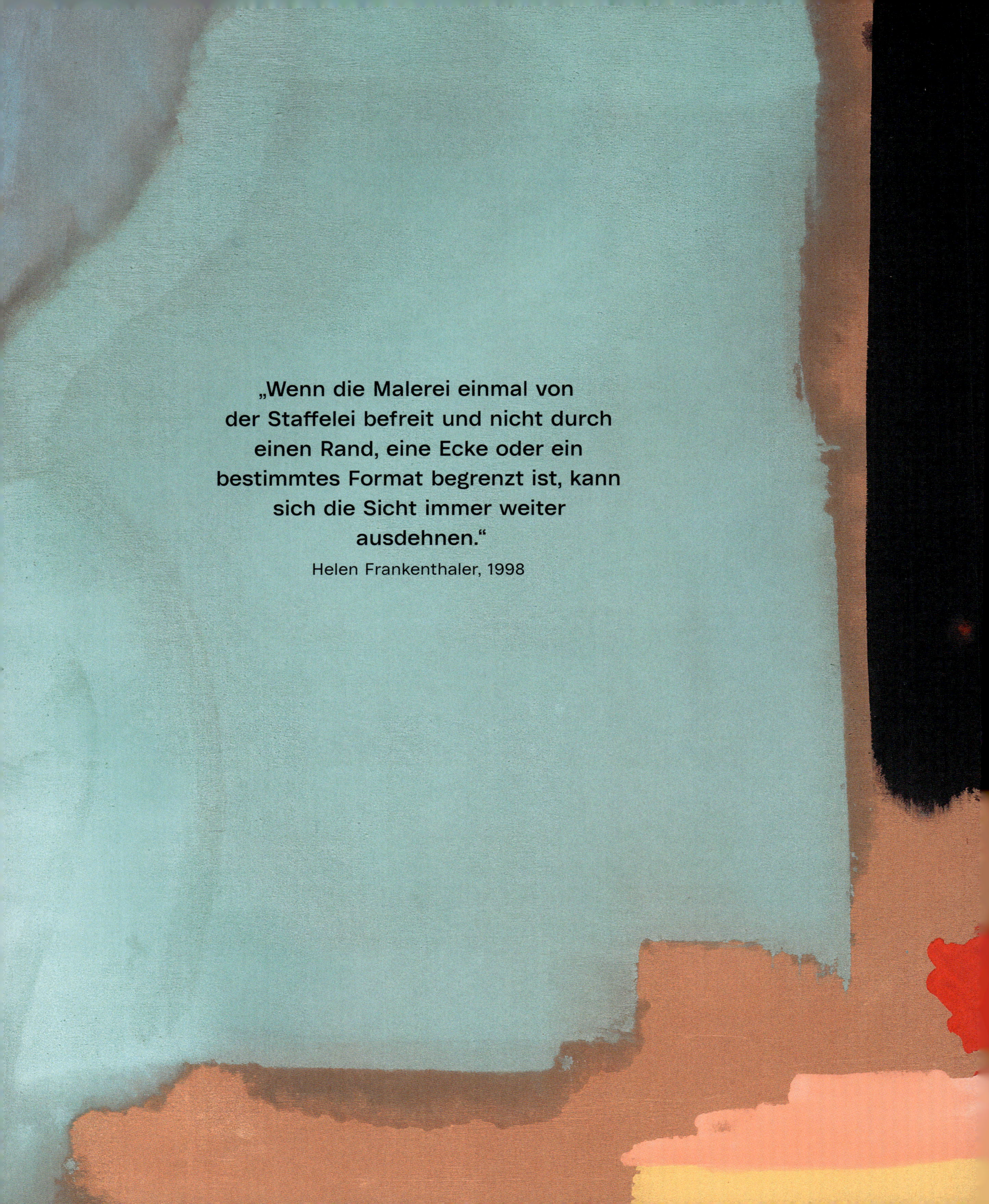

„Wenn die Malerei einmal von
der Staffelei befreit und nicht durch
einen Rand, eine Ecke oder ein
bestimmtes Format begrenzt ist, kann
sich die Sicht immer weiter
ausdehnen."
Helen Frankenthaler, 1998

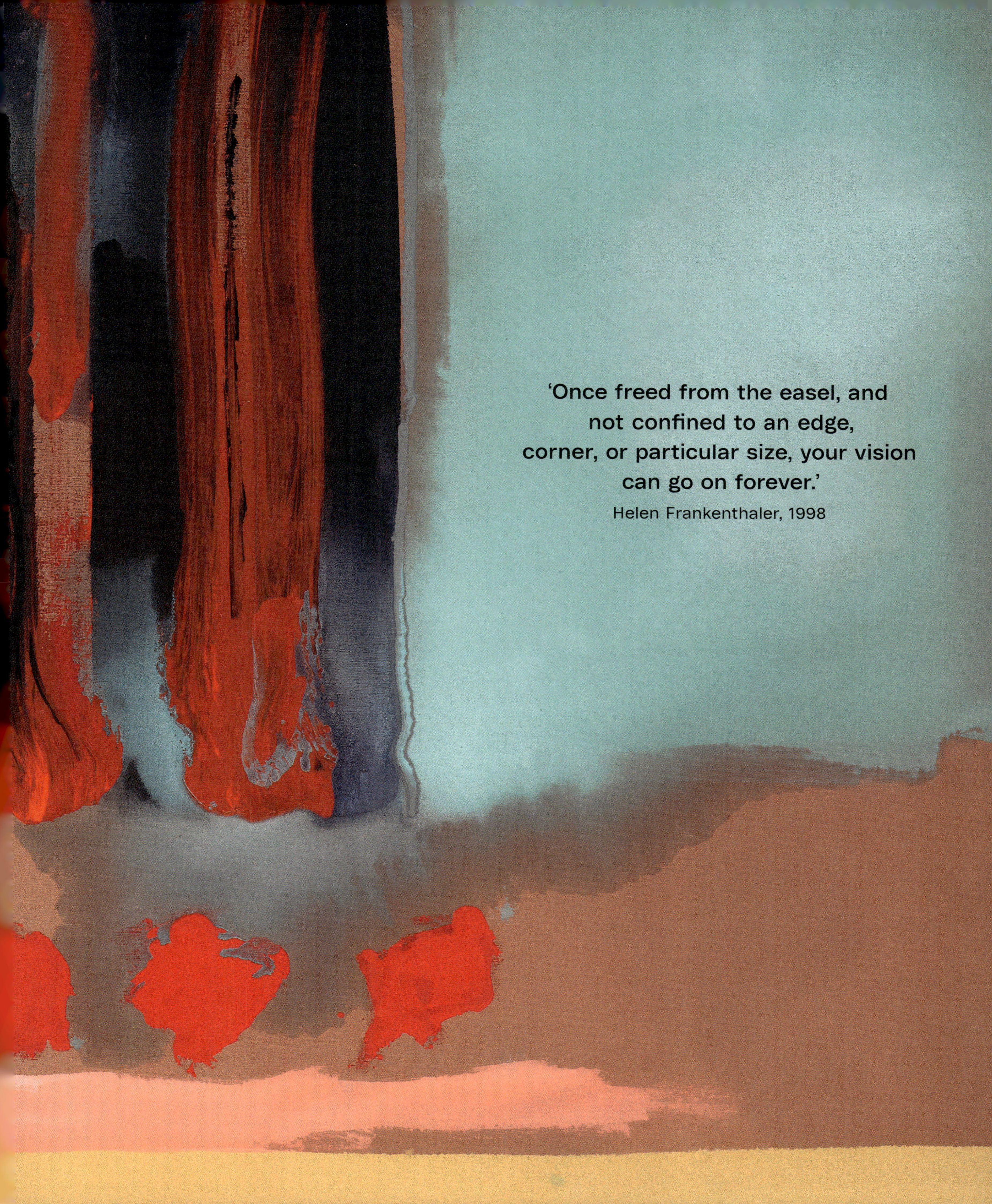

'Once freed from the easel, and
not confined to an edge,
corner, or particular size, your vision
can go on forever.'
Helen Frankenthaler, 1998

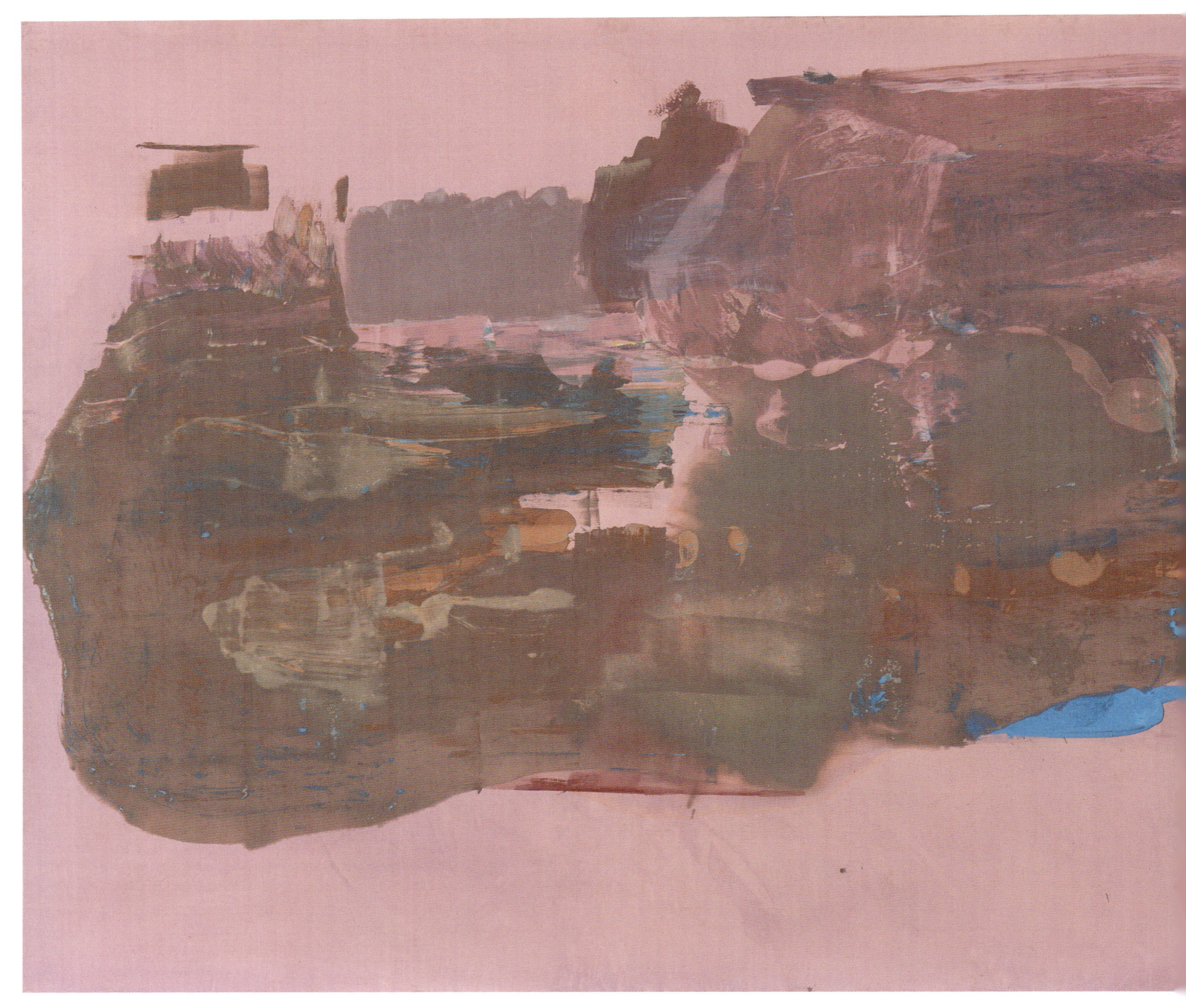

*Second Wind,* 1976

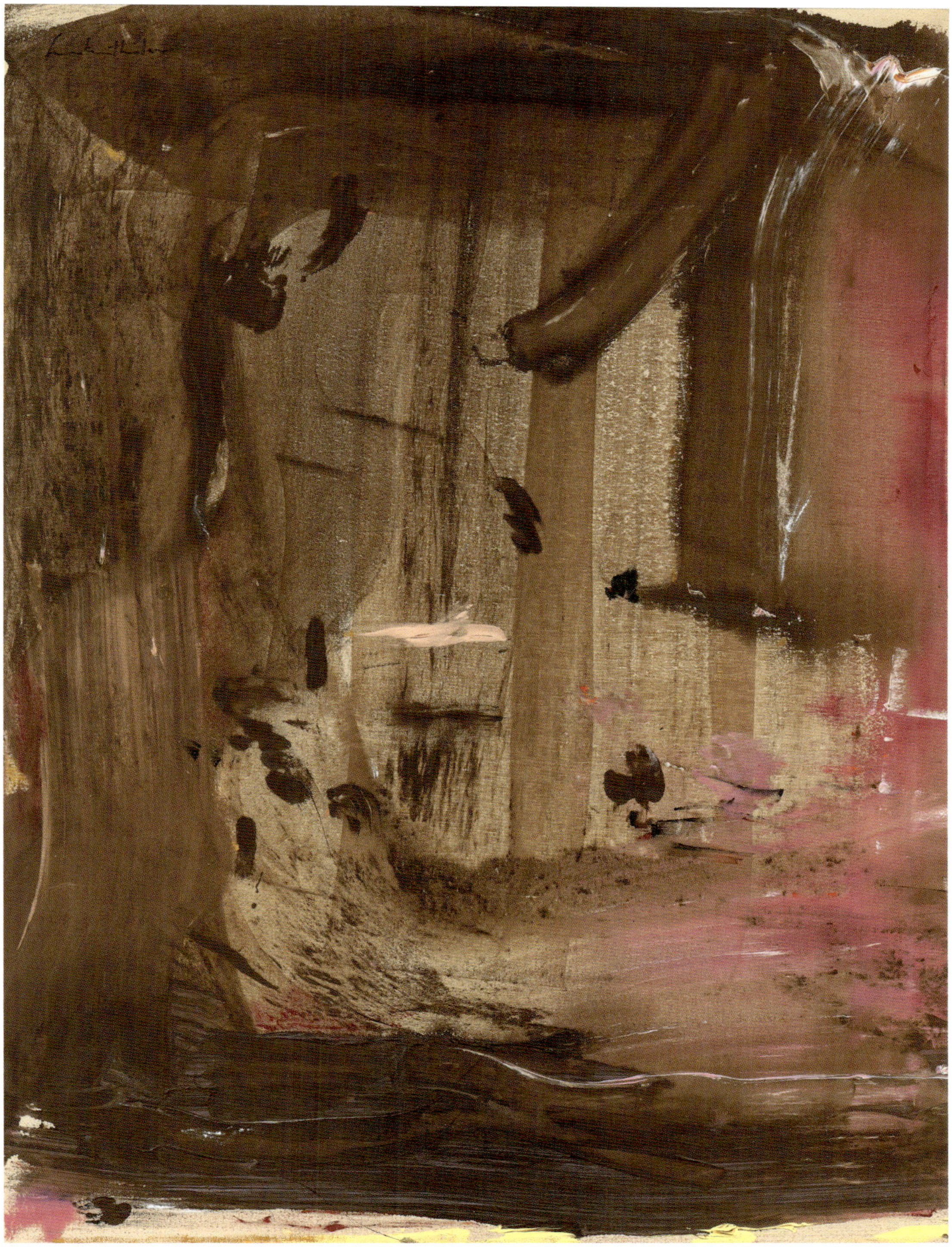

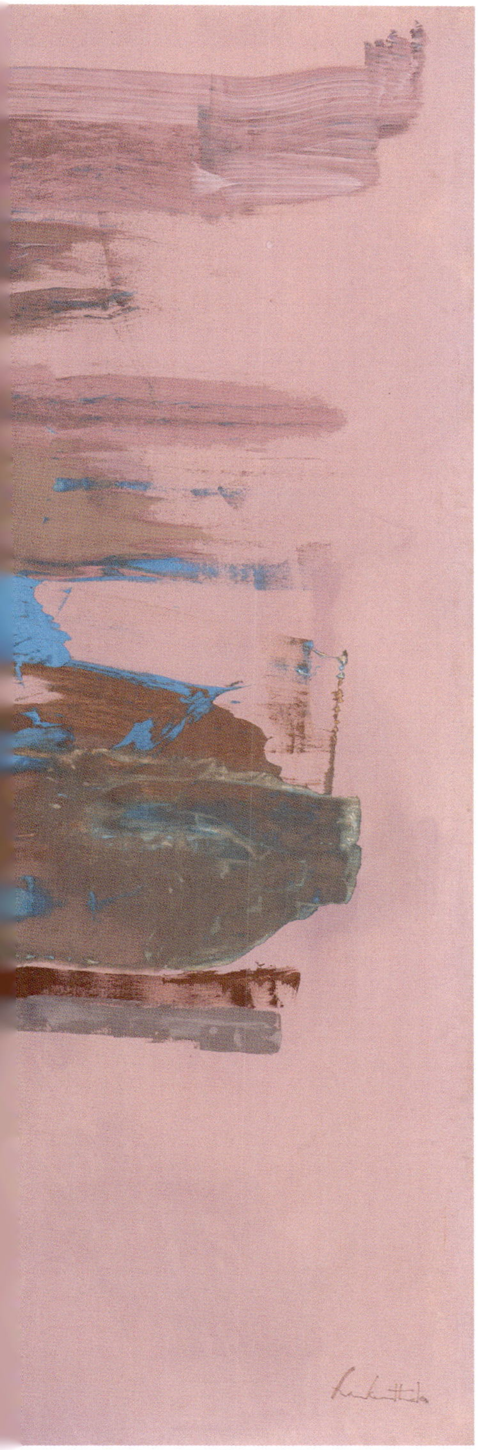

*Fenice*, 1977

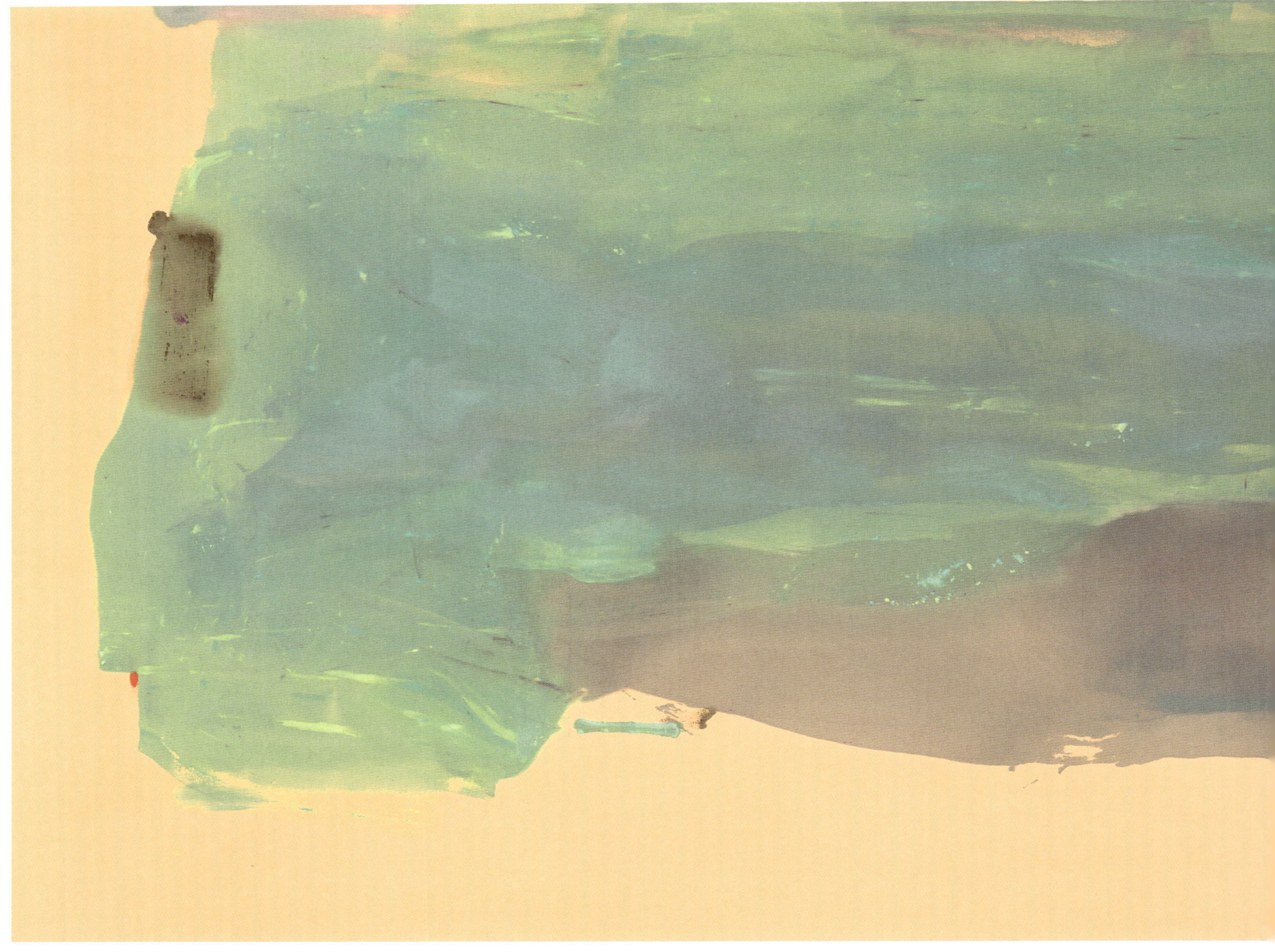

## *When the Snow Melts,* 1975

*When the Snow Melts* (1975) und *After Hours* (1975) **Abb. S. 68/69** sind zwei herausragende Beispiele für die über vier Meter breiten, panoramaartigen Großformate, die Mitte der 1970er Jahre entstanden. Neu hinzu kam, dass Frankenthaler den Malgrund vorher in einem Farbton einfärbte, anstatt das unbehandelte Gewebe mit Farbe zu tränken. Der vollflächige farbige Anstrich versiegelt die Leinwand und bildet eine Barriere zwischen Farbe und Grund. Die Leinwand wird damit im wahrsten Sinne des Wortes wieder zum Bildträger. Dieser Schritt unterscheidet sich wesentlich von der Soak-Stain-Technik, die in Frankenthalers Frühwerk sowie bei Morris Louis und Kenneth Noland vor allem unter dem Aspekt diskutiert wird, dass die Flecken mit der Leinwand eins werden. In *When the Snow Melts* breitet sich ein grünlich schimmernder Farbschleier von der oberen Bildkante über die hellorange gefärbte Leinwand aus. Wie schon in *Palestrina* (1973) **Abb. S. 66** scheinen zwei zarte vertikale Balken eine weitere Ausdehnung der schwebenden Horizontalen an den Seiten des Bildes aufzuhalten.

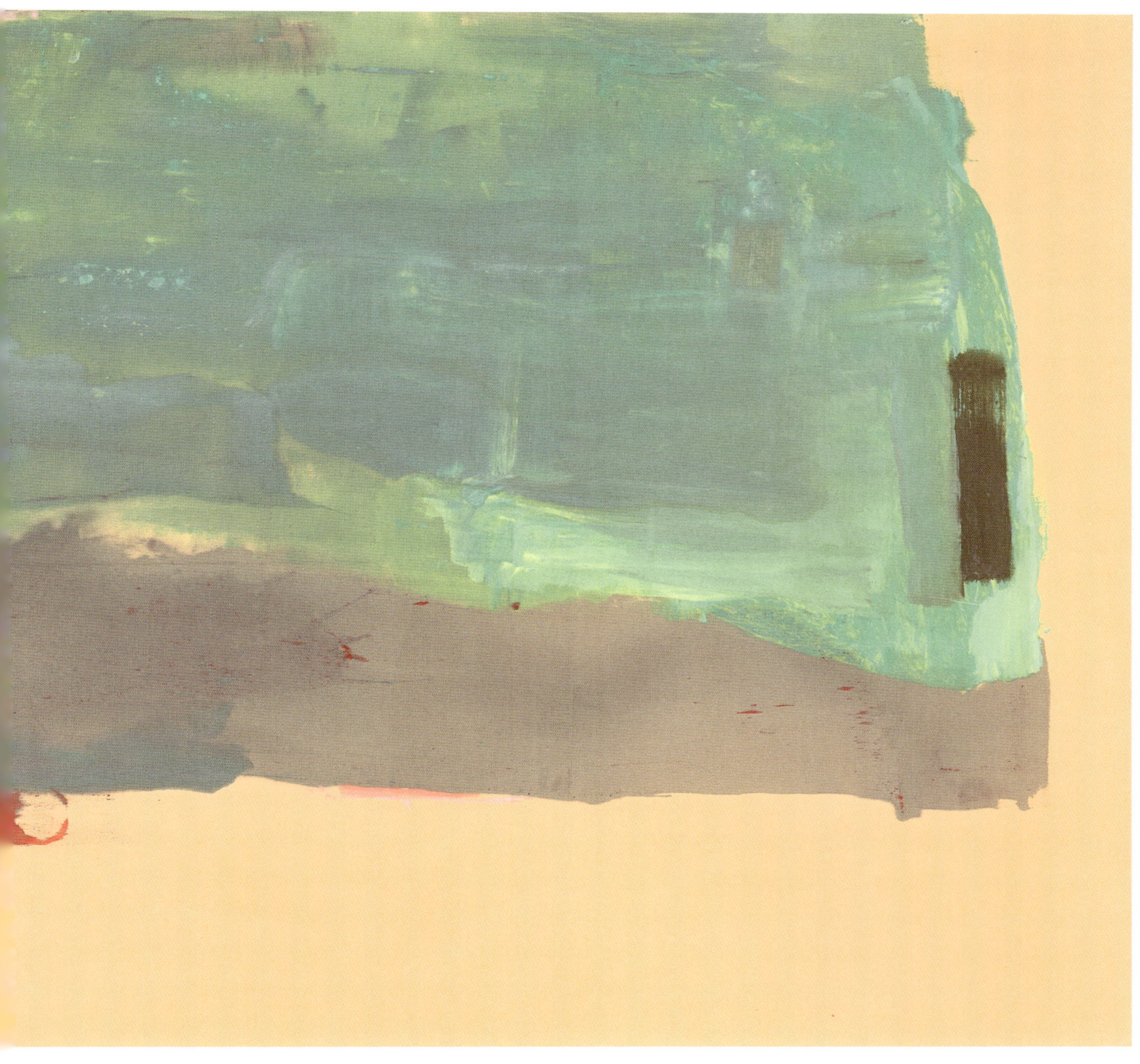

*When the Snow Melts* (1975) and *After Hours* (1975) fig. pp. 68–9 are outstanding examples of Frankenthaler's panoramic, over four-metre-wide works created in the mid-1970s. In a new approach, Frankenthaler began tinting the canvas before painting rather than soaking untreated fabric with colour. This full-colour coating seals the canvas and creates a barrier between paint and ground, once again making the canvas a literal support for the image. This technique marks a significant departure from the soak-stain method central to Frankenthaler's early work as well as that of Morris Louis and Kenneth Noland, which is often discussed in terms of the paint becoming one with the canvas. In *When the Snow Melts* (1975), a greenish veil of paint extends downward from the top edge over a light orange canvas. As seen earlier in *Palestrina* (1973) fig. p. 66, two delicate vertical bars appear to halt the further expansion of the floating horizontals along the sides of the painting.

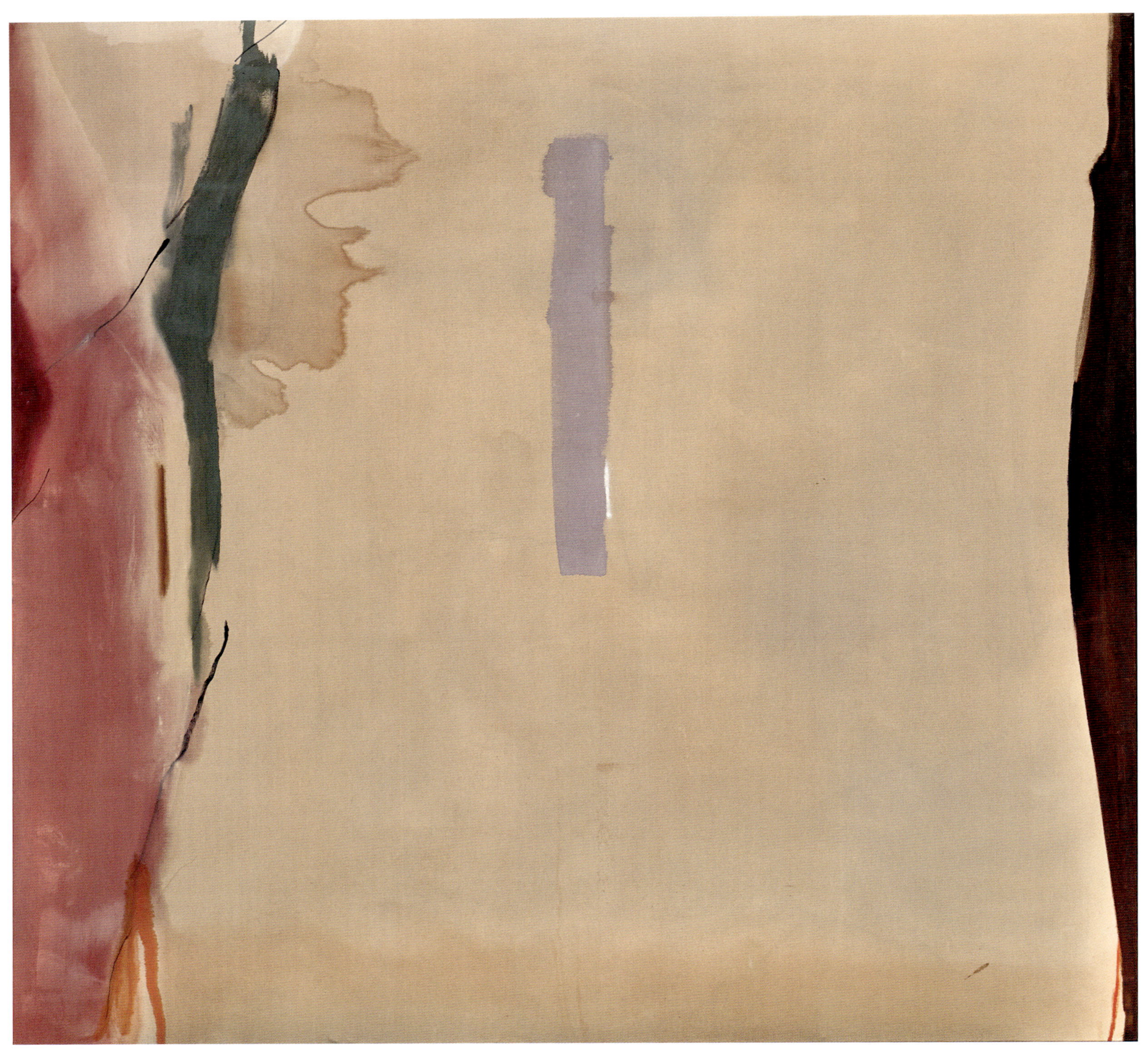

*Palestrina,* 1973

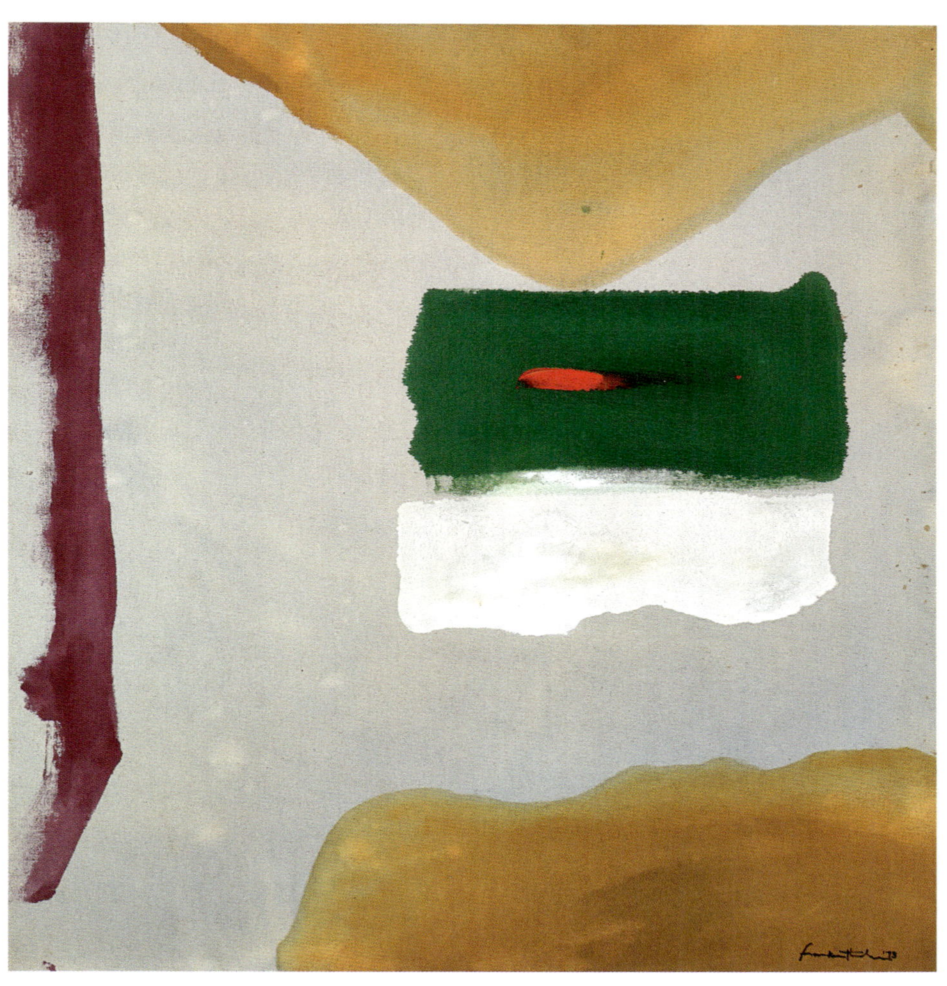

*Untitled,* 1977                    *Untitled,* 1973

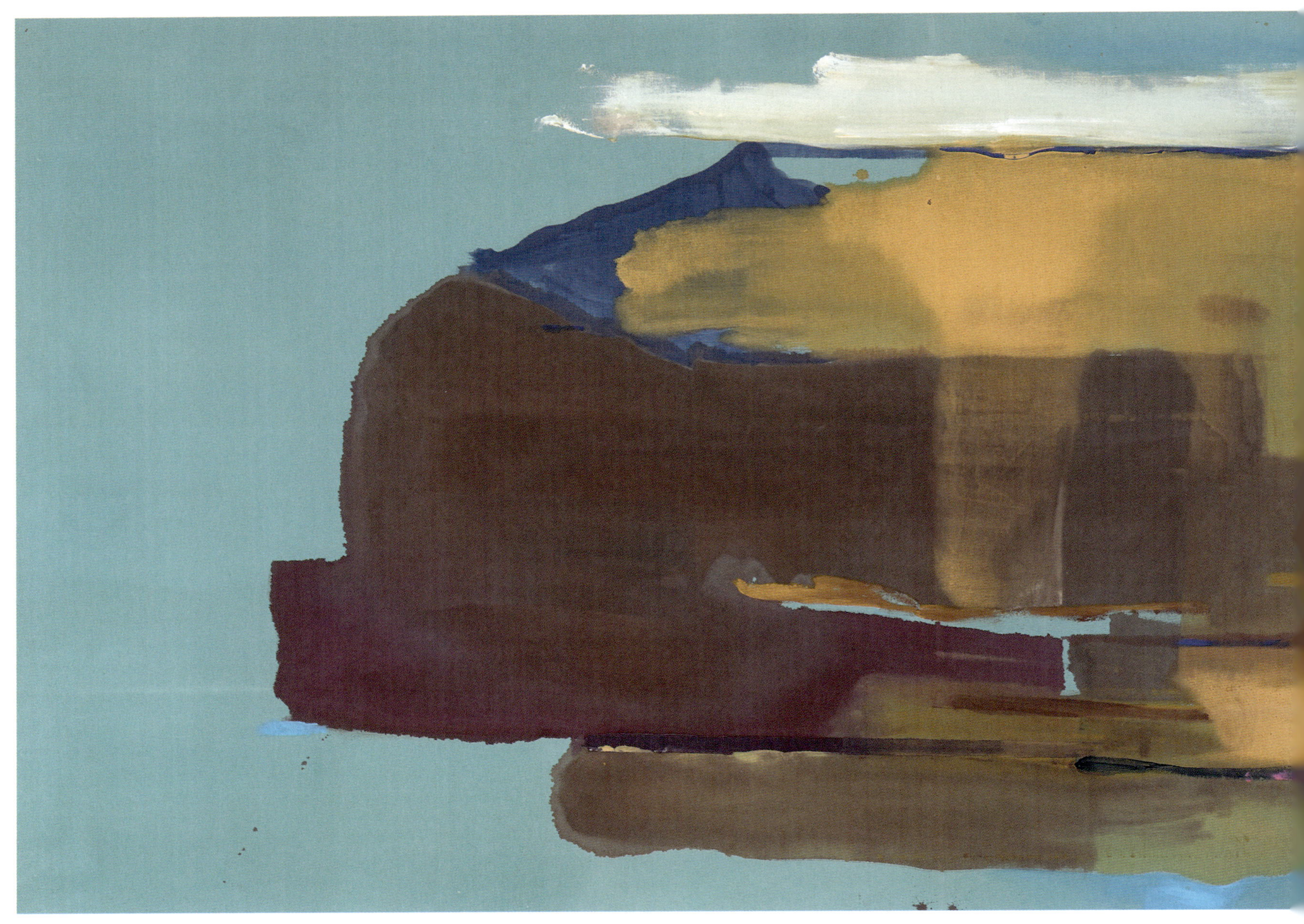

*After Hours,* 1975

In *After Hours* schieben sich über dem hellblauen Grund violette, gelbe und braune Farbflächen wie Nebelschwaden übereinander. Diese Formen werden oben und unten jeweils von einem langen Streifen eingefasst. Die Überlagerung der Flächen führt zu einer ständigen Verschiebung der Elemente im Bildraum, von dem, was im Vorder- und was im Hintergrund angelegt ist.

In *After Hours,* violet, yellow and brown colour fields drift over a light blue ground, layered like veils of mist and enclosed by long horizontal bands at the top and bottom. The overlapping fields create a constant shifting of elements within the pictorial space, blurring the distinction between foreground and background.

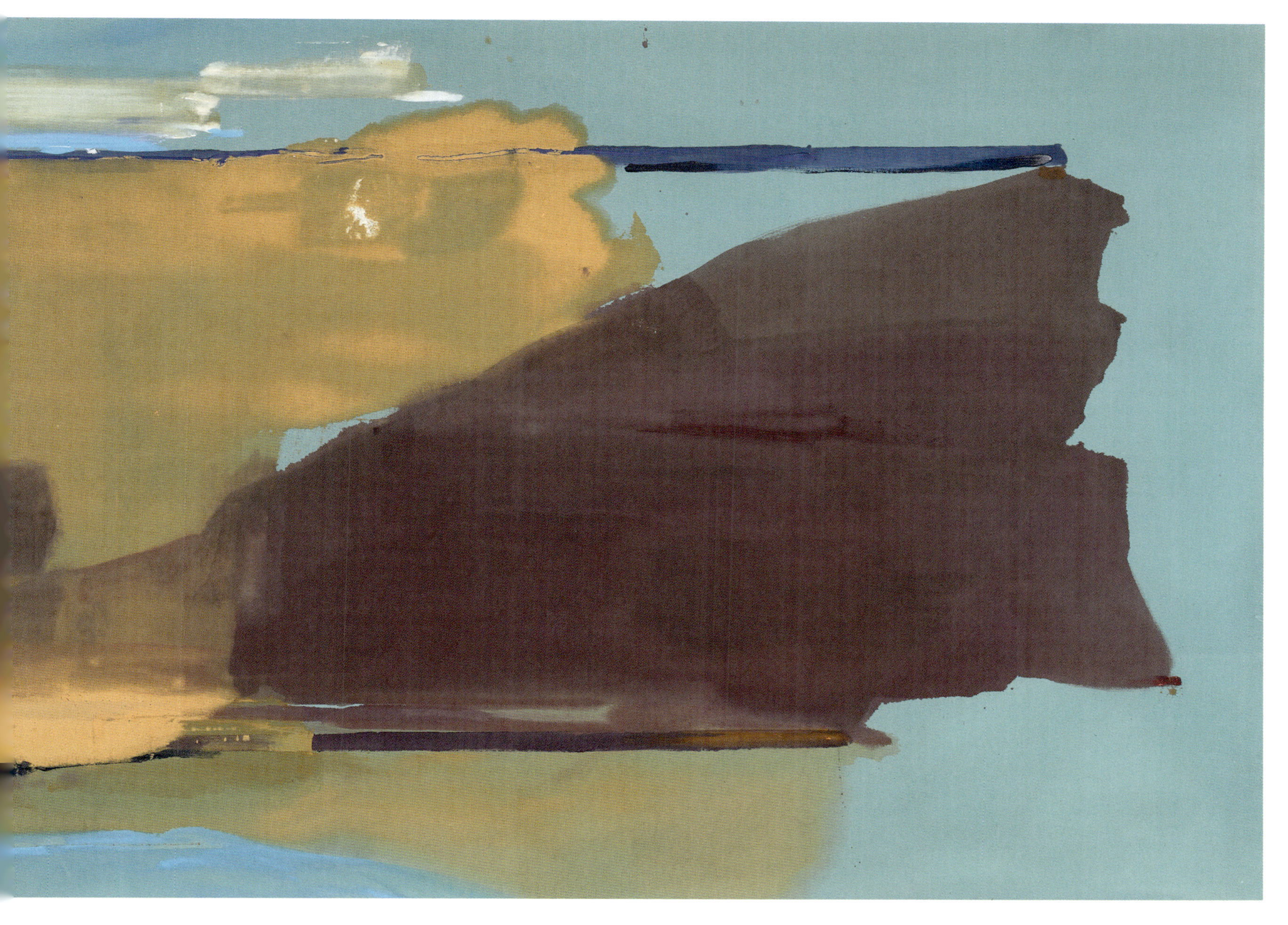

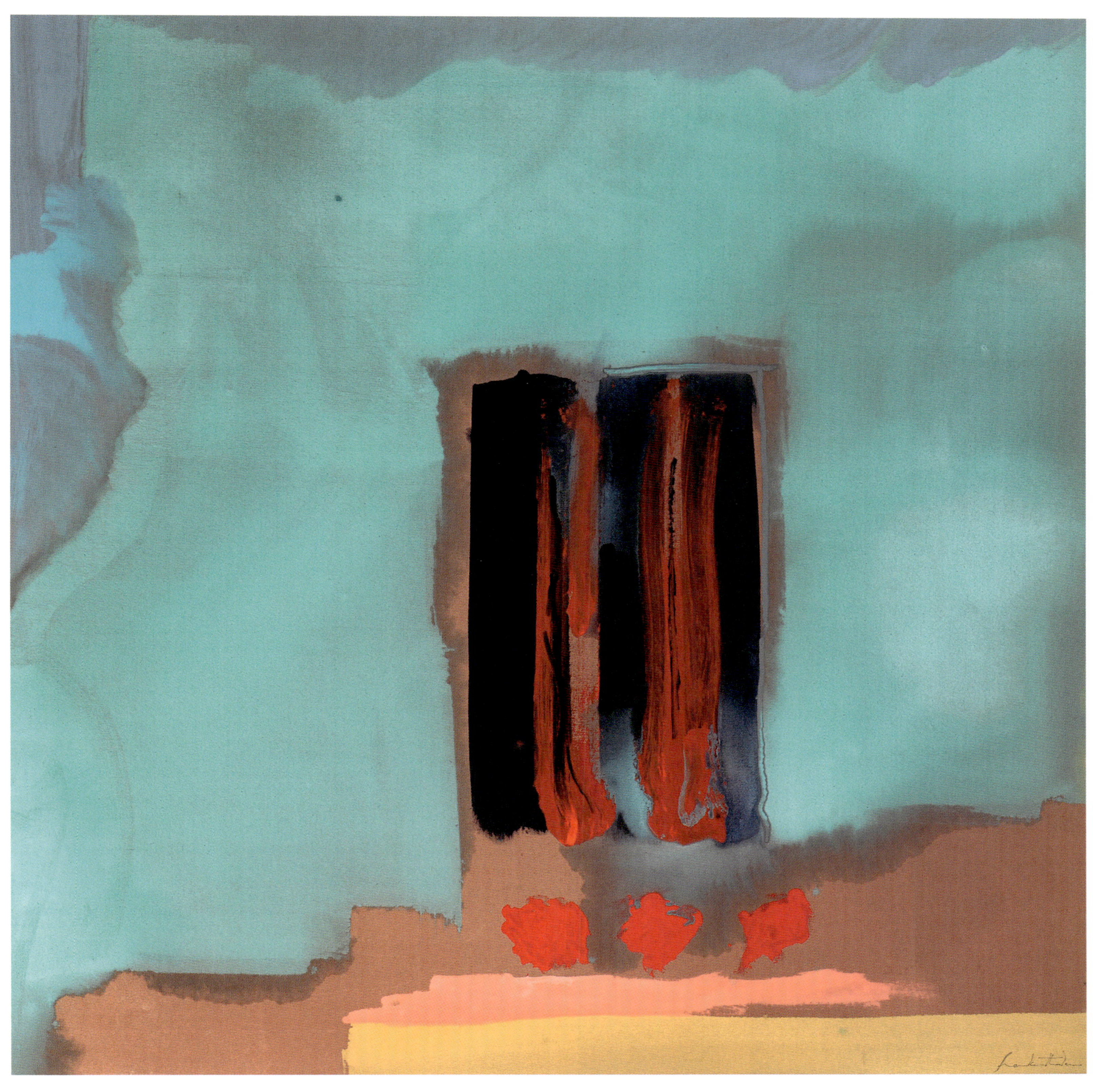

*Pyramid,* 1988

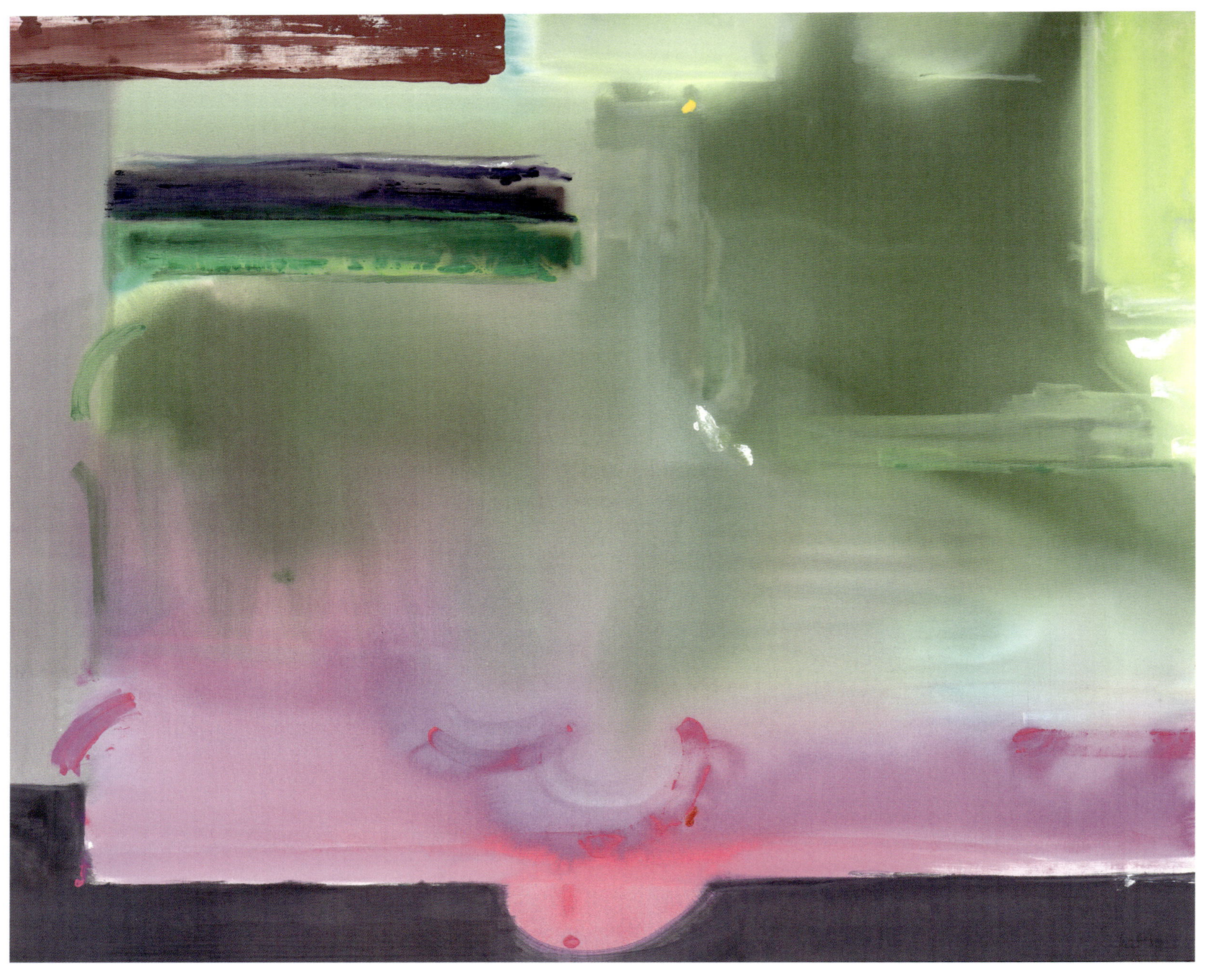

*Zarathustra,* 1988

In *Zarathustra* (1988) eröffnen sich zarte, leuchtend violette und grüne Farbräume auf der Leinwandoberfläche: Sie fließen ineinander, treten hervor oder weichen zurück, reichen von tiefen, voll gesättigten Tönen bis hin zu hell und fast transparent wirkenden Farben. In Kontrast dazu stehen schärfer definierte, mit dicker Farbe gemalte Formen. Im Werk eingefangen scheint der Moment, in dem die flüssige Farbe zum ersten Mal aufgetragen worden ist. Durch Leuchtkraft, Lichtdurchlässigkeit und -undurchlässigkeit erinnert die Präsenz der Farbe an Eigenschaften, die typischerweise mit Aquarellmalerei in Verbindung gebracht werden. Hier zeigt sich einmal mehr Frankenthalers meisterhaftes Kolorit. Im Zentrum der großformatigen Malerei steht die unabhängige, freie Farbe, die weder an die Repräsentation eines Gegenstands noch an eine Geste gebunden ist. Helen Frankenthaler sagte selbst: „Es gibt kein ‚immer'. Keine Formel. Es gibt keine Regeln. Lass das Bild dich dorthin führen, wo es hingehen muss."[1]

Der Titel *Zarathustra* lässt sich nur schwer im Bild verankern. Vielmehr balanciert das Werk Volumen und Leere, Gewicht und Schwerelosigkeit. In einem Interview mit Henry Geldzahler erklärte sie 1965: „Ich bin sehr schlecht darin, sie zu benennen. Ich mag keine Zahlen, weil ich sie mir nicht merken kann. […] Ich benenne sie normalerweise nach einem Bild, das aus den Werken hervorzutreten scheint […] Es ist schwieriger, abstraktere Bilder zu betiteln."[2]

---

[1] Ted Loos: „Helen Frankenthaler, Back to the Future", *The New York Times*, 27. April 2003.

---

[2] Aus: Henry Geldzahler: „An Interview with Helen Frankenthaler", in: *Artforum*, Oktober 1965, S. 36–38, hier S. 38.

In *Zarathustra* (1988), delicate, luminous purple and green spaces emerge on the surface of the canvas, flowing together, standing out or receding. They range from deep, saturated tones to colours that seem almost transparent, contrasting with more sharply defined, thickly painted forms. The work captures the moment when liquid paint is first applied. The brilliance, transparency and opacity of the colour evoke properties typically associated with watercolour painting. Once again, Frankenthaler displays her mastery of colour. The focus of the large-scale work is free, independent colour, untethered to the representation of an object or a gesture. Frankenthaler herself stated: 'There is no "always." No formula. There are no rules. Let the picture lead you where it must go.'[1]

The title *Zarathustra* is difficult to anchor within the painting itself. Rather, the work balances volume and emptiness, weight and weightlessness. As she explained in a 1965 interview with Henry Geldzahler: 'I'm very poor at naming them. I don't like numbers because I don't remember them… I usually name them for an image that seems to come out of the pictures… It's more difficult to title more abstract pictures.'[2]

---

[1] Ted Loos, 'Helen Frankenthaler, Back to the Future', *The New York Times*, 27 April 2003.

---

[2] Helen Frankenthaler, in Henry Geldzahler, 'An Interview with Helen Frankenthaler', *Artforum*, vol. 4, October 1965, pp. 36–8, here p. 38.

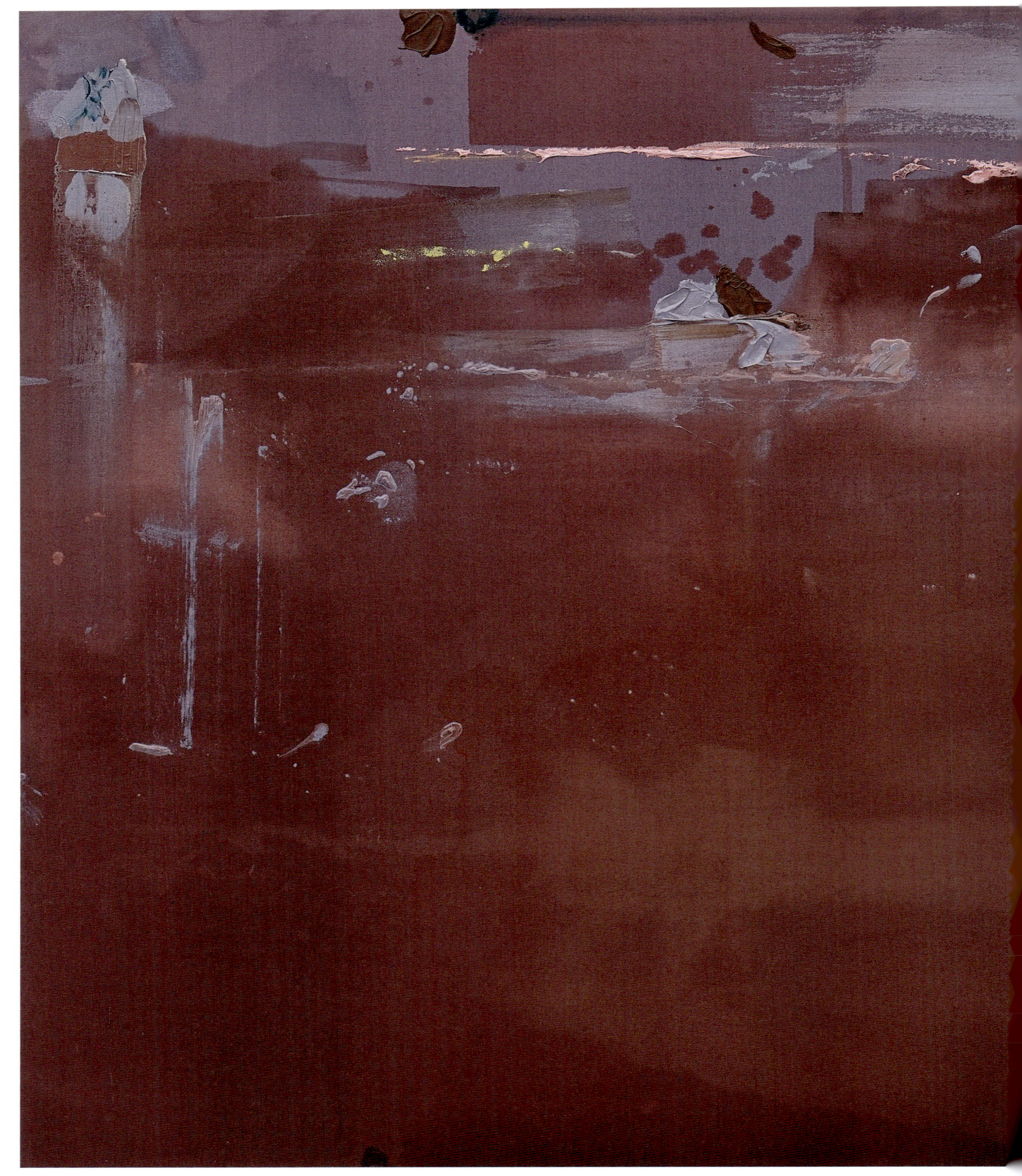

*Moonrise,* 1981

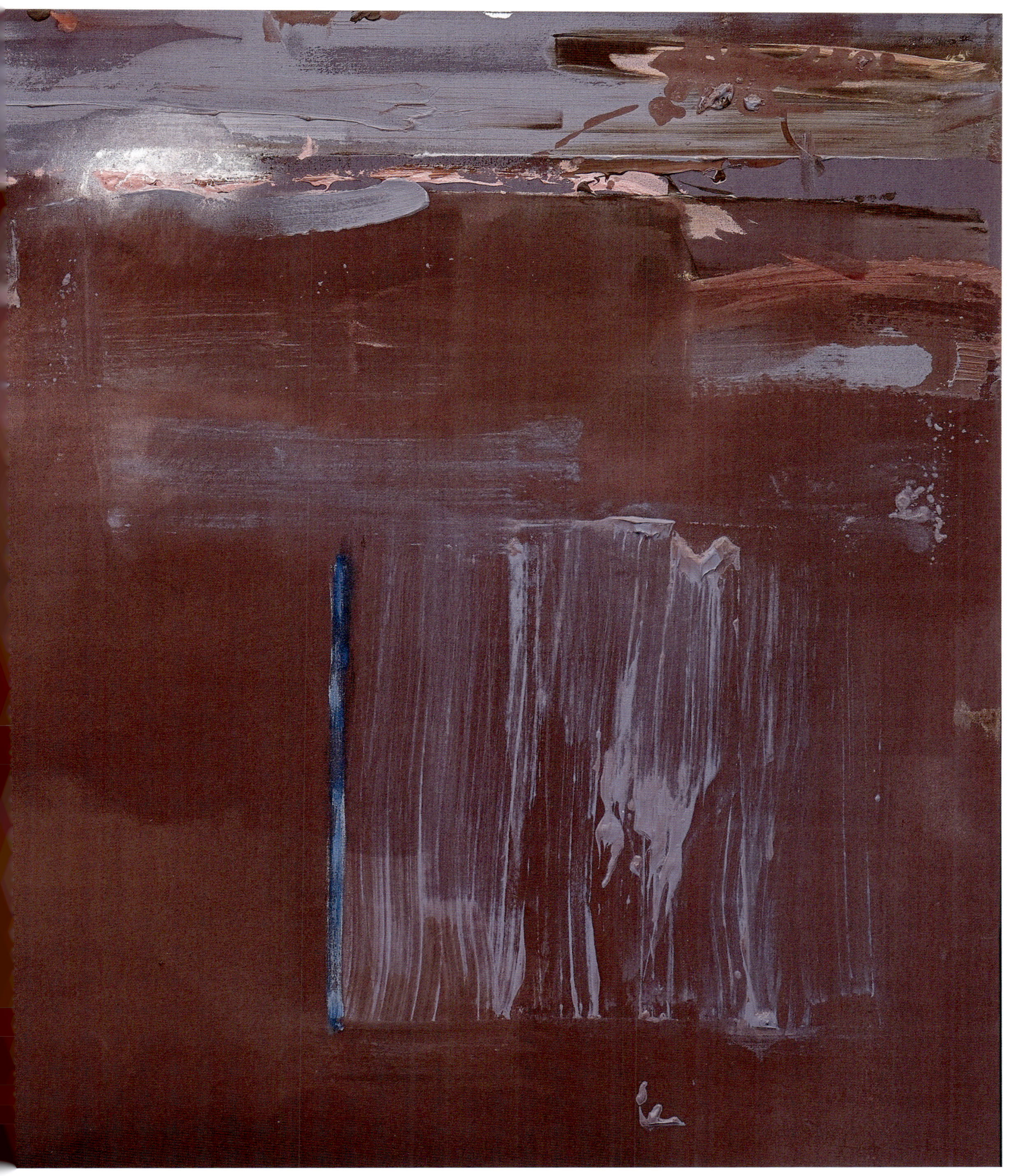

**Lea Schäfer**
Wann sind Sie Helen Frankenthaler und ihrem Werk zum ersten Mal begegnet, und was schätzen Sie besonders an ihr?

**Douglas Dreishpoon**
Ich bin Frankenthalers Werk zum ersten Mal 1998 im Buffalo AKG Art Museum (damals Albright-Knox Art Gallery) begegnet, als ich dort als Kurator anfing und entdeckte, dass zwei bedeutende Gemälde, *Round Trip* (1957) und *Tutti-Frutti* (1966), die Sammlung schmückten. Beide Bilder stachen als beeindruckende Arbeiten einer frühreifen Künstlerin hervor, die sich gegen eine ältere Generation überwiegend männlicher abstrakter Maler durchsetzte.

Im Jahr 2014 organisierte ich dann eine Ausstellung, die sich auf Frankenthalers Werke der 1960er und 1970er Jahre konzentrierte, gefolgt von einer Retrospektive, die Paul Feeley, ihrem Lehrer am Bennington College, gewidmet war. Nach diesen beiden Projekten nahm ich den Kontakt zu meiner langjährigen Freundin und Museumskollegin Elizabeth Smith wieder auf, die mich bat, das Projekt des Werkverzeichnisses von Frankenthaler zu leiten.

**LS**  Jetzt sind Sie also mitten in den Vorbereitungen für das Jubiläumsjahr 2028, in dem Frankenthaler ihren 100. Geburtstag gefeiert hätte. Sie arbeiten derzeit an ihrem Werkverzeichnis. Was planen Sie für 2028?

**DD**  Frankenthalers 100. Geburtstag ist ein wichtiger Meilenstein, zu dem die National Gallery of Art in Washington, D.C. eine umfangreiche Retrospektive veranstaltet. Es wurde die Frage aufgeworfen, ob das Werkverzeichnis (WVZ) bis 2028 fertiggestellt werden könnte, aber es erscheint willkürlich, ein so monumentales und detailliertes Projekt an diesen Zeitplan zu binden. Das Team des Werkverzeichnisses plant jedoch, zum 100. Geburtstag Frankenthalers einen Nachtrag zum Werkverzeichnis der Druckgrafiken (erschienen 1996) herauszugeben.

Frankenthaler blieb bis zu ihrem Lebensende eine leidenschaftliche Druckgrafikerin. Die Zusammenarbeit mit Meisterdruckern wie Kenneth Tyler und Yasuyuki Shibata gab ihr Halt, als das Malen nicht mehr möglich war. Die zwischen 1995 und 2009 entstandenen Nachträge, die als Online-Band veröffentlicht werden, wären eine angemessene Würdigung der Künstlerin.

**LS**  Sind alle ihre Werke bereits erfasst, oder tauchen auch heute noch unbekannte Bilder auf?

**DD**  Es tauchen immer noch unbekannte auf [*lacht*]. Es gibt Tausende von Arbeiten auf Leinwand und Papier.

**LS**  Wie groß schätzen Sie das Gesamtwerk von Helen Frankenthaler ein?

**DD**  Gegenwärtig befinden sich etwa 1.700 Gemälde in öffentlichen und privaten Sammlungen. Das Archiv der Stiftung ist sehr umfangreich. Auch das Archiv der André Emmerich Gallery, Frankenthalers Hauptgalerie von 1959 bis Anfang der 1990er Jahre, ist hervorragend. Aber es gibt noch viel zu tun. Manchmal gleicht es einer Spurensuche.

**LS**  Was war dabei Ihre bemerkenswerteste Entdeckung?

**DD**  Das kann ich ehrlich gesagt nicht sagen. Der Prozess schreitet als eine Abfolge von Entdeckungen voran, von denen jede ein Teil des großen Puzzles ist, das Frankenthalers Lebenswerk ausmacht. Sie hat viel gemalt (auf Leinwand und Papier), von Jahrzehnt zu Jahrzehnt, über einen Zeitraum von mehr als fünfzig Jahren. Jedes Jahrzehnt ist ein Kapitel für sich.

**LS**  Sind die Werke Frankenthalers über alle Kontinente verteilt, oder gibt es bestimmte Regionen, in denen deutlich mehr Bilder zu finden sind?

**DD**  Die meisten Werke befinden sich in Nordamerika – in den Vereinigten Staaten

„Keine Regeln"

Ein Gespräch über Helen Frankenthaler
mit Douglas Dreishpoon und Lea Schäfer

**Lea Schäfer**
When did you first encounter Helen Frankenthaler and her work, and what do you particularly admire about her?

**Douglas Dreishpoon**
I first encountered Frankenthaler's work at the Buffalo AKG Art Museum (then the Albright-Knox Art Gallery) in 1998, when I arrived there as a curator and realised that two significant paintings, *Round Trip* (1957) and *Tutti-Frutti* (1966), graced the collection. Both stood out as formidable works by a precocious artist who rose among an older generation of predominantly male abstract painters.

I subsequently organised, in 2014, a focused exhibition of Frankenthaler's work from the 1960s and 1970s, followed by a retrospective dedicated to Paul Feeley, her teacher at Bennington College. On the heels of those two projects, I reconnected with my longtime friend and museum colleague, Elizabeth Smith, who asked if I'd like to direct the Frankenthaler catalogue raisonné project.

**LS**  So now you are in the midst of preparing for the centennial year 2028, when she would have celebrated her 100th birthday. You are currently working on her catalogue raisonné. What are your plans for 2028?

**DD**  Frankenthaler's centennial is an important milestone, with a full-dress retrospective being organised by the National Gallery of Art in Washington, DC. The question of whether the catalogue raisonné (CR) could be finished by 2028 has come up, but it feels arbitrary to peg such a monumental, detail-intensive project on this timeline. That said, what the CR team plans to do for the centennial is an addendum to Frankenthaler's print CR (published in 1996). Frankenthaler remained a dedicated printmaker until the end of her life. Collaborating with master printers like Kenneth Tyler and Yasuyuki Shibata sustained her

when painting was no longer possible. The balance of editions made between 1995 and 2009, published as an online volume, would be an appropriate way to honour the artist.

**LS**  Do you believe that you know all of her works, or do unknown pieces still surface today?

**DD**  Still unknown (*laughs*).
There are thousands of works out there on canvas and paper.

**LS**  What do you think, how extensive is Helen Frankenthaler's body of work?

**DD**  Well, at the present time, we can account for roughly 1700 paintings on canvas in public and private collections. The Foundation's archival resources are robust. Records kept by the André Emmerich Gallery, Frankenthaler's primary gallery from 1959 until the early 1990s, are likewise excellent. But there's still a lot to be done. Sometimes it's like following a breadcrumb trail.

**LS**  In this process, what has been your most epiphanic discovery?

**DD**  I honestly can't say. The process progresses as a sequence of discoveries, each of which fills in a part of the expansive puzzle that is Frankenthaler's life's work. She painted (on canvas and paper) prolifically, from decade to decade, over the course of more than 50 years. Each decade is like another kind of chapter.

**LS**  Is Frankenthaler's oeuvre spread across all continents, or are there specific regions where her works are concentrated?

**DD**  The lion's share of work is in North America — the United States and Canada. The Whitney Museum of American Art, the Museum of Modern Art and the Metropolitan Museum of Art, all in New York City, the Seattle Art Museum, the San Francisco Museum of Modern Art (SFMoMA) and the Art Gallery of

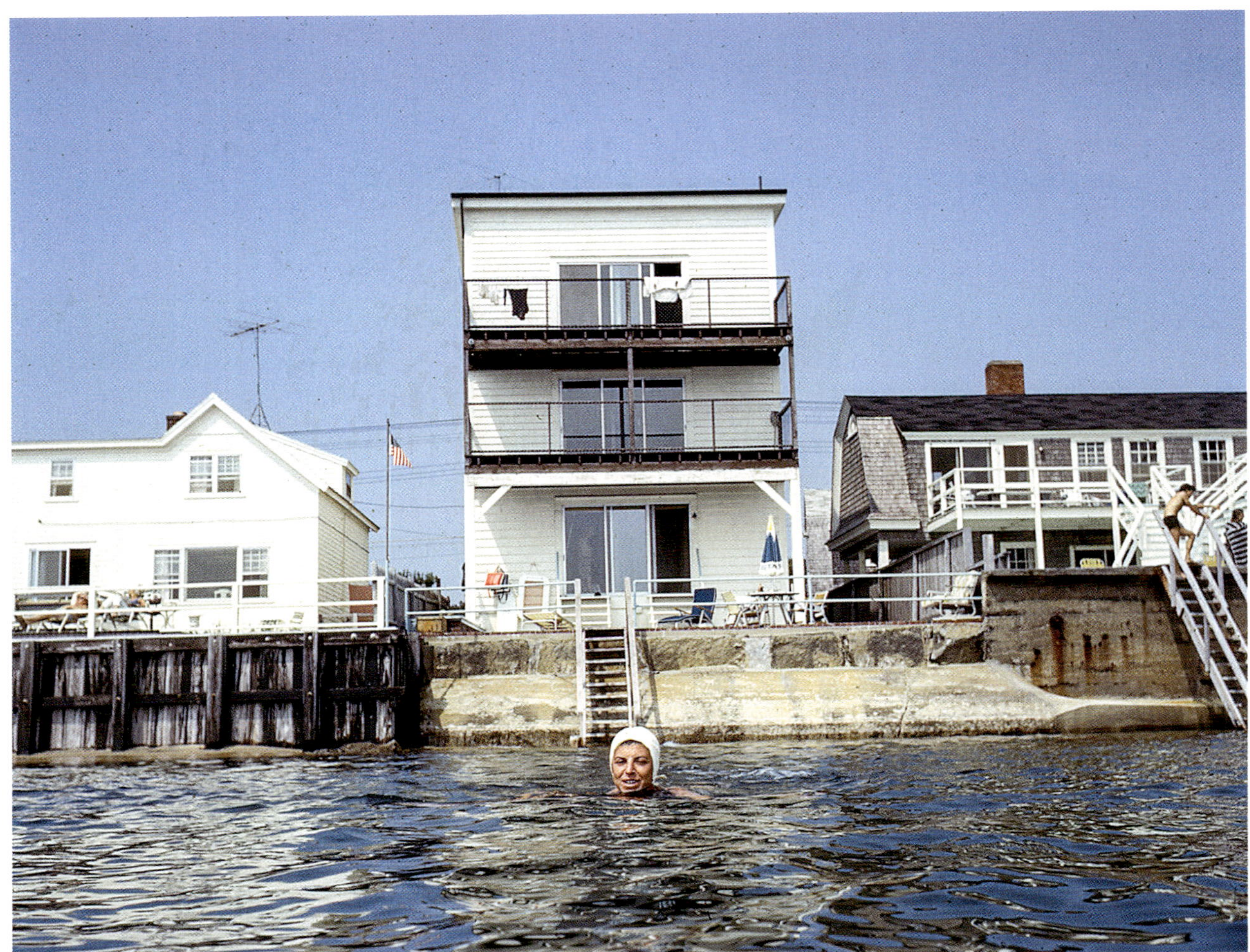

Abb./Fig. 1

Frankenthaler schwimmt vor ihrem Haus und Atelier, dem „Sea Barn," 631 Commercial Street, Provincetown, Massachusetts, Sommer 1966

Helen Frankenthaler swimming in front of her home and studio, 'Sea Barn', Provincetown, Massachusetts, summer of 1966

und in Kanada. Das Whitney Museum of American Art, das Museum of Modern Art und das Metropolitan Museum of Art, alle in New York City, das Seattle Art Museum, das San Francisco Museum of Modern Art (SFMoMA) und die Art Gallery of Ontario in Toronto verfügen alle über beeindruckende Frankenthaler-Bestände. David Mirvish, ein Privatsammler aus Toronto, besitzt eine herausragende Sammlung ihrer Werke. In Europa ist das Museum Reinhard Ernst mit fünfzig Gemälden der wichtigste Akteur.

**LS**  Hat Helen Frankenthaler ihre Verkäufe selbst dokumentiert? Oder gibt es hier noch Forschungslücken, die es zu schließen gilt?

**DD**  Lücken sind ein unvermeidlicher Teil des Entdeckungsprozesses. Was die Buchführung angeht, sind einige Künstler:innen gewissenhafter als andere und ermöglichen es ihren Studio- oder Büroassistent:innen, gute Arbeit zu leisten. Maureen St. Onge, Frankenthalers Haupt-

assistentin von 1974 bis zum Tod der Künstlerin, führte akribisch Buch. Vor Maureen führten Edward Youkilis und Ellen Grand ein Bestandsbuch, in dem sie festhielten, wann und an wen Werke verkauft wurden. Frankenthaler selbst führte schon früh eine Liste der Sammlungen, in denen sich ihre Werke befanden. Die meisten Künstler:innen wollen wissen, wohin ihre Werke gehen, um Besitzer:innen und Standorte im Laufe der Zeit nachverfolgen zu können. Gut informierte Assistent:innen helfen dabei, diesen Prozess zu kodifizieren.

**LS**  Können Sie uns einen Einblick geben, was sonst noch zu den Aufgaben der Studioassistent:innen gehörte?

**DD**  Frankenthaler war sehr wählerisch, wen sie einstellte und was ihre Aufgaben sein sollten. Von ihren Assistent:innen erwartete sie, dass sie immer zur Verfügung standen, ohne sich aufzudrängen — dass sie in der Lage waren, das Studio zu managen und am Laufen zu halten.

Ontario in Toronto all have impressive Frankenthaler holdings. David Mirvish, a private collector out of Toronto, has a stellar collection of Frankenthalers. In Europe, the Reinhard Ernst Museum, with fifty paintings, stands out as a prime stakeholder.

**LS**  Did Helen Frankenthaler personally keep records of her sales, or are there still gaps in the research that need to be filled?

**DD**  Gaps are an inevitable part of the discovery process. When it comes to record-keeping, some artists are more diligent than others, enabling their studio or office assistants to do good work. Maureen St. Onge, Frankenthaler's chief assistant from 1974 until the artist died, kept meticulous records. Before Maureen, Edward Youkilis and Ellen Grand recorded in a ledger when works were sold and to whom. Early on, Frankenthaler kept a list of the collections her work was in. Most artists would want to know where their works are going in an effort to track owners and locations through time. Well-informed assistants help to codify this process.

**LS**  Could you give us an insight into what else was part of the studio assistants' tasks?

**DD**  Frankenthaler was very particular about who she hired and what their responsibilities would be. She expected her assistants to be available without imposing themselves – enablers who kept the studio organised and humming.

**LS**  How about her properties? Did she manage her affairs, such as the sale of her properties? Sea Barn, the home and studio in Provincetown, Massachusetts, that Frankenthaler and Motherwell bought in 1962, might have been a special case.

**DD**  During her marriage to Robert Motherwell (1958–71) **fig. 1**, she spent most summers in Provincetown. Post Motherwell, she acquired her own properties in Connecticut – Stamford and ultimately Darien. She developed a keen eye for real estate, domestic dwellings with stunning views that could also include studio spaces.

Frankenthaler was an avid swimmer who loved being near water. Something about the gestalt of a light-filled coastal environment inspired her. Post Motherwell, she travelled back and forth between Connecticut and New York City. New York is where she did business, saw other people's art and connected culturally. Connecticut was a place to reset, relax, unwind.

**LS**  Helen Frankenthaler travelled to Europe several times. What role did her German roots play in these trips? After all, her mother, Martha Lowenstein, was born in Wiesbaden in 1895. Did Frankenthaler visit the city during her travels? What was her relationship to Germany?

**DD**  It's a good question. She travelled to Germany in 1956 and in 1969, when her retrospective opened there. Five years later, she was in Strasbourg as part of an extended trip to France and Switzerland, and in 1994 she visited Munich with her second husband, Stephen DuBrul, to attend a wedding. The family connection, an important part of her legacy, has to be fleshed out. The Foundation's archivist, Sarah Haug, discovered some photographs from the trip to Germany in 1956, which also included extended stays in Vienna, Paris and Amsterdam. While the tour focused on seeing art in museums, it's conceivable she may have visited family in Wiesbaden.

**LS**  Helen Frankenthaler and Robert Motherwell were known as the 'Golden Couple' of the 1960s. Pepe Karmel noted that she married the only artist from the Abstract Expressionist group who had a comparable education and similar social background. Did this

**LS** Und ihr Immobilienbesitz? Hat sie sich um ihre Angelegenheiten gekümmert, zum Beispiel um den Verkauf ihrer Immobilien? „Sea Barn", das Wohn- und Atelierhaus in Provincetown, Massachusetts, das Frankenthaler und Motherwell 1962 kauften, könnte ein Sonderfall gewesen sein.

**DD** Während ihrer Ehe mit Robert Motherwell (1958–71) verbrachte sie die meisten Sommer in Provincetown Abb. 1. Nach der Trennung von Motherwell erwarb sie eigene Immobilien in Connecticut – Stamford und schließlich Darien. Sie entwickelte einen scharfen Blick für Immobilien, Wohnhäuser mit atemberaubender Aussicht, die auch Atelierräume beherbergen konnten.

Frankenthaler war eine begeisterte Schwimmerin und liebte die Nähe zum Wasser. Die lichtdurchflutete Küstenlandschaft inspirierte sie. Nach der Trennung von Motherwell pendelte sie zwischen Connecticut und New York City. In New York machte sie Geschäfte, sah sich die Kunst ihrer Kolleg:innen an und knüpfte kulturelle Kontakte. In Connecticut konnte sie sich erholen, entspannen und abschalten.

**LS** Helen Frankenthaler ist mehrfach nach Europa gereist. Welche Rolle spielten dabei ihre deutschen Wurzeln? Schließlich wurde ihre Mutter Martha Lowenstein 1895 in Wiesbaden geboren. Hat Frankenthaler die Stadt auf ihren Reisen besucht? Welche Beziehung hatte sie zu Deutschland?

**DD** Das ist eine gute Frage. Sie besuchte Deutschland 1956 und erneut 1969 anlässlich der Eröffnung ihrer Retrospektive. Fünf Jahre später besuchte sie Straßburg im Rahmen einer ausgedehnten Reise durch Frankreich und die Schweiz, und 1994 reiste sie mit ihrem zweiten Ehemann Stephen DuBrul nach München, um an einer Hochzeit teilzunehmen. Die Familienbande, ein wichtiger Teil ihres Vermächtnisses, sind noch nicht erschlossen. Die Archivarin der Stiftung,

Sarah Haug, entdeckte einige Fotos von der Reise nach Deutschland im Jahr 1956, die auch längere Aufenthalte in Wien, Paris und Amsterdam einschloss. Obwohl der Schwerpunkt der Reise auf dem Besuch von Kunstmuseen lag, ist es möglich, dass sie auch ihre Familie in Wiesbaden traf.

**LS** Helen Frankenthaler und Robert Motherwell galten als das „Goldene Paar" der 1960er Jahre. Pepe Karmel wies darauf hin, dass sie den einzigen Künstler aus der Gruppe der Abstrakten Expressionisten heiratete, der über eine vergleichbare Ausbildung und einen ähnlichen sozialen Hintergrund verfügte. War dieser Status für sie beruflich von Vorteil, etwa beim Aufbau eines Netzwerks, oder hatte er auch Nachteile, etwa im Umgang mit anderen Künstlerinnen?

**DD** Das ist eine komplizierte Frage, weil es um persönliche Beziehungen, Status und Macht geht. Frankenthaler war ehrgeizig, selbstbewusst und talentiert. Bevor sie Motherwell heiratete, war sie fünf Jahre lang (1950–55) mit Clement Greenberg liiert. Eine junge Frau von Mitte zwanzig, die gerade ihr Studium abgeschlossen hat, geht eine Beziehung mit einem der einflussreichsten Kunstkritiker der New Yorker Szene ein. Türen öffnen sich. Das Schöne an Greenberg war, dass er dich, wenn er dich mochte, jedem vorstellte, den er kannte. Durch ihn lernte die aufstrebende Malerin Jackson Pollock, David Smith, Barnett Newman, Mark Rothko, Adolph Gottlieb und andere kennen. Mit einigen dieser Künstler freundete sie sich an. Als sie Motherwell heiratete, geschah etwas Interessantes: Einige dieser Freundschaften wurden tiefer und inniger Abb. 2.

So auch ihre Freundschaft mit David Smith. Nach ihrer Heirat mit Motherwell ging das Trio eine der beständigsten Beziehungen in der amerikanischen Kunstgeschichte ein. Sie verbrachten viel Zeit miteinander, relaxten gemeinsam und hingen zusammen ab, manchmal mit ihren kleinen Kindern im Schlepptau. Sie

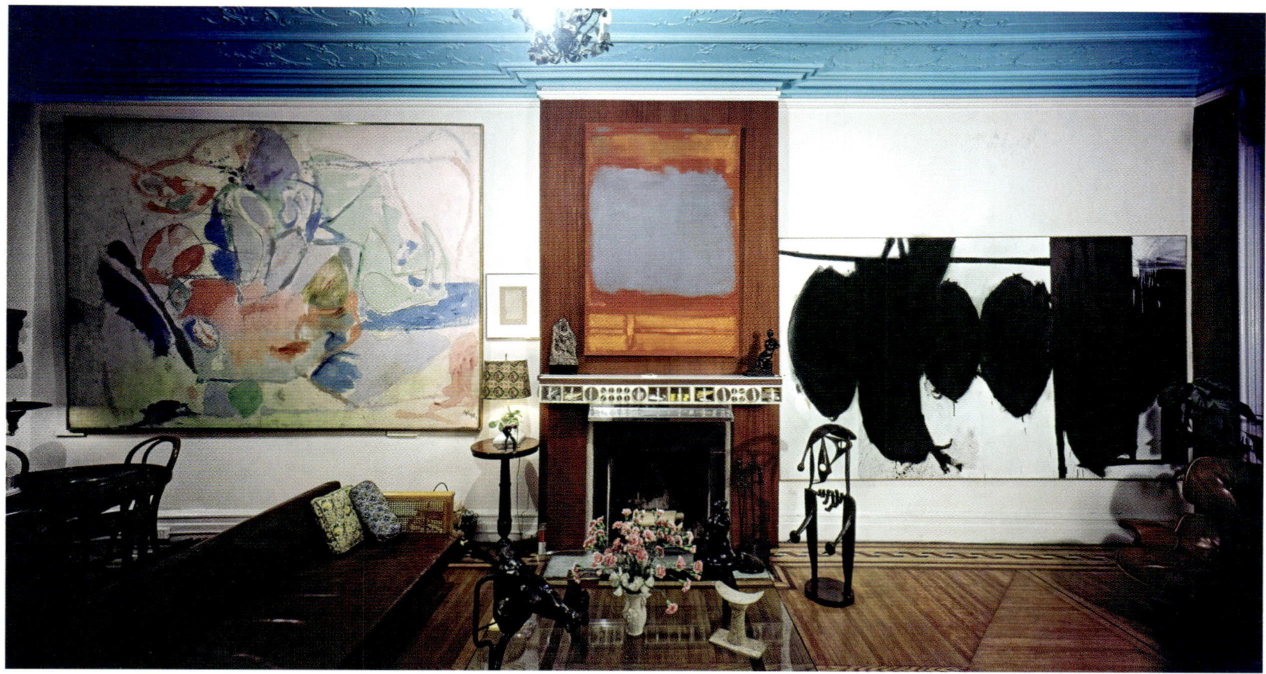



status benefit her career, for example in building a network, or were there disadvantages, such as in her interactions with other female artists?

**DD**  It's a complicated question because it has to do with personal relationships, status and power. Frankenthaler was ambitious, confident, talented. Before marrying Motherwell, she dated Clement Greenberg for five years (1950–55). A 20-something-year-old just out of college partners up with one of the most powerful art critics on the New York scene. Doors begin to open. The good news about Greenberg is that if he liked you, he introduced you to everyone he knew. Through him, the aspiring painter met Jackson Pollock, David Smith, Barnett Newman, Mark Rothko, Adolph Gottlieb and others. Some of these artists became friends. When she marries Motherwell, an interesting thing happens: some of the same friendships become deeper, more profound fig. 2.

Such was her friendship with David Smith. After she and Motherwell married, this trio forged one of the most enduring relationships in the annals of American art. They spent quality time together, relaxing and hanging out, sometimes with their young children in tow. They looked at each other's art. They wrote to one another. Chatty letters, notes and postcards signal simpatico.

Frankenthaler had a respectful, loving rapport with Motherwell. Theirs was a symbiotic artistic relationship (similar to what Anni and Josef Albers or Leon Golub and Nancy Spero sustained). They weren't competitive; what each one did artistically enriched the other. The 'Golden Couple' shared an ongoing conversation about art and life with close friends. Their golden aura glowed socially, personally and artistically until, at a certain point, they decided to move on.

**LS**  That leads perfectly to our next question. When we look at the 1960s, we see works that are more conceptual or more reduced in manner, and maybe there's a connection to Motherwell's work, too. What do you think? How do you assess Frankenthaler's artistic development during this time in the context of the Minimalist movement?

**DD**  Frankenthaler kept a close bead on what was happening around her. She would have seen Frank Stella's *Black Paintings*. She would have seen the pared-down *Chevrons* of her friend Ken Noland. She could see that by the mid-

schauten sich ihre Kunstwerke an. Sie
schrieben sich. Aus dem plauderhaften
Ton der Briefe, Notizen und Postkarten
spricht Sympathie.

Mit Motherwell verband Frankenthaler
eine Beziehung, die von Respekt und
Liebe geprägt war. Es war eine symbioti-
sche künstlerische Beziehung (ähnlich
wie bei Anni und Josef Albers oder Leon
Golub und Nancy Spero). Sie standen
nicht in Konkurrenz zueinander, sondern
bereicherten sich gegenseitig in ihrer
künstlerischen Arbeit. Das „Goldene Paar"
diskutierte ständig mit engen Freund:in-
nen über Kunst und Leben. Ihre Aura
strahlte gesellschaftlich, persönlich und
künstlerisch, bis sie eines Tages gemeinsam beschlossen, getrennte Wege zu gehen.

**LS**  Das führt uns direkt zur nächsten
Frage. Wenn wir die 1960er Jahre betrachten, sehen wir, dass Frankenthalers
Stil konzeptueller und reduzierter wird,
und vielleicht gibt es auch eine Verbindung
zu Motherwells Werk? Was meinen Sie?
Wie sehen Sie Frankenthalers künstlerische Entwicklung in dieser Zeit im
Kontext des Minimalismus?

**DD**  Frankenthaler verfolgte aufmerksam,
was um sie herum geschah. Sie wird
die *Black Paintings* von Frank Stella
gesehen haben. Sie muss auch die reduzierten *Chevrons* ihres Freundes Ken
Noland gesehen haben. Sie konnte sehen,
dass Mitte der 1960er Jahre das, was
man Minimalismus nannte, an Dynamik
gewann und dass reduzierte Bilder eine
brauchbare stilistische Option waren. Sie
hat sicher Barbara Roses bahnbrechen-
den Essay „ABC Art" (1965) gelesen und
den grundlegenden Wandel gespürt.

Als Frankenthaler beginnt, ihre Kompositionen zu vereinfachen, ist es eigentlich Mark Rothko, der ihr einen Weg auf-
zeigt. Schauen Sie sich Gemälde aus den
frühen 1960er Jahren an: *Cape Orange*,
*Buddha's Court*, *Cape (Provincetown)*
und *Tangerine* (alle 1964). Sie sehen ein
Quadrat innerhalb eines quadratischen

Formats, Variationen von Rothkos „multi-
formen" Kompositionen. Was mich interessiert, ist, dass Frankenthalers Hin-
wendung zum Minimalismus, die Art, wie
sie in einem Gemälde nach dem anderen mit Rechtecken und Quadraten spielt,
auf liebenswerte Weise mit einer Ikono-
grafie verschmilzt, die nicht nur Rothko
kanalisiert, sondern auch ihre prägen-
den Jahre als Bohemienne und ihre spä-
tere Ehe mit Motherwell widerspiegelt.

Frankenthaler geht von Markierungen
und Gesten zu wogenden Strömen in weiten Feldern über. Durch das Auftragen
von Acrylfarbe mit Schwämmen und das
Schütten von Farbe war es möglich, andere Bilder zu malen. So wie sie sich
selbst veränderte, veränderte sich auch
das, was sie malte, wie sie es malte
und was es bedeuten könnte. Als sie sich
dem Minimalismus zuwandte, fand sie
Wege, ihn sich zu eigen zu machen.

**LS**  Können Sie uns etwas über Franken-
thalers Teilnahme an der Expo 67 in
Montreal erzählen? Ich bin auf ein Video
der Expo gestoßen, in dem die von Alan
Solomon kuratierte Ausstellung *American
Painting Now* zu sehen ist, die im US-Pa-
villon, der Kuppel von Buckminster Fuller,
gezeigt wurde. Zu den Künstlern der
Ausstellung gehörten Robert Indiana,
Jasper Johns, Robert Motherwell, Andy
Warhol, Frank Stella, Barnett Newman,
James Rosenquist, Tom Wesselmann –
mindestens 20 Männer – und als einzige
Malerin, Helen Frankenthaler. Sie stell-
te ein sehr großes Gemälde mit dem Titel
*Guiding Red* (1967) aus, das 9,14 × 4,9
Meter misst. Welche Bedeutung hatte
die Teilnahme an der Expo 67 für sie und
wie gelangte das Werk 1977 ins World
Trade Center?

**DD**  Sie haben recht; auf der Expo war
sie die einzige Frau unter vielen männlichen Künstlern. Drei Jahre später, als
Henry Geldzahler die Ausstellung *New
York Painting and Sculpture: 1940–1970*
im Metropolitan Museum of Art kuratierte, eine weitere hochkarätige Über-
blicksschau amerikanischer Kunst,

1960s, something called Minimalism was gaining traction and that reductive images were a viable stylistic option. She would have read Barbara Rose's seminal essay, 'ABC Art' (1965), sensing the sea change.

When Frankenthaler begins to simplify her compositions, it's really Mark Rothko who offers her a way in. Look at paintings from the early '60s: *Cape Orange*, *Buddha's Court*, *Cape (Provincetown)* and *Tangerine* (all 1964). You see a square within a square format, variations on Rothko's 'multiform' compositions. What's of interest to me is that Frankenthaler's embrace of Minimalism, the ways in which she vamps on rectangles and squares in painting after painting, dovetails endearingly with an iconography that not only channels Rothko but reflects her formative bohemian years and subsequent marriage to Motherwell.

Frankenthaler moves from marks and gestures to billowing flows in expanded fields. Pouring and sponging acrylic paint enabled a different kind of image. As she kept changing, so did what she painted, how she painted it and what it might mean. Once she embraced Minimalism, she found ways to make it her own.

**LS**  Can you tell us more about Frankenthaler's participation in Expo 67 in Montreal? I came across a video of the Expo and saw the installation *American Painting Now*, curated by Alan Solomon, in the US pavilion, the dome of Buckminster Fuller. The artists in the exhibition included Robert Indiana, Jasper Johns, Robert Motherwell, Andy Warhol, Frank Stella, Barnett Newman, James Rosenquist, Tom Wesselmann — at least 20 men — and the only woman painter Helen Frankenthaler. There she exhibited a very large painting entitled *Guiding Red* (1967), measuring 9.14 × 4.9 metres. What significance did her participation in Expo 67 have for her, and how did the work end up in the World Trade Center in 1977?

**DD**  You're right; at Expo she was the only woman among many male artists. Three years later, when Henry Geldzahler curated *New York Painting and Sculpture: 1940–1970* at the Metropolitan Museum of Art, once again a high-profile survey of American art, Frankenthaler is the only woman among 43 artists. So what does that tell us? That she knew the right people? That she was determined to succeed? Expo gave her the opportunity to create a minimal painting on a maximal scale. The painting speaks for itself. She rose to the occasion impressively.

The circumstances around *Guiding Red*'s subsequent installation at the World Trade Center II **fig. 3** require further research. Her primary dealer at the time, André Emmerich, probably initiated this long-term loan.

**LS**  The US pavilion at Expo was a very busy show. Buckminster Fuller's 62-metre-high geodesic dome had seven levels of exhibits connected by moving staircases. The Expo 67 miniature train also ran through the building. In this environment it was necessary to work in large formats. What did the format size mean for Frankenthaler?

**DD**  Right from the start, with *Mountains and Sea* (1952) **fig. 4 p. 37**, Frankenthaler successfully tackled canvases of heroic proportions, as though it was a rite of passage, proof that she too could enter the same arena as her aspirational north stars — Pollock, Rothko, Newman, Smith, Motherwell — all men.

**LS**  Let's take a closer look at the shifts and changes in her artistic process. In reviewing Helen Frankenthaler's body of work, one can observe various changes in material and artistic discoveries. For instance, in 1962, she began to transition from oil paint thinned with turpentine to water-soluble acrylic paint. Her fascination with fluidity and the aquatic, which she experienced as a child while swimming, seems to be

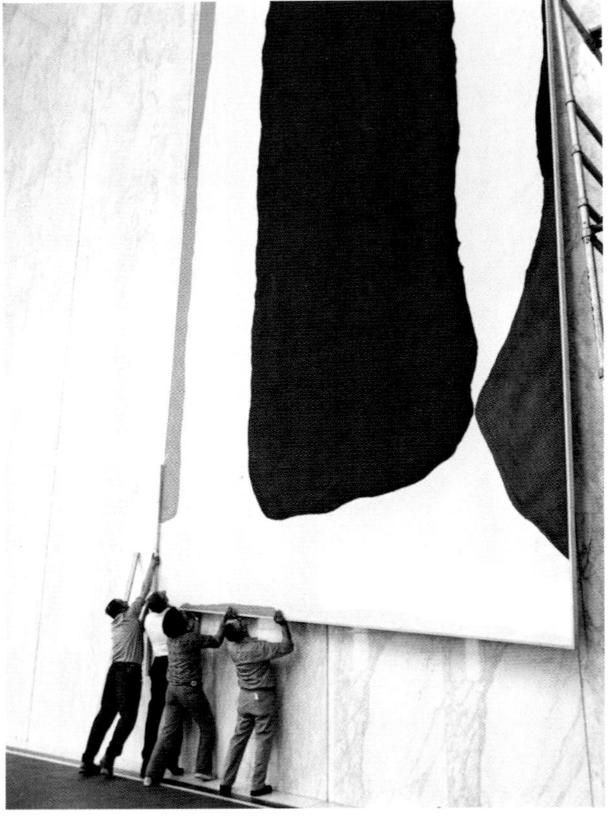

**Abb./Fig. 3**
Ein Team installiert
Frankenthalers *Guiding
Red* (1967) im World
Trade Center II in New
York, 1977

A crew installing Helen
Frankenthaler's paint-
ing *Guiding Red* (1967)
at World Trade Center II,
New York, 1977

war Frankenthaler die einzige Frau unter
43 Künstlern. Was sagt uns das? Dass
sie die richtigen Leute kannte? Dass sie
entschlossen war, erfolgreich zu sein?
Die Expo gab ihr die Gelegenheit, ein
minimalistisches Gemälde in maximalem
Maßstab zu schaffen. Das Bild spricht
für sich. Sie hat die Herausforderung mit
Bravour gemeistert.

Die Umstände der anschließenden Installation von *Guiding Red* im World Trade
Center II **Abb. 3** bedürfen weiterer Recher-
chen. Wahrscheinlich war ihr damaliger
Hauptgalerist André Emmerich der Initia-
tor dieser Dauerleihgabe.

**LS**   Die Ausstellung im US-Pavillon der
Expo war sehr unruhig. Die 62 Meter hohe
geodätische Kuppel von Buckminster
Fuller hatte sieben Ausstellungsebenen,
die durch Rolltreppen miteinander verbunden waren. Auch der Minirail-Zug der
Expo fuhr durch das Gebäude. In diesem Umfeld war es notwendig, in großen
Formaten zu arbeiten. Was bedeutete
das Überformat für Frankenthaler?

**DD**   Von Anfang an, mit *Mountains and
Sea* (1952) **Abb. 4 S. 37**, gelang es

Frankenthaler, sich mit Leinwänden
von heroischen Ausmaßen auseinander-
zusetzen, als wäre es ein Übergangsritus,
ein Beweis dafür, dass sie in der Lage
war, die gleiche Arena zu betreten wie
ihre ehrgeizigen Vorbilder – Pollock,
Rothko, Newman, Smith, Motherwell –
allesamt Männer.

**LS**   Schauen wir uns die Verschiebungen
und Veränderungen in ihrem künstlerischen Prozess genauer an. Betrachtet
man das Gesamtwerk von Helen Frankenthaler, so lassen sich verschiedene
Materialwechsel und künstlerische Entdeckungen feststellen. So begann sie
1962, statt mit Terpentin verdünnte Ölfarben wasserlösliche Acrylfarben zu
verwenden. Ihre Faszination für das Fließende und das Aquatische, das sie als
Kind beim Schwimmen erlebte, scheint
sich in ihrer Technik niedergeschlagen
zu haben. War es für sie selbstverständ-
lich, die Farben immer weiter zu ver-
dünnen? Welche Entwicklungen und
Materialwechsel finden Sie besonders
faszinierend, und wie haben sie ihre
Arbeitsweise beeinflusst?

**DD**   Frankenthalers Mantra – „Keine
Regeln" – war ein Credo, das sie mit
David Smith teilte: den kreativen Prozess
im Fluss zu halten. In den späten 1950er
Jahren begann sich die mit Terpentin
verdünnte Ölfarbe als einschränkend zu
erweisen. Das Medium trocknete lang-
sam. Auf ungrundierter Leinwand verwendet, bildete Terpentin mit der Zeit eine
Art bernsteinfarbene Aura um die gemalten Formen. Acryl gab ihr die Freiheit, mit
verschiedenen Werkzeugen zu experimentieren. Zu den Pinseln gesellten sich
Rakel, Scheibenwischer und Schwämme
als erweitertes Arsenal.

Beispielsweise ist *Cave Memory* (1959)
**Abb. S. 29** aus der Sammlung Reinhard
Ernst beidseitig bemalt. Jedes Bild hatte
von der Vorderseite bis zur Rückseite
eine eigene Persönlichkeit. In den frühen
1960er Jahren gab es einen Moment, in
dem die Rückseite einiger Bilder ein Phan-
tombild enthüllte, das sie ansprach.

reflected in her technique. Was it only natural for her to thin her paints more and more? Which developments and material shifts do you find particularly fascinating, and how did they influence her working methods?

**DD** Frankenthaler's mantra – 'no rules' – was a credo she shared with David Smith: to keep the creative process in flux. By the late '50s, oil thinned with turpentine began to feel constraining. The medium didn't dry quickly. When used on unprimed canvas, turp bled an amber halo around painted forms over time. Acrylic freed her to flood and pour and to experiment with different tools. Brushes joined squeegees, windshield wipers and sponges as an expanded arsenal.

For example, *Cave Memory* (1959) **fig. p. 29** from the Reinhard Ernst Collection is painted on both sides. Every painting had a distinct personality from front to back. There was a moment during the early '60s when the reverse side of certain paintings exposed a ghost image that appealed to her. In such instances, she had no qualms about making the back the front, particularly if the front was problematic. Why destroy a canvas if the image on the other side might provide a fresh start?

**LS** Let's talk about one of our newest acquisitions: *Tire* from 1961 **fig. p. 26**. Here, only half of the painting is primed multiple times; Frankenthaler left one half primed once and drew a vertical line in the centre to separate the two areas. Was the priming of the canvas dependent on the type of fabric? Was there a switch around 1961 from jute to dense white cotton canvases?

**DD** During the '50s, she toggles back and forth between staining unprimed cotton duck and painting on primed canvas. (John Elderfield details this development in his revised and expanded Frankenthaler monograph.) A primed canvas doesn't permit the same degree of infiltration, diffusion or bleed. There were times when she wanted that kind of surface resistance and other times when she did not.

**LS** In *The Bay* **fig. p. 24** from 1957, there is silver glitter on blue and red paint, like dusted on. The work *Pyramid* (1988) **fig. p. 71** in our collection contains silver paint – when did shimmering metallic pigments first appear in her work, and was that typical of the time?

**DD** Chemical analysis might prove helpful. During the 1980s Frankenthaler does indeed use iridescent metallic pigment. That much we know. It's conceivable that metallic pigments might have been used earlier.

**LS** Frankenthaler was sharing a studio with Friedel Dzubas in 1952–3 when she painted *Mountains and Sea*. Was this a unique collaboration, and what role did Dzubas play in her artistic circle?

**DD** Dzubas happened to be sharing the same studio at this propitious moment. He was the first person she called into her space to see what she had done, before Greenberg, Noland, Morris Louis or anyone else for that matter saw the work. That she shared a studio with Dzubas in 1952 was less about collaboration and more about convenience. They were friends. Both of them were represented by the Tibor de Nagy Gallery. They came up in the art world together.

**LS** In our exhibition, we want to let Frankenthaler speak in her own words. Did she enjoy talking about her art? Was it easy for her to communicate about her paintings, particularly when working with students? Was she a role model for her students?

**DD** Frankenthaler was poised, articulate, eloquent. She often spoke to groups, big and small, about what she did and, depending on her audience,

In solchen Fällen zögerte sie nicht, die Rückseite zur Vorderseite zu machen, vor allem, wenn die Vorderseite problematisch war. Warum eine Leinwand zerstören, wenn das Bild auf der anderen Seite einen Neuanfang ermöglichen könnte?

**LS**  Kommen wir nun zu einer unserer jüngsten Erwerbungen: *Tire* von 1961 **Abb. S. 26**. Hier ist eine Bildhälfte mehrfach grundiert. Die andere Hälfte hat Frankenthaler nur einmal grundiert und in der Mitte eine senkrechte Linie gezogen, um die beiden Bereiche voneinander abzugrenzen. Hing die Grundierung der Leinwand vom Material ab? Gab es um 1961 einen Wechsel von Jute zu dicker, weißer Baumwollleinwand?

**DD**  In den 1950er Jahren wechselte sie zwischen dem Färben von ungrundierter Baumwolle und dem Malen auf grundierter Leinwand hin und her. (John Elderfield beschreibt diese Entwicklung ausführlich in seiner überarbeiteten und erweiterten Frankenthaler-Monographie). Eine grundierte Leinwand erlaubt nicht das gleiche Maß an Infiltration, Diffusion oder Ausbluten. Es gab Zeiten, in denen diese Art von Oberflächenwiderstand erwünscht war, und Zeiten, in denen er nicht erwünscht war.

**LS**  In *The Bay* von 1957 **Abb. S. 24** findet man silbernen Glitter auf blauer und roter Farbe — wie bestäubt. Das Werk *Pyramid* von 1988 **Abb. S. 71** in unserer Sammlung enthält silberne Farbe — wann tauchten zum ersten Mal schimmernde Metallpigmente in ihren Werken auf und war das typisch für die Zeit?

**DD**  Eine chemische Analyse könnte hier weiterhelfen. In den 1980er Jahren verwendete Frankenthaler tatsächlich irisierende Metallpigmente. So viel wissen wir. Möglicherweise wurden Metallpigmente schon früher verwendet.

**LS**  Frankenthaler teilte sich 1952–53 ein Atelier mit Friedel Dzubas, als sie *Mountains and Sea* malte. War dies eine einmalige Zusammenarbeit und welche Rolle spielte Dzubas in ihrem künstlerischen Umfeld?

**DD**  Der Zufall wollte es, dass Dzubas zu diesem verheißungsvollen Zeitpunkt dasselbe Atelier teilte. Er war die erste Person, die sie in ihren Raum rief, um zu zeigen, was sie gemacht hatte, bevor Greenberg, Noland, Morris Louis oder sonst jemand es sehen konnte. Dass sie sich 1952 ein Atelier mit Dzubas teilte, hatte weniger mit Zusammenarbeit zu tun als mit Zweckmäßigkeit. Sie waren befreundet. Beide wurden von der Tibor de Nagy Gallery vertreten. Gemeinsam wurden sie in der Kunstwelt bekannt.

**LS**  In unserer Ausstellung möchten wir Frankenthaler selbst zu Wort kommen lassen. Hat sie gerne über ihre Kunst gesprochen? Fiel es ihr leicht, über ihre Bilder zu sprechen, insbesondere wenn sie mit Studierenden arbeitete? War sie für sie ein Vorbild?

**DD**  Frankenthaler war selbstbewusst, redegewandt und eloquent. Sie sprach oft vor großen und kleinen Gruppen über ihre Arbeit und, je nach Publikum, über den aktuellen Stand der Kunst. Als ich die Ausstellung von Frankenthalers Arbeiten aus den 1960er und 1970er Jahren organisierte, griff ich auf die Kurse zurück, die sie am Bard College, an der Yale University, an der Harvard University, am Radcliffe College und an der Skidmore School gegeben hatte. Diese Lehrveranstaltungen waren auf Kassetten und Tonbändern aufgezeichnet worden, die wir digitalisierten und transkribierten.

In einem intimen Seminarrahmen konnte sie es sich leisten, offen zu sein **Abb. 4**. Sie konnte Dinge sagen, die sie in einem institutionelleren Rahmen vielleicht nicht gesagt hätte. Man erfährt eine Menge über ihre Gedanken in den 1970er Jahren, als sie viel unterrichtete. Was mir immer noch in Erinnerung bleibt, ist die Art und Weise, wie sie sich eindeutig für die Malerei einsetzte, zu einer Zeit, als viele Kurator:innen und Kritiker:innen deren Relevanz in Frage stellten.

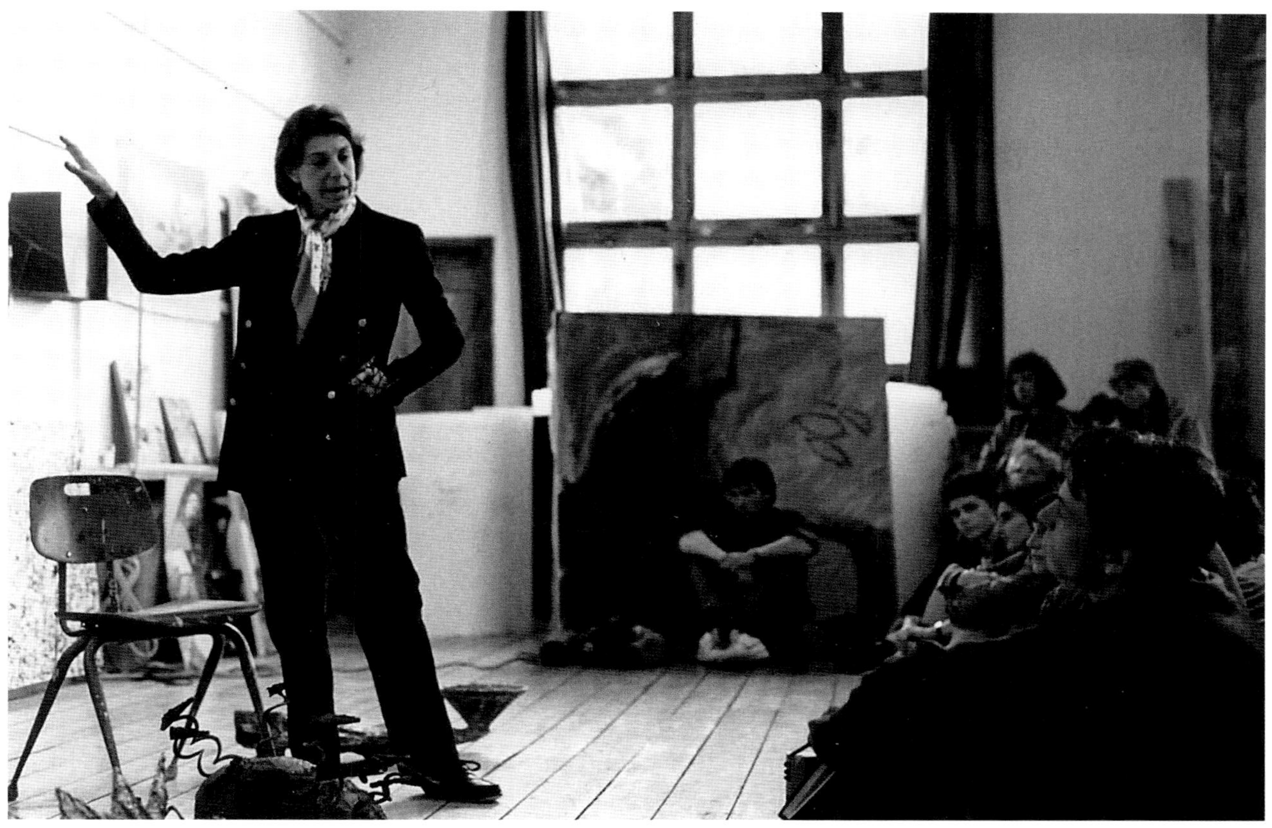



about the current state of art. When I organised the exhibition of Frankenthaler's 1960s and 1970s work, I went back to the classes she had taught at Bard College, Yale University, Harvard University and Radcliffe College and Skidmore College. These sessions had been recorded on tape cassettes and reel-to-reel tapes, which we digitised and transcribed.

In an intimate seminar setting, she could afford to be candid fig. 4. She could say things she might not say in a more institutional setting. You learn a lot about what she's thinking during the 1970s, when she did a lot of teaching. What still stands out in my mind is the way she unequivocally advocates for painting at a time when many curators and critics debunked its relevance.

**LS**  My impression is that she has a deep passion for discussing painting in general, the artistic process and the significance of being an artist in today's world. Additionally, she thoughtfully reflects on what it means to be a female artist in these times.

I found it fascinating to observe which aspects she chooses to address with students, as they too must grapple with these questions. Her approach offers a kind of thoughtful pre-selection, guiding them through these considerations.

**DD**  Think about it: she was the only woman represented at Expo and the only woman included in Geldzahler's seminal roundup of New York painters and sculptors. Still, she didn't want to position herself as 'that woman painter', but as 'a painter'. Her generation came of age during the 1950s, in a conservative society still dominated by men. It wasn't until the early 1970s that declaring your gender became a powerful act of self-determination. (What was true then is still true today.) With Frankenthaler it's complicated. Of course she was a woman, but she was an artist first and foremost. That didn't rule out making abstract paintings that were sensual, sexy and at times provocative, because she was all of those things, too. Ambiguous subject matter keeps all perceptual doors open. An abstract painting, like any notable poem, is polysemous, rife with innuendo.

**LS**  Ich habe den Eindruck, dass sie mit großer Leidenschaft über die Malerei im Allgemeinen sprach, über den künstlerischen Prozess und die Bedeutung des Künstlertums in der heutigen Welt. Sie dachte auch darüber nach, was es damals bedeutete, Künstlerin zu sein. Ich fand es faszinierend zu beobachten, welche Aspekte sie mit den Studierenden diskutierte, denn auch sie mussten sich mit diesen Fragen auseinandersetzen.

**DD**  Man bedenke: Sie war die einzige Frau, die auf der Expo vertreten war, und die einzige Frau in Geldzahlers bahnbrechendem Überblick über New Yorker Maler und Bildhauer. Dennoch wollte sie sich nicht als „diese Malerin" positionieren, sondern als „eine Malerin". Ihre Generation wuchs in den 1950er Jahren in einer konservativen, von Männern dominierten Gesellschaft auf. Erst in den frühen 1970er Jahren wurde das Bekenntnis zum eigenen Geschlecht zu einem machtvollen Akt der Selbstbestimmung. (Was damals galt, gilt auch heute noch.) Bei Frankenthaler ist es komplizierter. Natürlich war sie eine Frau, aber in erster Linie war sie Künstlerin. Das schloss nicht aus, abstrakte Bilder zu schaffen, die sinnlich, sexy und manchmal provokativ waren, denn all das war sie auch. Mehrdeutige Themen lassen alle Möglichkeiten der Wahrnehmung offen. Ein abstraktes Bild ist, wie jedes bemerkenswerte Gedicht, mehrdeutig und voller Anspielungen.

**LS**  Und das ist natürlich Teil ihrer künstlerischen Freiheit. Wie sehen sie ihre Rolle als Vorbild für jüngere Künstler:innen?

**DD**  Ein Vorbild zu sein, war nicht unbedingt etwas, das sie anstrebte oder werden wollte, obwohl sie durch ihre Lehrtätigkeit sicherlich mit jüngeren Künstler:innen in Kontakt kam. Frankenthalers Zeit ist jetzt, da ihr Ruf wieder auflebt, da jüngere Maler:innen ihr Werk entdecken und sich davon inspirieren lassen. Es gab eine Zeit, in den 1980er und 1990er Jahren, als Frankenthalers politische Orientierung und ihre beruflichen Verbindungen die öffentliche Rezeption ihrer Werke überschatteten. Heute leben wir in einer anderen Zeit. Ihre Bilder können wieder mit neuen Augen betrachtet und nach ihren eigenen Qualitäten beurteilt werden.

**LS**  Zum Abschluss unseres Gesprächs: Wie würden Sie die Sammlung Reinhard Ernst in Bezug auf die Werke von Helen Frankenthaler charakterisieren? Was ist das Besondere an unserer Sammlung?

**DD**  Jeder Mensch, der über die notwendigen Mittel verfügt, um einen Künstler oder eine Künstlerin eingehend zu sammeln, verdient Lob. Reinhard Ernst hat das Museum, das seinen Namen trägt, mit einem Kernbestand an Werken Frankenthalers ausgestattet. Jetzt kann jeder, der in Deutschland oder Europa lebt und sich für Frankenthaler interessiert, das Museum besuchen und sich ein sehr klares Bild davon machen, wer sie war und was sie gemacht hat. Dass sich die Sammlung in Wiesbaden befindet, macht die Stadt zu einem attraktiven Reiseziel.

Douglas Dreishpoon ist Direktor des Helen Frankenthaler Catalogue raisonné, emeritierter Chefkurator des Buffalo AKG Art Museum, New York, und Redakteur der *Brooklyn Rail*.

**LS**  And of course that's a part of her artistic freedom. And what about her as a role model for younger artists?

**DD**  Being a role model wasn't something she necessarily aspired to or set out to become, though she certainly connected with younger artists through teaching. Frankenthaler's time is now, as her reputation undergoes a resurgence, as younger painters discover the work and are inspired by it. There was a time, during the 1980s and 1990s, when Frankenthaler's political orientation and professional associations shadowed the work's public reception. We're in a different time now. Her paintings can be seen again with fresh eyes and judged on their own merits.

**LS**  As our conversation draws to a close, how would you characterise the Reinhard Ernst collection in relation to Helen Frankenthaler's works? What makes our collection particularly outstanding?

**DD**  Any individual who has the wherewithal to collect an artist in depth is worthy of praise. Reinhard Ernst has endowed the museum that bears his name with a core collection of Frankenthaler's work. Now, anyone living in Germany or Europe who is interested in Frankenthaler can visit the museum and come away with a very clear sense of who she was and what she did. That the collection is located in Wiesbaden makes the city a compelling destination.

Douglas Dreishpoon is director of the Helen Frankenthaler Catalogue Raisonné, chief curator emeritus at the Buffalo AKG Art Museum, New York, and a contributing editor at the *Brooklyn Rail*.

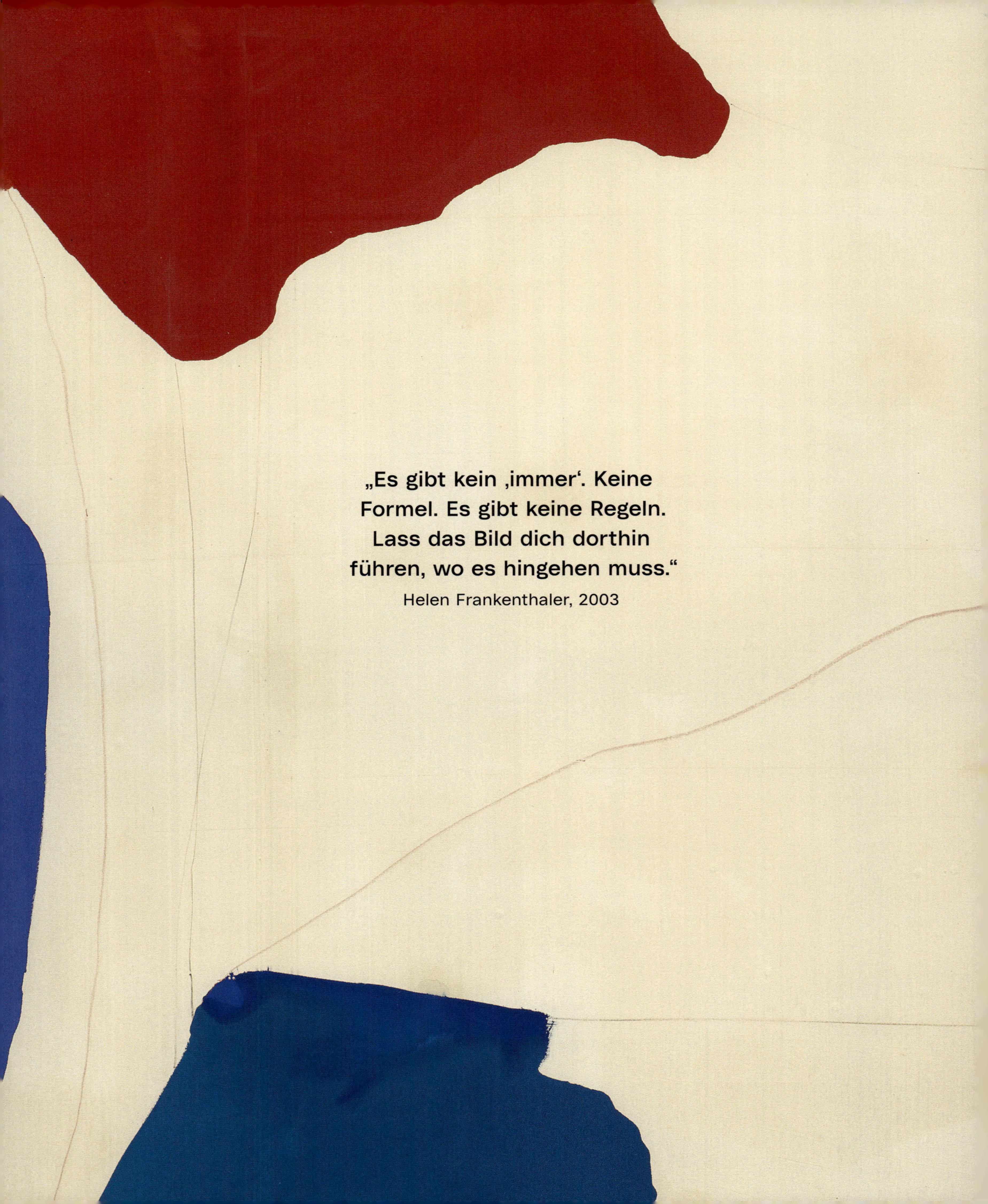

„Es gibt kein ‚immer‘. Keine
Formel. Es gibt keine Regeln.
Lass das Bild dich dorthin
führen, wo es hingehen muss.“
Helen Frankenthaler, 2003

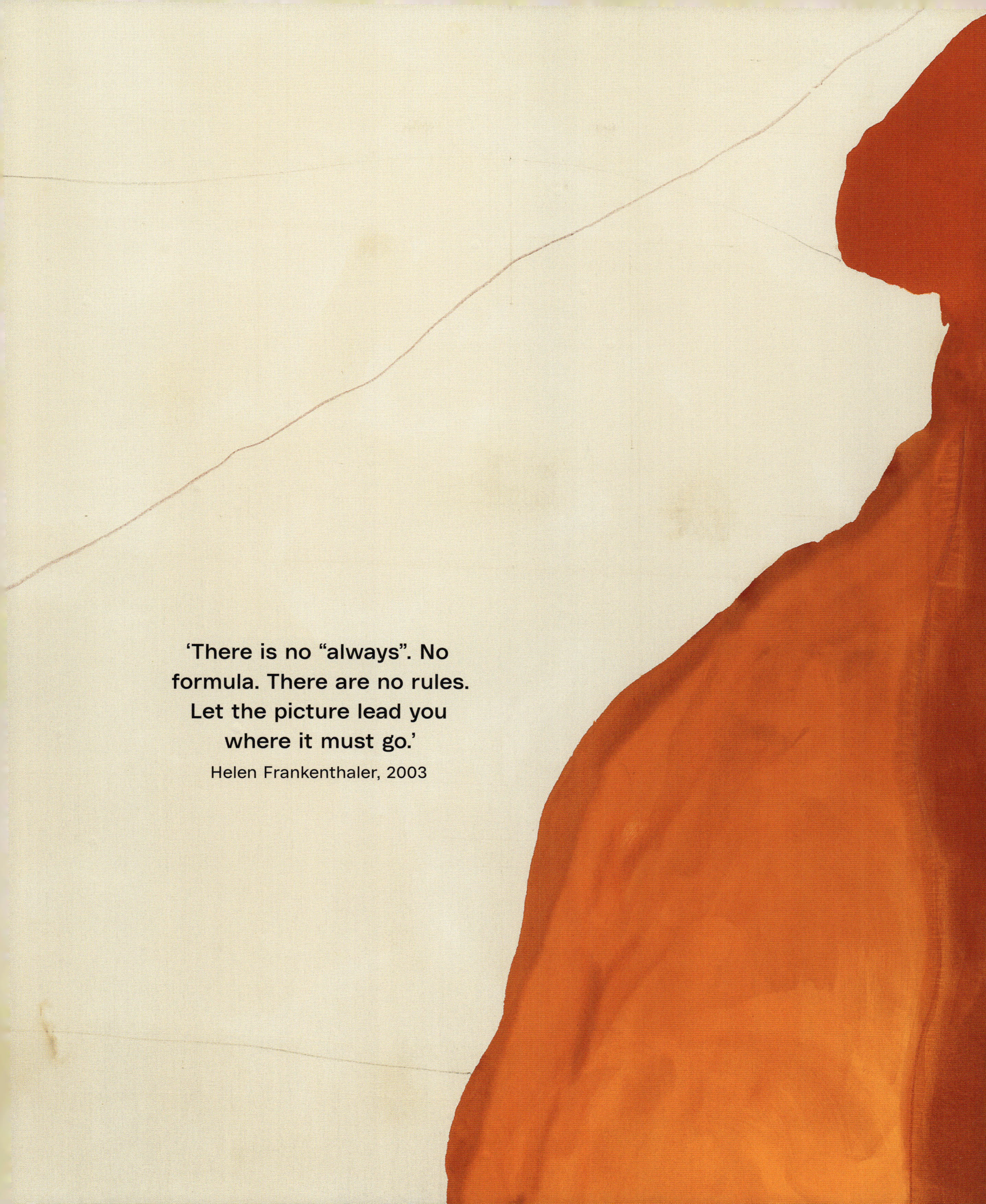

'There is no "always". No
formula. There are no rules.
Let the picture lead you
where it must go.'
Helen Frankenthaler, 2003

Die 1970er Jahren begannen für Helen Frankenthaler mit zwei Umbrüchen: Zunächst stand ein weiterer Umzug ihres Ateliers bevor. Sie zog in ein Kutschenhaus in der East 83rd Street, nur anderthalb Blocks westlich ihres vorherigen Ateliers. Im Juli 1971 wurde ihre Ehe mit Robert Motherwell, den sie 1958 geheiratet hatte, geschieden. In dieser Phase des Neuanfangs entstand *Spanning* (1971). Mit dem Werk eroberte sich Frankenthaler im Privaten wie im künstlerischen Sinn einen neuen Raum. Wie schon in *One O'Clock* (1966) Abb. S.103 dominiert hier eine neu errungene Leichtigkeit, Offenheit und Großzügigkeit.

Radikal neu ist der Mut zur Leere auf der Leinwand. Das Zentrum ist vollkommen unbemalt. Frankenthaler hat die Farbflächen an die Peripherie des großen Bildes gedrängt. Mit den warmen und kalten Farben an den Rändern schuf sie eine harmonische Balance zwischen Volumen und Leere. Die geschütteten Farbkontinente werden durch präzise diagonale Farbstiftstriche verbunden, die die Leere im Zentrum zu vermessen scheinen – als sei sie ein Kraftfeld, an dessen Rändern sie die Farbflächen miteinander verspannen musste, um zu verhindern, dass sie aus dem Bild verdrängt werden.

The 1970s began with two major upheavals for Helen Frankenthaler. First, she faced another studio relocation, moving to a carriage house on East 83rd Street just a block and a half west of her previous studio. Then, in July 1971, her marriage to Robert Motherwell, whom she had wed in 1958, ended in divorce. In this period of new beginnings, *Spanning* (1971) was created. With this work, Frankenthaler claimed a new space for herself, both personally and artistically. Here, as earlier in *One O'Clock* (1966) fig. p. 103, a newfound sense of lightness, openness and expansiveness is evident.

The courage to leave the canvas blank is a radical innovation here. The centre is completely unpainted. Frankenthaler has pushed the coloured areas to the periphery of the large picture. Through the warm and cool tones along the edges, she achieved a harmonious balance between volume and void. The poured 'continents' of colour are connected by precise diagonal strokes in pencil, seemingly measuring the empty space at the centre – as if she attributed so much force to the emptiness that she had to tie the areas of colour together to prevent them from being pushed out of the picture.

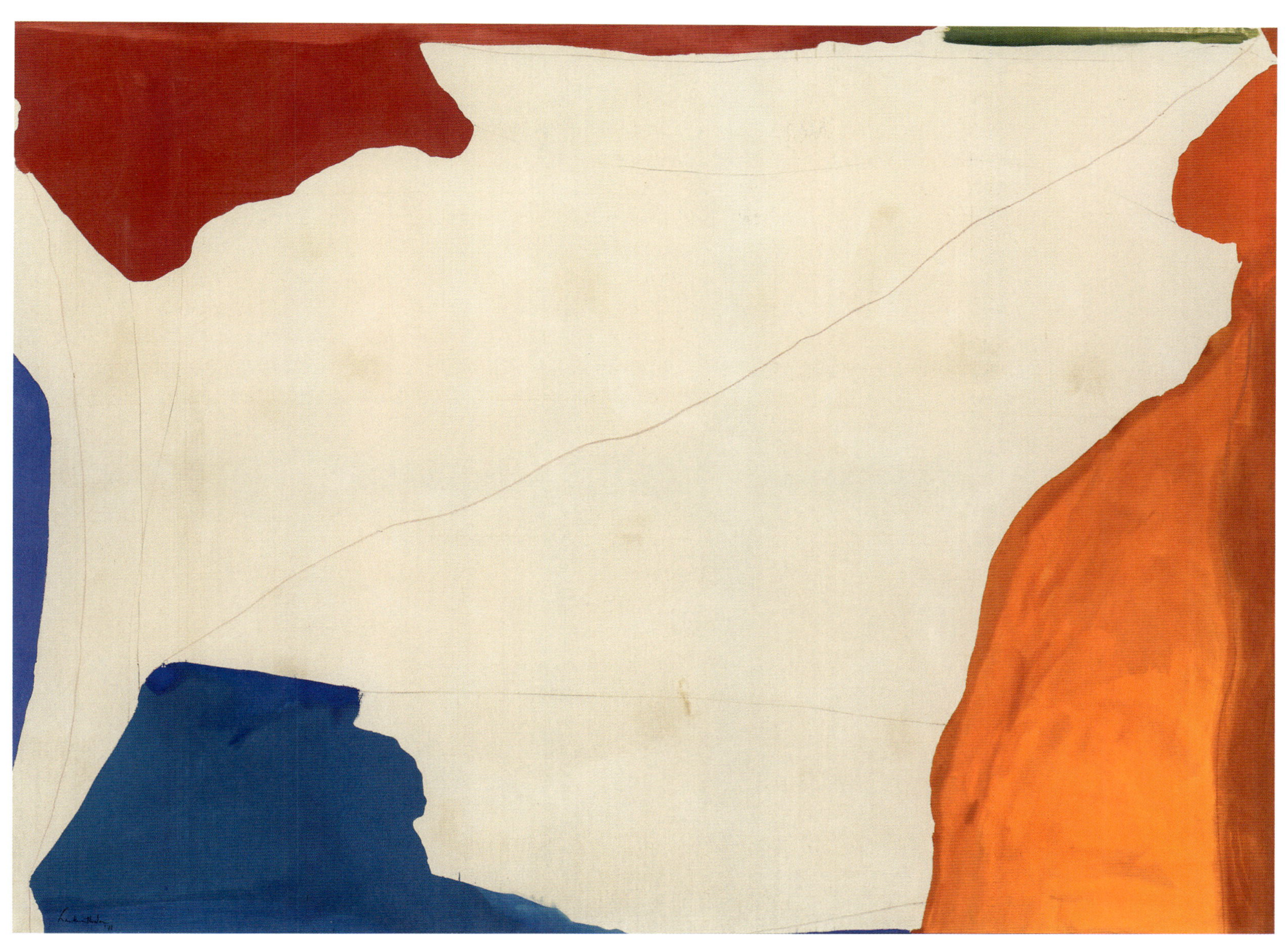

*Spanning,* 1971

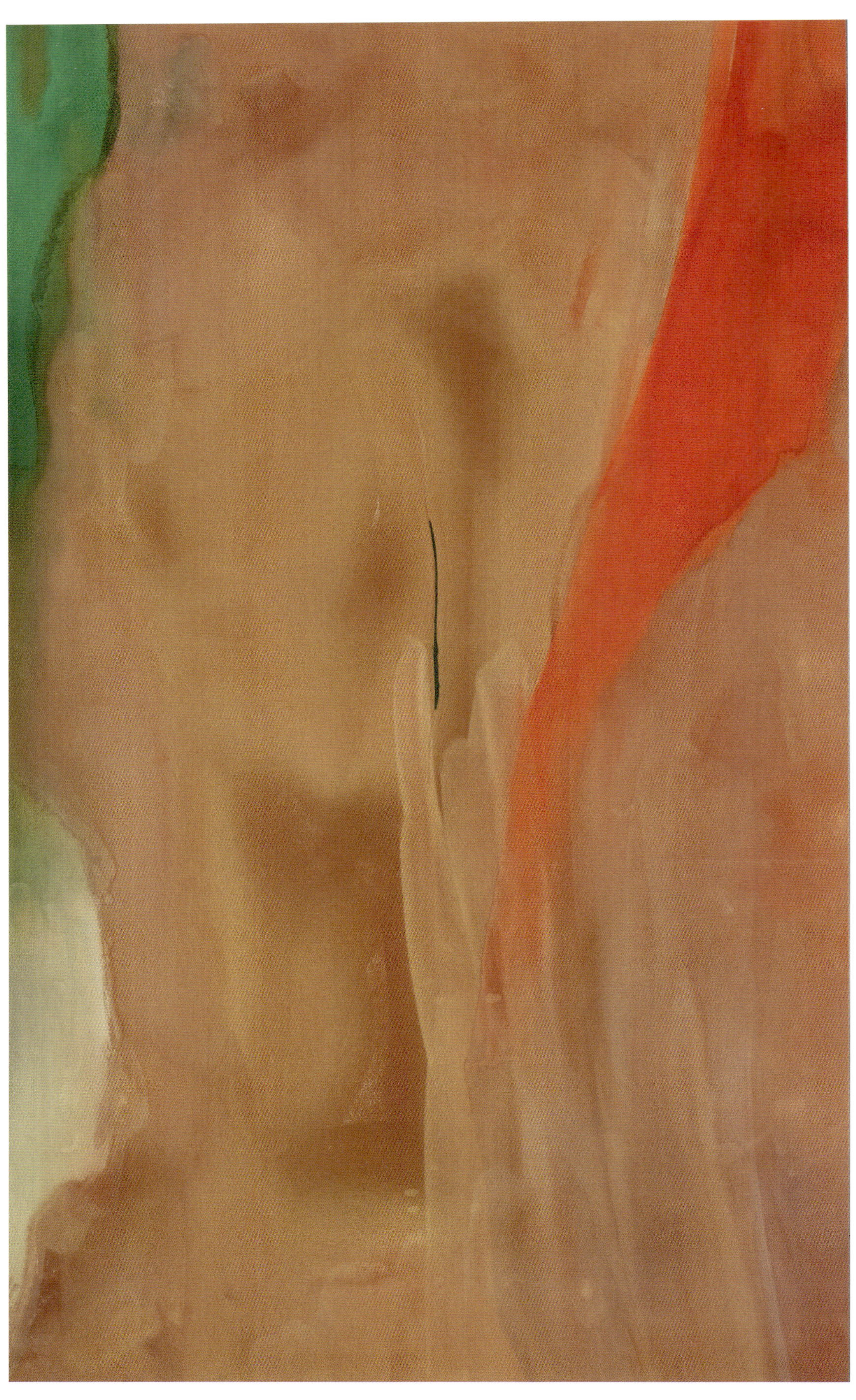

*The Road to Messina,* 1971

Mit ihrer Retrospektive im Whitney Museum of American Art galt Helen Frankenthaler bereits zwei Jahre vor der Entstehung von *The Road to Messina* als eine der bedeutendsten amerikanischen Künstlerinnen ihrer Zeit. Eugene C. Goossen organisierte 1969 die Ausstellung, die 46 Werke aus den Jahren 1951 bis 1968 zeigte. 42 Werke aus dem Zeitraum von 1952 bis 1958 reisten ebenfalls nach London, Hannover und Berlin und wurden von der Kritik sehr positiv aufgenommen. Eine solche große Überblicksausstellung hat Auswirkungen auf das künstlerische Schaffen. Frankenthaler scheint auf ihre bisherige Entwicklung zurückgeblickt und überlegt zu haben, wie sie von dort aus weiterarbeiten könnte. Denn während die Künstlerin zuvor häufig die Farbe frei fließen ließ, bestimmt sie nun die Komposition durch die Schichtung einzelner Farbtöne. In *The Road to Messina* legt sie dazu Ebenen aus reiner, dichter Farbe übereinander, die eine majestätische Wirkung entfalten, und kontrastiert sie mit einer bewussten Liniensetzung im Bildzentrum. Die erdige, kräftige Farbpalette spiegelt Frankenthalers Reisen durch Frankreich und Marokko im Frühling 1970 wider.

With her retrospective at the Whitney Museum of American Art, Helen Frankenthaler was already regarded as one of the most important American artists of her time two years before creating *The Road to Messina*. Eugene C. Goossen organised the 1969 exhibition, which presented 46 works created from 1951 to 1968. Forty-two works from 1952 to 1968 also travelled to London, Hanover and Berlin, receiving high praise from critics. A major survey exhibition of this kind often impacts an artist's creative process, and it seems that Frankenthaler reflected on her past development, considering how to progress from there. While previously she had often allowed colour to flow freely, she now shaped the composition through the layering of individual tones.
In *The Road to Messina*, she superimposes pure, dense colours, creating a majestic effect and contrasting them with intentional lines at the centre of the painting. The earthy, intense palette reflects Frankenthaler's travels through France and Morocco in the spring of 1970.

Seit 1963 war die Linie als Zeichnung aus Helen Frankenthalers Gemälden verschwunden, blieb jedoch weiterhin ein zentraler Bestandteil ihrer künstlerischen Praxis. 1965 erklärte sie vor einer Gruppe von Studierenden: „I do very much believe in drawing, especially when it doesn't show as drawing."[1] In den frühen 1970er Jahren änderte sich ihre Auseinandersetzung mit der Linie grundlegend: Diese trat nun wieder als eigenständiges Ausdrucksmittel neben die Malerei. In Werken wie *The Road to Messina* (1971) Abb. S. 94, *London Memos* (1971–75) und *Yearning* (1973) wird die gezeichnete Linie bewusst den Farbflächen gegenübergestellt. Die Zeichnung dient nicht mehr zur Umrandung der Farbflächen, sondern eröffnet neue Möglichkeiten, die Farbe einzufangen und zu beleben.

Für die Serie *London Memos* entstanden mehrere Arbeiten, in denen Frankenthaler ihre Experimente auf Papier weiterführte. Zu diesem Prozess im Allgemeinen bemerkte sie: „Auf Papier zu arbeiten kann für mich phasenweise sogar das Arbeiten auf Leinwand ersetzen. Das war früher nie der Fall. Immer mehr wird Papier zur *Malerei*."[2] *London Memos* zeigt eine meisterhafte Balance zwischen gesättigten Farbflächen und gezogenen Linien, die wie schwebend auf dem Papier erscheinen. Sie erzeugen den Eindruck von Lichtspiegelungen oder tiefen Schluchten, die durch eine weite Landschaft verlaufen.

After 1963, line drawing had disappeared from Helen Frankenthaler's paintings, though it remained a central part of her artistic practice. In 1965, she explained to a group of students: 'I do very much believe in drawing, especially when it doesn't show as drawing.'[1] In the early 1970s, her approach to line fundamentally changed, re-emerging as an independent means of expression alongside painting. In works like *The Road to Messina* (1971) fig. p. 94, *London Memos* (1971–75) and *Yearning* (1973), the drawn line is consciously set in contrast to the colour fields. Drawing no longer serves to outline the painted areas, but instead opens up new possibilities for capturing and energising the colour. For the *London Memos* series, Frankenthaler produced several works in which she continued her experiments on paper. Reflecting on this process in general, she noted: 'Working on paper can even replace working on canvas for me, for periods of time. That was never true before. More and more, paper is *painting*.'[2] *London Memos* demonstrates a masterful balance between saturated colour fields and drawn lines that seem to float on the paper. These lines evoke the impression of light reflections or deep ravines running through a vast landscape.

---

**1** Helen Frankenthaler, Hunter College, New York City, 28.4.1965, zit. n. Douglas Dreisphoon: „It's a matter of how you resolve your doubts", in: *Giving Up One's Mark: Helen Frankenthaler in the 1960s and 1970s*, Ausst.-Kat. Buffalo Albright-Knox Art Gallery, New York 2014, S. 3–25, hier S. 6.

**2** John Elderfield: *Frankenthaler*, New York 1989, S. 284.

---

**1** Helen Frankenthaler, Hunter College, New York City, 28 April 1965, quoted in Douglas Dreishpoon, 'It's a matter of how you resolve your doubts', in *Giving Up One's Mark: Helen Frankenthaler in the 1960s and 1970s*, exh. cat. Albright-Knox Art Gallery Buffalo, New York 2014, pp. 3–25, here p. 6.

**2** John Elderfield, *Frankenthaler*, New York 1989, p. 284.

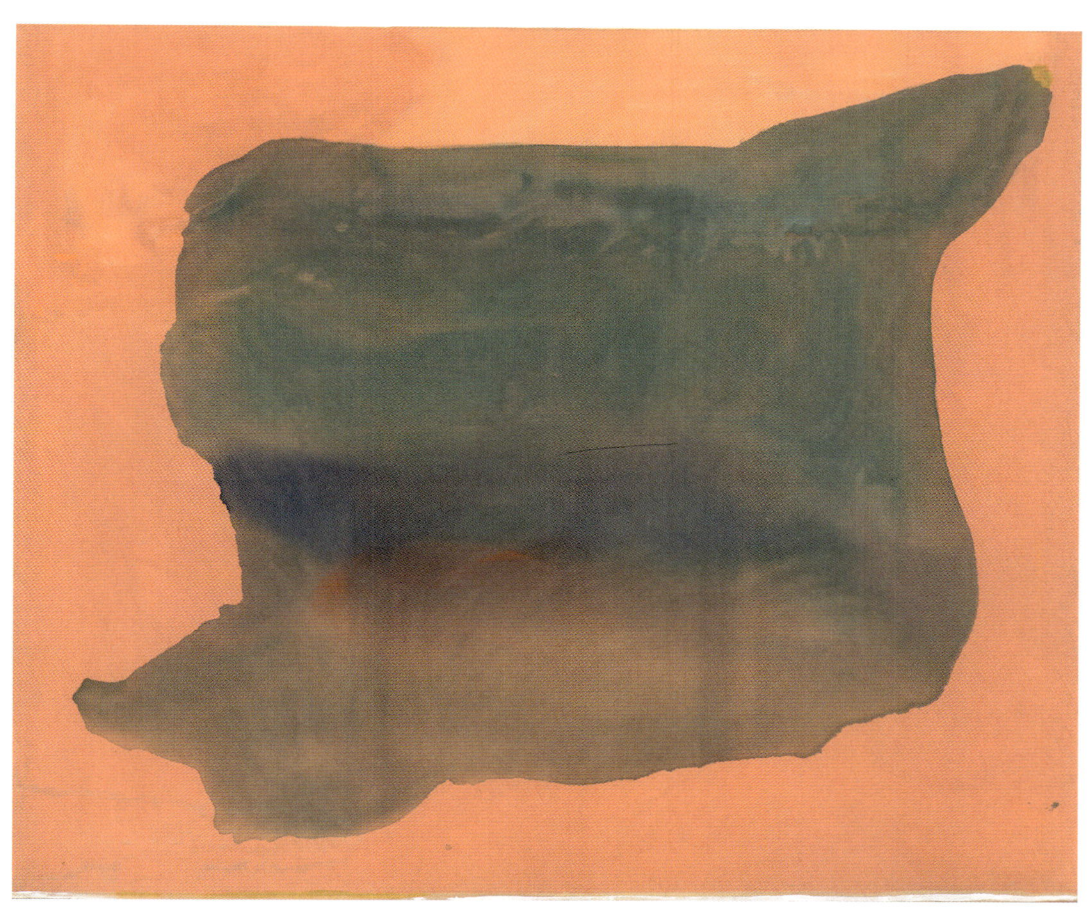

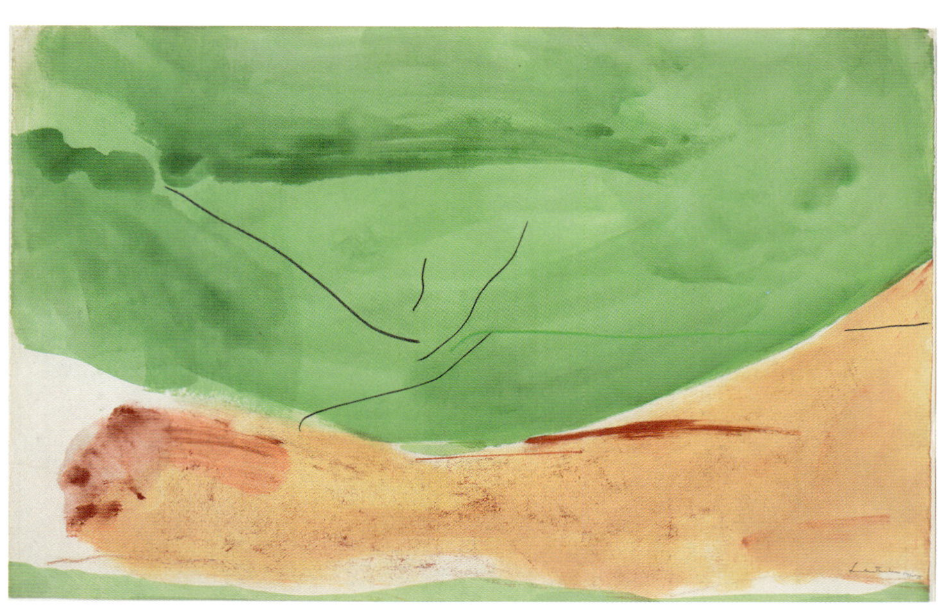

*Yearning,* 1973

*London Memos,* 1971–75

**97**

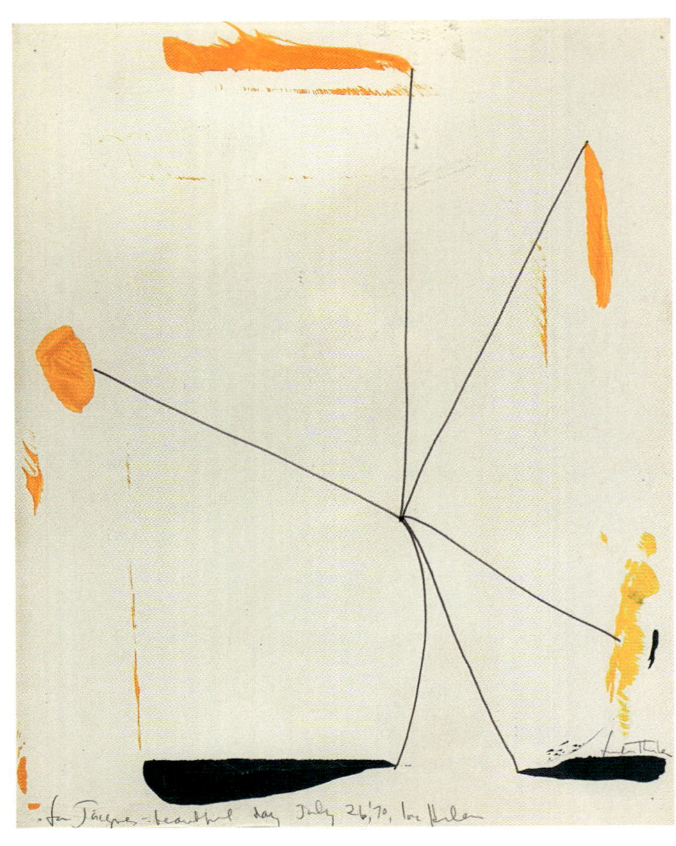

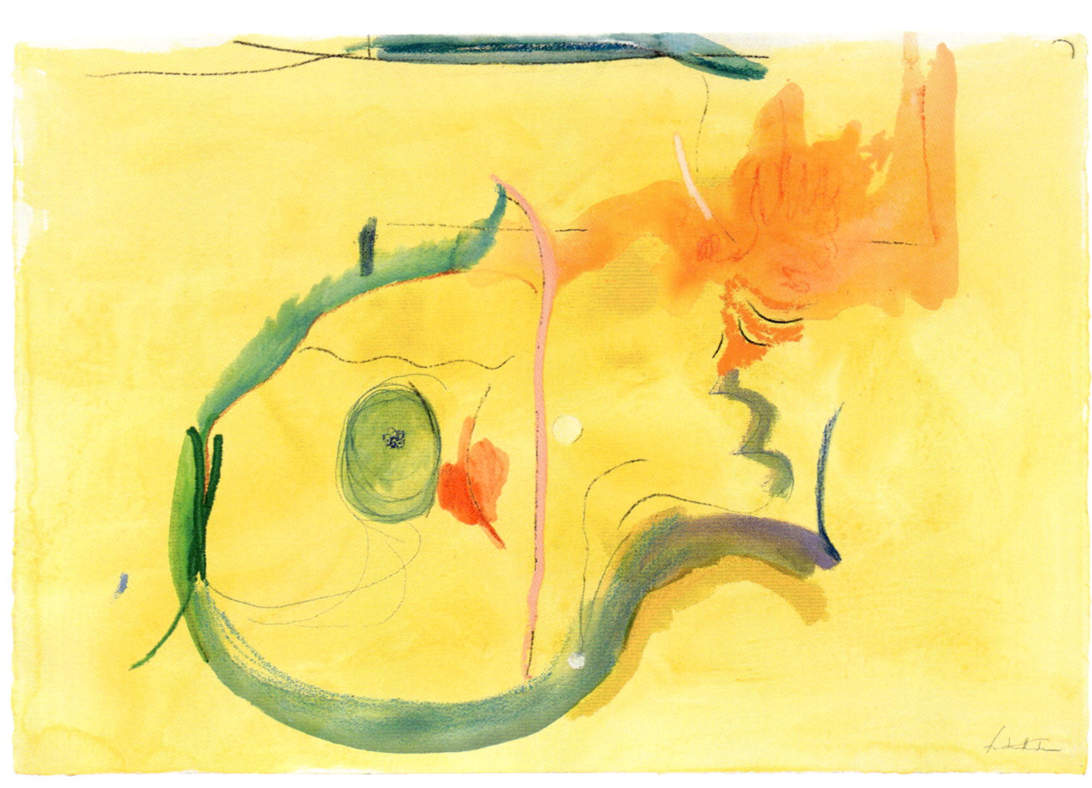

*Untitled,* 1970          *Untitled,* 1994

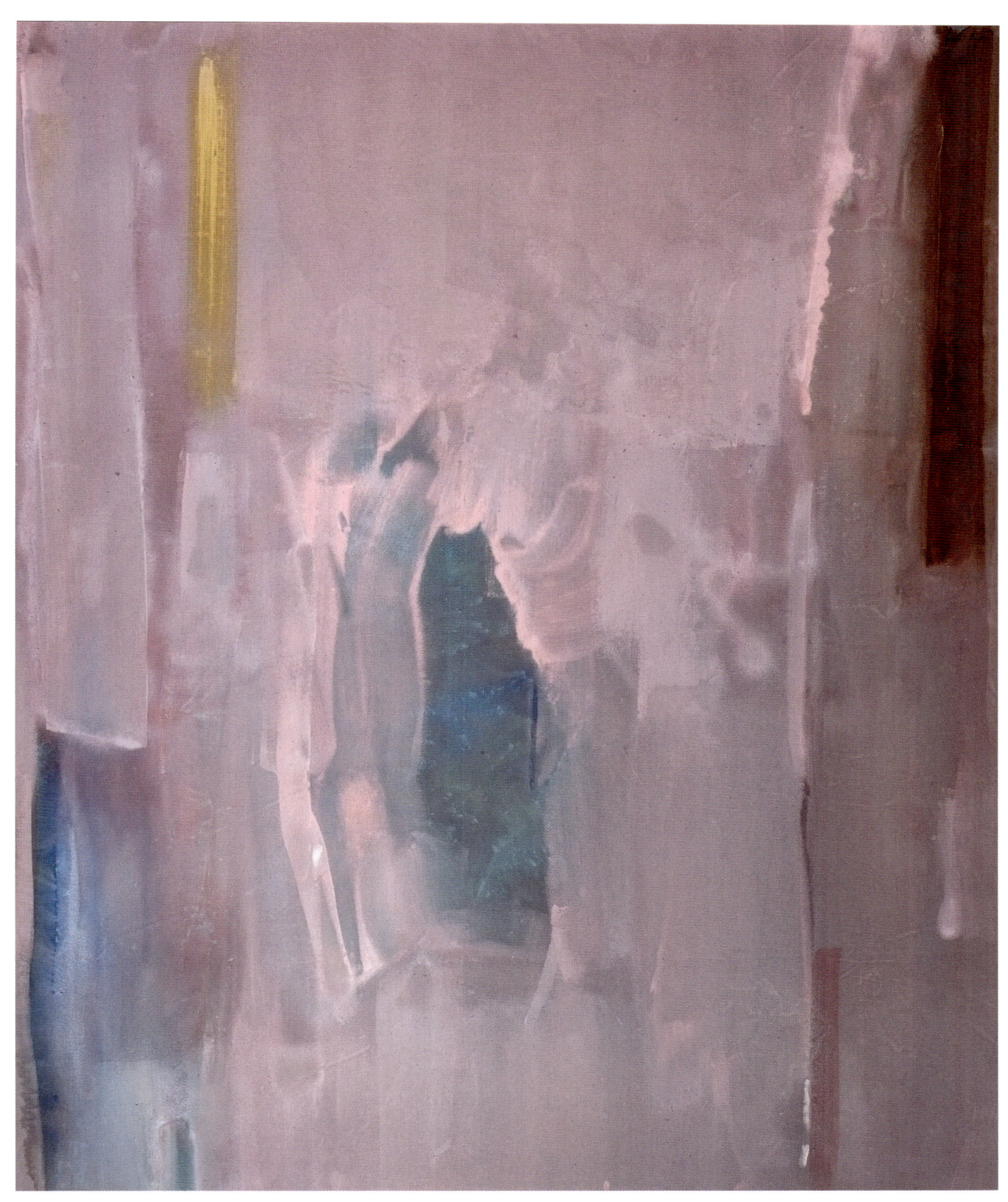

*Shorthand,* 1975

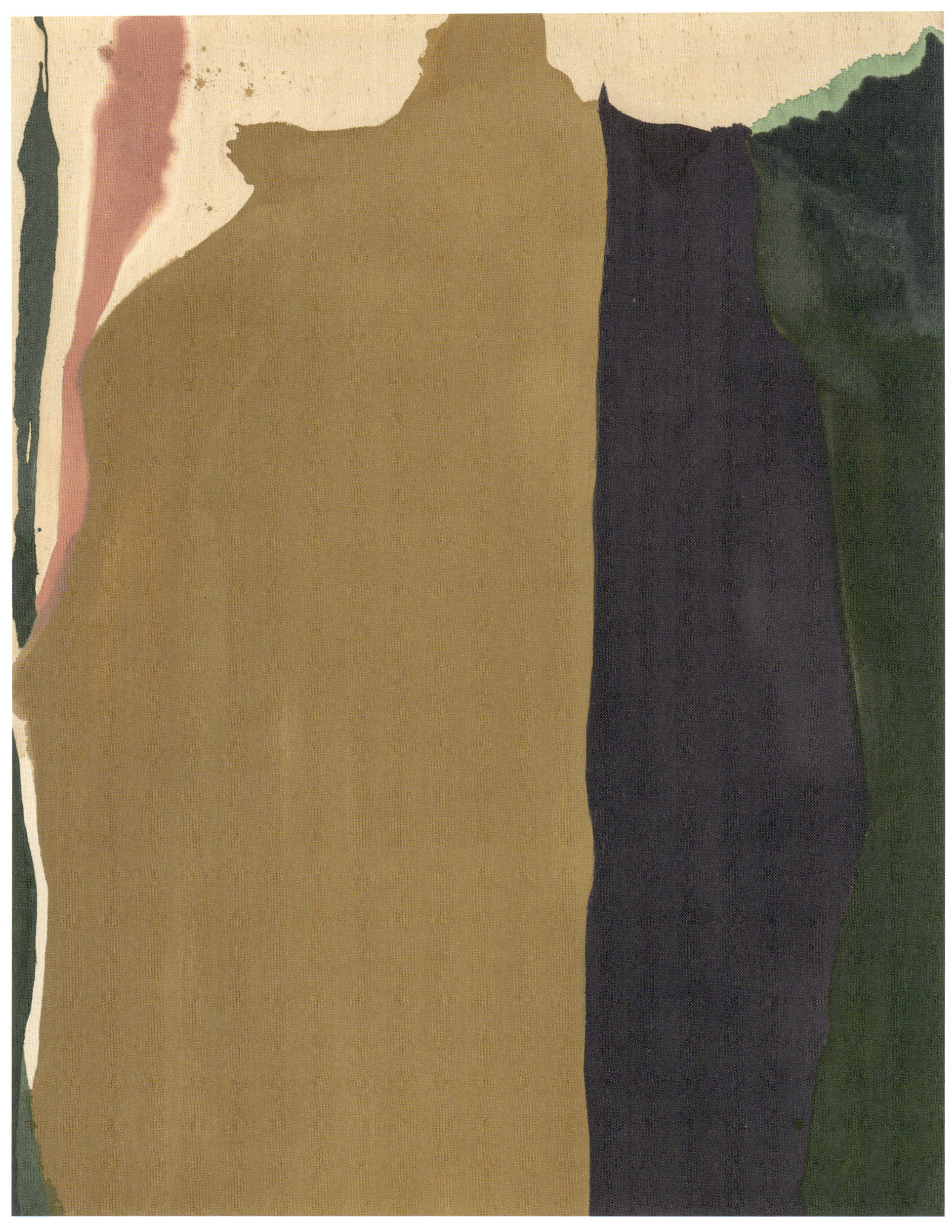

*Pink Lightning,* 1965

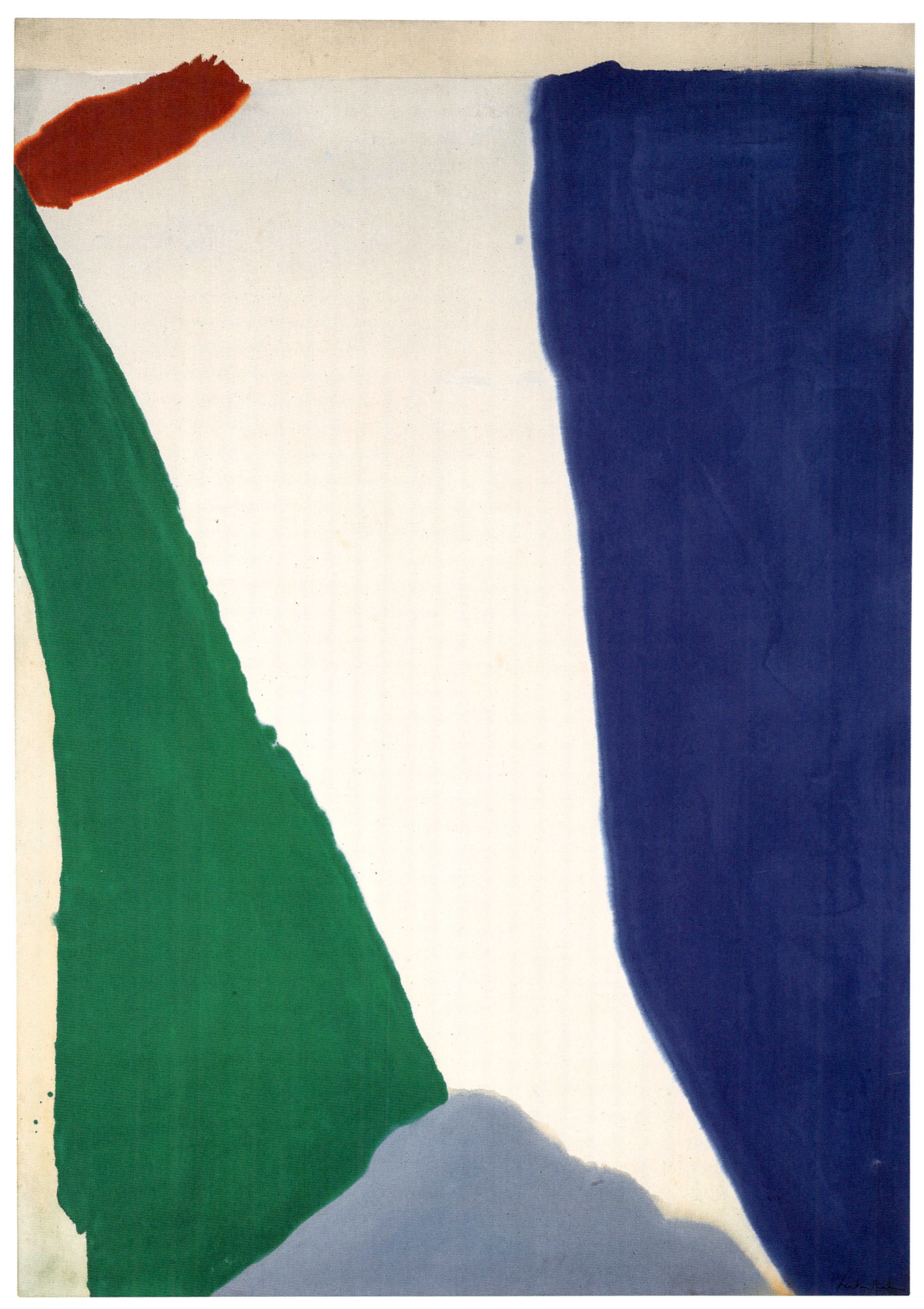

*Four Color Space,* 1966

Zusammen mit Ellsworth Kelly, Jules Olitski und Roy Liechtenstein repräsentierte Helen Frankenthaler die USA auf der Biennale in Venedig im Jahr 1966. *One O'Clock* (1966) war eines von sechs dort gezeigten Gemälden der Künstlerin. Henry Geldzahler schrieb in seiner Rezension zur Ausstellung: „Sie war die erste und einzige Künstlerin, die es schaffte, aus Elementen nach Pollocks Beispiel eine Kunst zu machen, die sowohl persönlich als auch bedeutsam war. […] In den jüngsten Werken von Frankenthaler ist es das Fehlen von Farbe, die leere Leinwand, die von Farbflächen und -flecken gesäumt ist, was die Malerei trägt."[1] Damit ist *One O'Clock* ein prominentes Beispiel für Frankenthalers radikal reduzierten Einsatz der Mittel in den 1960er Jahren. Im Gemälde befinden sich alle gemalten Elemente an den Rändern der Leinwand. Die einzige aktive weiße Fläche im Zentrum wird von einer Form am linken Rand gespiegelt. In einem Interview erzählte Helen Frankenthaler ein Jahr vor Entstehung des Werks dem Kurator Henry Geldzahler: „Wenn ein Bild eine leere Fläche auf der Leinwand braucht, um auf eine bestimmte Weise zu atmen, dann lasse ich sie leer", und fügte hinzu: „Das ist ein Aspekt des Verzichts auf die eigene ‚malerische Handschrift'."[2] Durch die Wahl des endgültigen Bildausschnitts erhöht die Künstlerin das Gewicht der Leere sogar noch. Ein Blick auf ein Atelierfoto Abb. 21 S. 49, das Alexander Liberman im Jahr der Entstehung aufnahm, verrät, dass *One O'Clock* anfangs zusätzliche Farbfelder auf der rechten Bildseite enthielt. Das Hinzufügen oder Entfernen von Farbformen trägt letztlich entscheidend dazu bei, ob im Bild Spannung oder das Gefühl von Freiraum und Platz zum Atmen entsteht.

Alongside Ellsworth Kelly, Jules Olitski and Roy Lichtenstein, Helen Frankenthaler represented the United States at the Venice Biennale in 1966. *One O'Clock* (1966) was one of six paintings by the artist exhibited there. In his review of the exhibition, Henry Geldzahler wrote, 'She was the first and only artist to make an art both personal and significant from elements in Pollock's example … In the most recent Frankenthalers it is the absence of color, the blank canvas, edged and spotted with color, that carries the painting.'[1] *One O'Clock* thus serves as a prominent example of Frankenthaler's radically reduced use of materials in the 1960s. In this work, all the painted elements are situated at the edges of the canvas. The only active white space in the centre is mirrored by a form at the left edge. In an interview with curator Henry Geldzahler a year before she created the work, Frankenthaler explained, 'When a picture needs blank canvas to breathe a certain way I leave it … This is an aspect of giving up one's "mark".'[2] In her choice of the final framing of the image, the artist further accentuates the weight of the empty space. A look at a studio photograph taken by Alexander Liberman in the year of the work's creation reveals that *One O'Clock* initially included additional colour fields on the right side fig. 21 p. 49. The addition or removal of colour forms plays a crucial role in determining whether the painting evokes tension or a sense of openness and room to breathe.

---


[1] Henry Geldzahler: „Frankenthaler, Kelly, Lichtenstein, Olitski: A Preview of the American Selection at the 1966 Venice Biennale", in: *Artforum*, Bd. 4, Juni 1966, S. 32–38. Der Aufsatz ist eine leicht überarbeitete Fassung des Katalogbeitrags für die Biennale von Venedig 1966.

[2] Helen Frankenthaler, in: Henry Geldzahler: „An Interview with Helen Frankenthaler", in: *Artforum*, Oktober 1965, Bd. 4, Nr. 2, S. 38.

[1] Henry Geldzahler, 'Frankenthaler, Kelly, Lichtenstein, Olitski: A Preview of the American Selection at the 1966 Venice Biennale', *Artforum*, vol. 4, June 1966, pp. 32–8. The article is a slightly revised version of the catalogue essay for the 1966 Venice Biennale.

[2] Helen Frankenthaler, in Henry Geldzahler, 'An Interview with Helen Frankenthaler', *Artforum*, vol. 4, October 1965, pp. 36–8, here p. 38.

*One O'Clock,* 1966

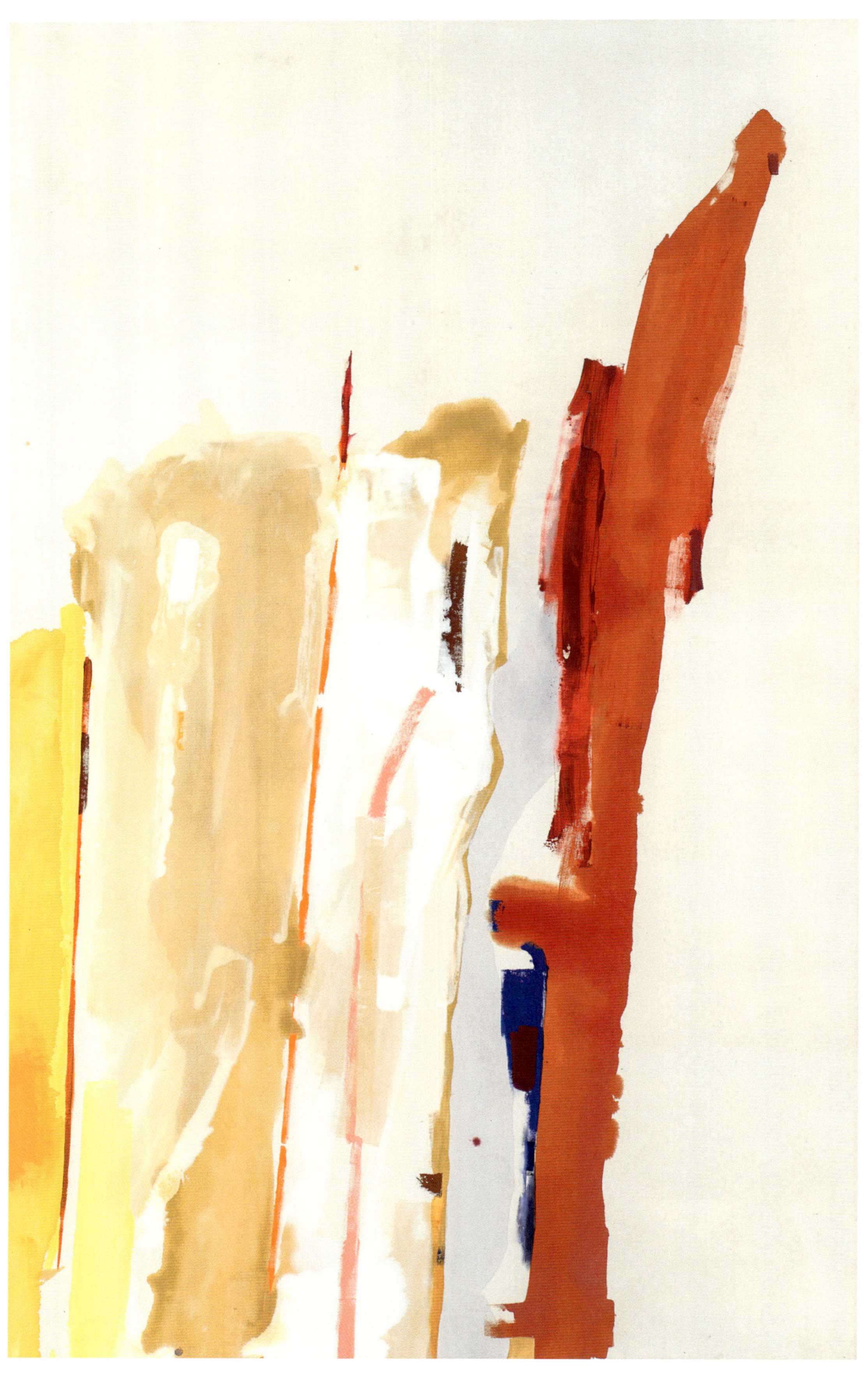

*Lunar Avenue,* 1975

In einem Interview mit Kuratorin Julia Brown sprach Helen Frankenthaler über die gegenständlichen Assoziationen, die allein durch die Ausrichtung des Bildformats beim Betrachten entstehen können: „Landschaft ist ein Reizwort für einen abstrakten Maler. Wenn man ein abstraktes querformatiges Gemälde betrachtet, nimmt man mehr oder weniger unbewusst die Natur oder einen Horizont oder eine Aussicht wahr. Man wird wahrscheinlich nicht an eine figurative Anspielung denken, die eher ein Hochformat voraussetzen würde. Wenn man speziell nach Figuren oder Landschaften in abstrakten Bildern sucht, so kann das gelegentlich die Fähigkeit beeinträchtigen, ihre wahre Qualität zu erkennen."[1]

Durch ihr schlankes Hochformat und die vertikal ausgerichteten, gestischen Pinselstriche widersprechen die Gemälde *Lunar Avenue* (1975) und *Sea Level* (1976) **Abb. S. 106** dem Erscheinungsbild einer Landschaft. Da Frankenthaler ihre Bilder auf dem Boden malte und erst im Nachhinein über den endgültigen Bildausschnitt und die Ausrichtung entschied, gibt es Werke, die ursprünglich als horizontale Kompositionen gedacht waren. Wenn man *Lunar Avenue* um 90 Grad nach rechts kippt, erscheint plötzlich eine abstrahierte Landschaft unterhalb eines Mondes, der aus den Farbbahnen herauszuleuchten scheint. Es ist der Verweis auf den Titel, der übersetzt etwa Mondlicht-Allee bedeutet. Die vertikale Präsentation der Malerei verschiebt die Lesart des Bildes hin zu einer Vogelperspektive mit Blick auf eine Straße oder einen Durchgang. Ein Jahr später entstand *Sea Level*, ein weiteres Beispiel für eine vermeintlich horizontal gemeinte Komposition, das tatsächlich aber vertikal präsentiert wird. Auf der Rückseite hat Frankenthaler die Ausrichtung des Gemäldes mit einem roten Buntstift korrigiert **Abb. 17 S. 47.**

In an interview with curator Julia Brown, Helen Frankenthaler discussed the figurative associations that can emerge simply from the orientation of a painting: 'Landscape is a loaded question for an abstract painter. When one looks at an abstract horizontal canvas, one more or less consciously perceives nature or a horizon or a view. One is not apt to think of a figurative reference, which is more apt to be vertical. Looking specifically for figures or landscape in abstraction can sometimes inhibit the ability to recognize a picture's true quality.'[1]

With their slim vertical formats and gestural brushstrokes, both *Lunar Avenue* (1975) and *Sea Level* (1976) **fig. p. 106** seem to contradict landscape-like readings. Since Frankenthaler painted her works on the floor and later chose the final composition and orientation, some of her works that were originally intended as horizontal compositions take on a different form when rotated. For example, when *Lunar Avenue* is turned 90 degrees to the right, an abstracted landscape appears beneath a moon-like form that seems to emerge from the streaks of paint – a reference to the title. The vertical presentation shifts the reading of the piece to a bird's-eye view of a street or passage. A year later, *Sea Level*, another painting that could have been considered horizontal, was presented vertically. Frankenthaler corrected the orientation on the back of the canvas with a red crayon **fig. 17 p. 47.**

---

**1** Quoted in 'A Conversation: Helen Frankenthaler with Julia Brown', in *After Mountains and Sea: Frankenthaler 1956–1959*, exh. cat. Guggenheim New York/Bilbao/Berlin, Ostfildern-Ruit 1998, pp. 29–49, here pp. 35–6.

**1** Aus: „Ein Gespräch, Helen Frankenthaler und Julia Brown", in: *After Mountains and Sea: Frankenthaler 1956–1959*, Ausst.-Kat. Guggenheim New York/Bilbao/Berlin, Ostfildern-Ruit 1998, S. 29–49, hier S. 35–36.

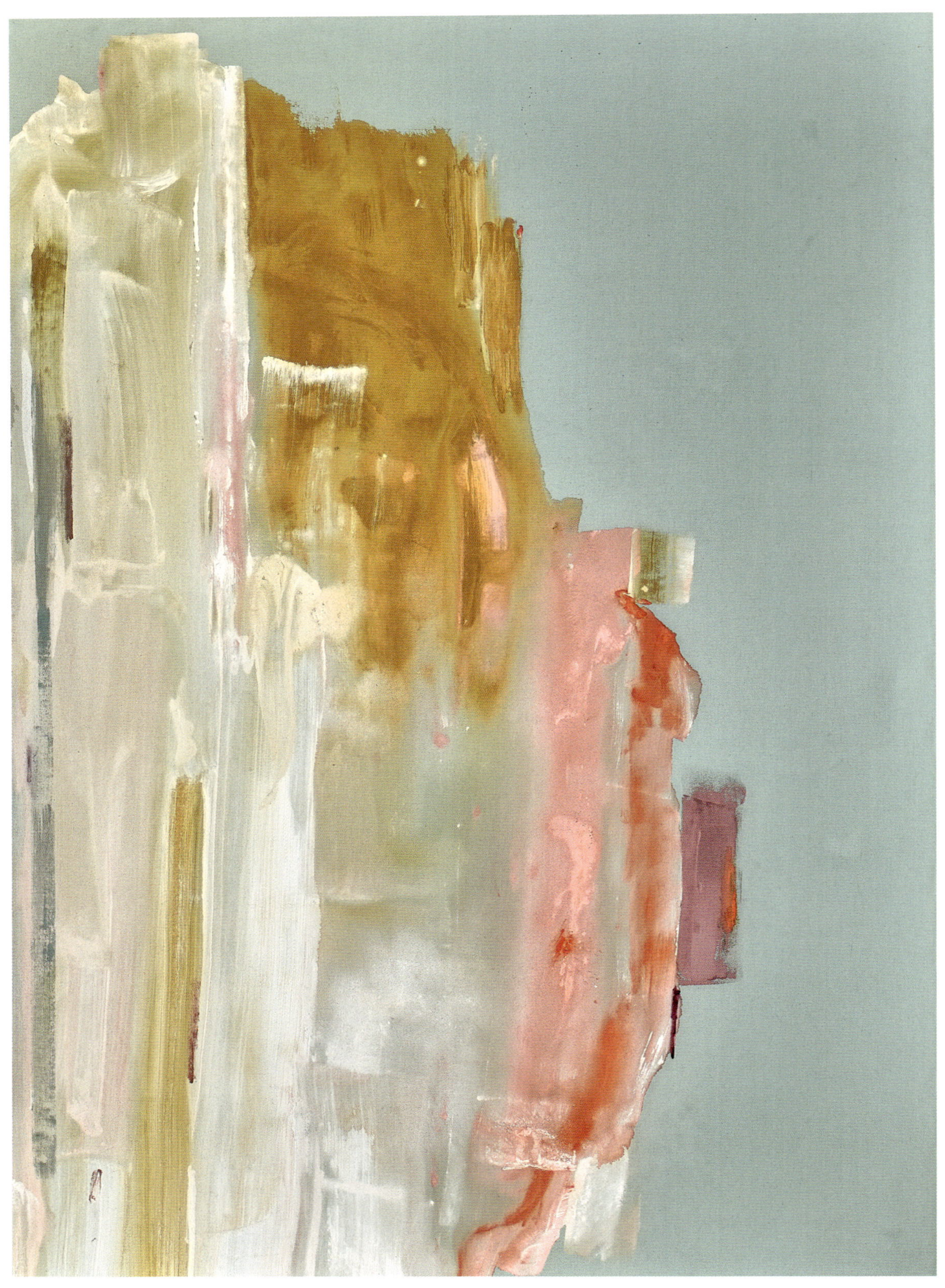

*Sea Level,* 1976

*No Lady,* 1976

# Helen Frankenthaler

## ... to be continued

**Larissa Kikol**

## Offenheit

„Wieder aktuell" heißt es oft, wenn Kunstwerke der Vergangenheit in der Gegenwart von Neuem für relevant erklärt werden. Häufig sind es Inhalte, an die man anknüpft: Kriege, Leid, Revolutionen, psychische Belastungen oder Aufstände. Die Inhalte können auch mit der Künstlerfigur biografisch verbunden sein. Dann erkennt man individuelle Haltungen, tragische Schicksale oder Emanzipationsbestrebungen im aktuellen Weltgeschehen wieder.

Aber wenn es keine Inhalte gibt, wie in der abstrakten Malerei, dann wird es schwieriger. Ja ist es doch in der Kunstgeschichte eine fundamentale Lehre, dass Stile, Pinselführung und Formen ihren entsprechenden Epochen zugeordnet werden. So käme man niemals auf die Idee, ein Werk Van Goghs oder des Kubismus nach rein ästhetischen Gesichtspunkten im 21. Jahrhundert zu verorten. Auch Wassily Kandinsky oder Jackson Pollock entsprechen formal ihrer Zeit. Bei aller Wertschätzung für ihre damalige Innovationskraft, für ihre künstlerische Leistung, würde wohl heute kaum ein junger Künstler sich ihrer ästhetischen Bildsprache bedienen, um Gegenwartskunst zu schaffen.

Doch es gibt Ausnahmen. Zu ihnen zählt Helen Frankenthaler. Ihre Werke und ihre visuelle Bildwelt sind nicht ‚wieder aktuell', nein, sie sind *immer noch* aktuell. Ein essenzieller Grund dafür ist das Nicht-auserzählt-Sein, das Offen-Bleiben. Dies gilt zwar auch für ihre singulären Werke, besonders aber für ihren malerischen Ansatz im Ganzen. Ihr Weg ist immer noch aktuell – für viele nachfolgende Generationen bis zur jungen Gegenwart, nicht nur abstrakt, sondern auch figürlich, nicht nur im Atelier, sondern auch illegal auf der Straße. Beispiele werden an späterer Stelle folgen.

Wenn Geschichten nicht auserzählt sind, gibt es mehrere Arten, diesen Umstand zu bewerten. Einerseits kann es als Schwäche und fehlende Qualität gelten. Gründe dafür sind mangelnde Konsequenz, Oberflächlichkeit oder ein Unvermögen zur Reflexion.

Anders, wenn es sich um ein ‚offenes Kunstwerk' handelt. Den Begriff prägte Umberto Eco, der damit besonders die Rezeptionshaltung als offen, variabel und einen „aktiv am Prozess der Sinnkonstitution partizipierenden Rezipienten" miteinschließt.[1] Dabei muss den Werken in ihrer ästhetischen Struktur nicht zwingend ein ‚work in progress' eingeschrieben sein, auch in sich abgeschlossene Werke können diesen offenen Rezeptionsprozess auslösen. Beispiele waren für Eco die Mobiles eines Alexander Calder oder die Malerei des Informel.[2]

Eine weitere, seltenere Variante der Nicht-Auserzählung entsteht, wenn eine künstlerische Position im Gesamtwerk einen Weg ebnet, der so viel Potenzial und Entwicklungsmöglichkeiten bereithält, dass er für viele nachfolgende Generationen genügend Anknüpfungspunkte bietet und dabei in den folgenden Zeitgeistern aufgehen kann. Die Offenheit bezieht sich hier also nicht nur auf die Rezeption oder ein einzelnes Werk, sondern auf die praktische Methode, einen visuellen, malerischen Ansatz und die weiteren Potenziale, die dieser Weg für viele Jahrzehnte bereithält. Dies ist der Fall von Helen Frankenthaler. Ihr Malstil ist nicht auserzählt, ihr gesamter Weg gleicht einem offenen Werk.

## Openness

'Relevant again' is a phrase often heard when works of art from the
past are declared to be important for the present. Often it is the content
that is considered relevant: war, suffering, revolution, psychological
stress or uprising. The content could also be related to the artist's biog-
raphy: individual attitudes, tragic fates or struggles for emancipation
might be reflected in current events. But when there is no content, as in
abstract painting, then it becomes more difficult. After all, it is a fundamental tenet of art history that styles, brushwork and forms corre-
spond to their epochs. From a purely aesthetic perspective, it would
never occur to anyone to place a work by Van Gogh or a Cubist painting
in the twenty-first century. Formally speaking, Wassily Kandinsky and
Jackson Pollock are also very much of their time. With all due respect for
their powers of innovation and artistic achievements, hardly a young
artist today would adopt their aesthetic language to create contemporary art.

But there are exceptions, and Helen Frankenthaler is one of them. Her
works and her visual world are not 'relevant again' — they are *still* relevant. An essential reason is the inexplicability and openness, not just of
specific works, but especially of her painterly approach as a whole. Her
path is still relevant today — for many subsequent generations up to
the present, not only abstract but also figurative, not only in the studio
but also illegally on the street. Examples will follow later.

When stories are not fully told, there are several ways to interpret this
circumstance. On the one hand, it could be attributed to weakness
or inferior quality, to lack of consistency, superficiality or an incapacity
for reflection. But the situation is different when it comes to an 'open
work'. The term was coined by Umberto Eco, for whom it especially included an open, variable mode of reception and an 'active recipient
participating in the process of constituting meaning'.[1] Such works do not
necessarily have to be recognisable in their aesthetic structure as 'works
in progress'; self-contained pieces can also trigger this open process
of reception. For Eco, examples included the mobiles of Alexander Calder
and the painting of Art Informel.[2]

Another, rarer variant of this narrative incompleteness arises when an
artistic position marks a new path within an oeuvre as a whole, offering
so much potential and so many possibilities for development that it
provides points of reference for many future generations and can be absorbed into subsequent zeitgeists. Here, openness refers not only to
reception or to a single work, but to a practical method, a visual, painterly approach and the potential it holds for many decades to come.
Such is the case with Helen Frankenthaler. Her painting style is not ex-
hausted; her entire path resembles an open work.

## Postwar Ghosts

The openness of Helen Frankenthaler's pictorial language is strongly root-
ed in fluidity. The watery, the floating, the colour that spreads and
drifts, the image that looks as if it had painted itself, without human or
art-historical guidance or even brushstrokes. Frankenthaler thus differs

# Helen Frankenthaler
## … to be continued

**Larissa
Kikol**

## Nachkriegsgeister

Die Offenheit von Helen Frankenthalers Bildsprache liegt stark im Fließenden begründet. Das Wässrige, das Schwebende, die Farbe, die sich
treibend ausbreitet, das Bild, das so aussieht, als hätte es sich selbst gemalt, ohne menschliche, kunsthistorische Führungs- und Pinselspuren.
Ästhetisch unterscheidet sich Frankenthaler damit von vielen ihrer damaligen Kollegen. Genauere Werkbetrachtungen werden in Punkt 3
folgen. Um ihre Sonderstellung zu verstehen, sollen vorher einige gegensätzliche, aber gängige Abstraktionsansätze ihrer Kollegen der Nachkriegszeit betrachtet werden.

Ein Merkmal bildet das Licht beziehungsweise das Dunkle. Besonders in
Europa herrschte in expressiven, abstrakten Bewegungen und Positionen oft eine Reduktion von Farbe und ein dunkles Zu-Malen vor, das nur
noch kleinere Lichtquellen zuließ. Bezeichnend dafür ist die Position
von Pierre Soulages. Er arbeitete mit dunklen Bildwelten, vielen breiten
schwarzen Streifen und Linien, die auf reflektierte Weise Lichtritzen in
ihre Kontrolle zwangen. In *Peinture* **Abb. 1** sind die schwarzen, breiten
Pinselstreifen obendrein auf einen dunklen Hintergrund gesetzt. Ein wenig
Weiß, Gelb und Orange lodert aus tieferen Dimensionen hervor.

Wie wir sehen werden, wird Helen Frankenthaler die dunkle Nachkriegs-
palette aufreißen und, im Kontrast zu Soulages und seinen Kollegen,
fast überbelichten. Oder so lange überwässern, bis der Bildraum rein-
gewaschen ist und für neue Farbspiele bereitsteht.

Weitere Merkmale der damals charakteristischen, abstrakten Stile liegen
im inneren Skelett, also in der Konstruktion der abstrakten Bildwelten.
Bei vielen Kollegen ihrer Zeit stammen diese Konstruktionen noch aus
vergangenen Bewegungen der Moderne vor dem Zweiten Weltkrieg.
Abstraktionen, die aus der Linie entstanden, traten oft als Geflechte aus
kleineren, kubistischen Linienverschachtelungen auf. Wie bei dem deutschen Willi Baumeister. Auf *Gestein Halde* **Abb. 2** von 1948 bilden kleinere
Pinsellinien ein abstraktes, halb rundes, halb eckiges Labyrinthgehege
und erinnern an einen ausgebreiteten Faltplan eines früheren, kubistischen Werks. Daraus entwickelten sich konstruktivistische, abstrakte
Gebilde aus klaren Formen, die Baumeisters Weg gestalteten. Auch
bei Willem de Kooning lassen sich Abstraktionen aus kubistischen Vor-
läufern erkennen. Nicht nur in den Gesichtern und Körpern seiner
Frauenfiguren, sondern auch in den abstrakten Hintergründen und Bild-
partien. In anderen Werken wird de Kooning aber auch weich, runder,
organischer, so in *Ohne Titel* (1977) **Abb. 3**. Die Bildformen zeugen deutlich davon, wie sie vom Pinsel, also der Künstlerhand, in einem eher
trockenen Auftrag bestimmt wurden. Sie werden also weiterhin gelenkt,
die Farbe wird führend geformt. Charakteristisch für viele andere
Künstler in Frankenthalers Zeit.

Die Drippings von Jackson Pollock verabschieden die Pinselspur und
damit auch einen Großteil der Rückführbarkeit auf die Hand, welche zur
Künstlerhandschrift zählte. Eine revolutionäre Technik, die Pollock zwar
nicht erfand, die er aber radikal auf Großformate ausdehnte und durch
seine überzeugende Konsequenz berühmt machte. In den Drippings
tritt die Farbe als Spritzer, aufgeschlagener Tropfen und Fleck auf. Mal
durch die schleudernde Armbewegung als lange Linienformation, mal

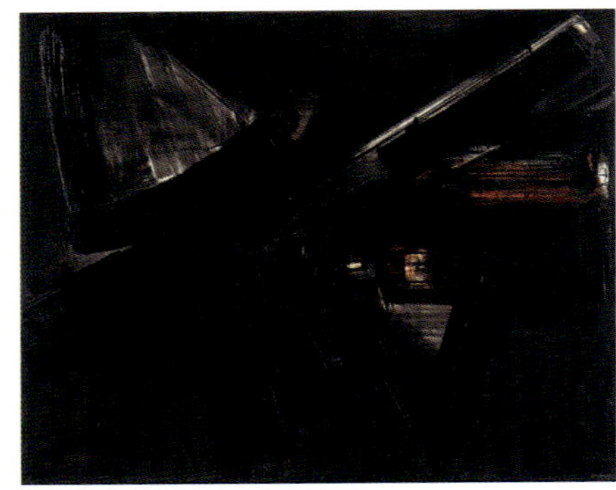

**Abb./Fig. 1**

Pierre Soulages (1919–2022)
*Peinture 130 × 162 cm, 3 avril 1955*
Öl auf Leinwand / Oil on canvas,
130 × 162 cm
Sammlung Reinhard Ernst / Reinhard Ernst
Collection, Wiesbaden

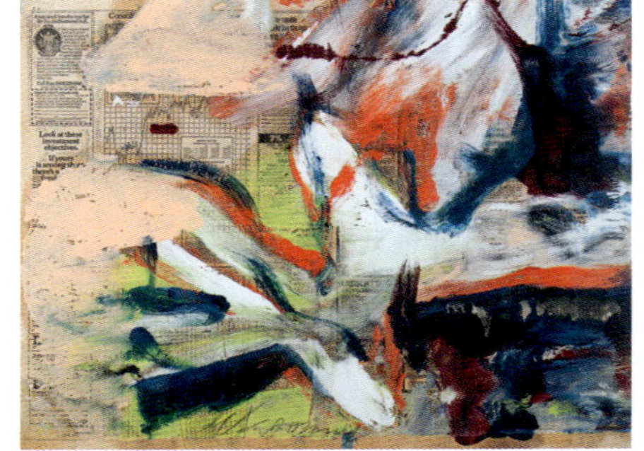

**Abb./Fig. 3**

Willem de Kooning (1904–1997)
*Untitled,* 1977
Öl und Zeitungspapier auf Karton /
Oil and newspaper on cardboard,
58,1 × 74,5 cm
Sammlung Reinhard Ernst / Reinhard Ernst
Collection, Wiesbaden

aesthetically from many of her contemporaries. A more detailed examination of her work will follow in the next section, but in order to understand her unique position, we should first consider some contrasting but common approaches to abstraction among her colleagues in the postwar period.

One characteristic is light, or rather darkness. Especially in Europe, expressive abstract movements and positions were often marked by a reduction of colour and a darkly painted surface that permitted only small sources of light. Pierre Soulages' approach is a good example. He worked with dark pictorial worlds, with many broad, black stripes and lines that deftly forced the crevices of light under their control. In *Peinture* fig. 1, the broad black brushstrokes are even set against a dark background, although a little white, yellow and orange still flicker forth from deeper dimensions.

As we will see, Helen Frankenthaler breaks open the dark postwar palette and, unlike Soulages and his colleagues, almost overexposes it — or waters it down until the pictorial space is washed clean and ready for a new play of colours.

Other traits of the abstract styles characteristic of the time lie in the inner skeleton, that is, in the construction of the abstract pictorial worlds. For many of her contemporaries, these constructions still stemmed from earlier modernist movements from before the Second World War. Abstractions based on line often appeared as networks of smaller, cubistically interlocking lines, as in the work of the German artist Willi Baumeister. In *Gestein Halde* of 1948 fig. 2, small brushstrokes form an abstract, half-round, half-angular labyrinthine enclosure reminiscent of an unfolded blueprint of an earlier Cubist work. This approach gave rise to constructivist, abstract arrangements of clear forms that shaped Baumeister's path. Abstractions of Cubist precursors are also recognisable in the work of Willem de Kooning — not only in the faces and bodies of his female figures, but also in the abstract backgrounds and pictorial zones. In other works, however, de Kooning adopts a softer, rounder, more organic style, as in *Untitled* (1977) fig. 3. The pictorial forms clearly show how they were defined by the brush, that is, by the artist's hand, in a fairly dry application. The forms thus continue to be guided, and the paint is directed and shaped, as was characteristic of many other artists of Frankenthaler's day.

Jackson Pollock's drip paintings bid farewell to the brushstroke and thus also to most of the evidence of the hand, which was regarded as part of the artist's handwriting. Although Pollock did not invent this revolutionary technique, he radically extended it to large formats and made it famous through his compelling consistency. In his drip paintings, the paint appears as spatters, drips and spots, sometimes in long linear formations from the flinging movement of the arm, sometimes as accents of smaller clusters. The paint, however, always remains in the form it was given by the tool and finally by the hand, arm and moving body of the artist: spatters and drips are not states into which paint comes by itself. In addition, the overall composition of Pollock's paintings often takes on a rhythmic, almost dance-like quality, which also leads to a certain sense of closure in the work. Although individual paintings by Pollock can be read as open works, as a stylistic position

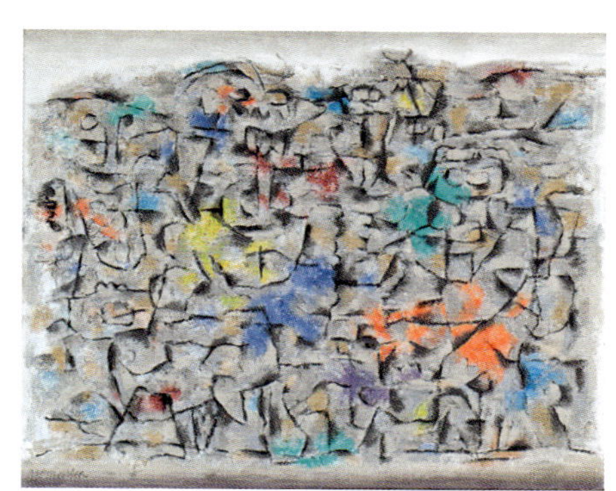

Abb./Fig. 2

Willi Baumeister (1889–1955)
*Gestein Halde,* 1948
Öl und Kunstharz auf Faserplatte /
Oil and synthetic resin on fibreboard,
65 × 81 cm

Sammlung Reinhard Ernst / Reinhard Ernst
Collection, Wiesbaden

akzentweise in kleineren Anhäufungen verteilt. Die Farbe bleibt dabei aber immer in einer Form, in die sie durch Werkzeug und schließlich Hand, Arm und bewegten Künstlerkörper gebracht wurde. Spritzer und Tropfen sind Zustände, in die eine Farbmaterie nicht von sich aus gerät. Dazu kommt eine Gesamtkomposition, die in Pollocks Gemälden oft einen rhythmischen, fast tänzerischen Ansatz findet. Damit schleicht sich auch eine gewisse Abgeschlossenheit ins Werk. Zwar kann ein einzelnes Werk Pollocks als offenes Werk gelesen werden, sein gesamtes Dripping-Werk als stilistische Position ist aber auserzählt. Dem Dripping lässt sich kaum mehr etwas Bedeutendes hinzufügen, Variationen sind unergiebig und führen in diesem Fall meistens zu Wiederholungen statt zu einer weiterführenden Alternative. Überwiegend tritt das Dripping daher aktuell im Hobbymilieu oder in pädagogischen und therapeutischen Kontexten auf. Damit bleibt sein spektakulärer Höhepunkt bis dato im 20. Jahrhundert und in der Nachkriegszeit verhaftet.

Helen Frankenthaler war zwar schon zu ihren Lebzeiten erfolgreich auf den Feldern des Kunstmarkts und der musealen Institutionen, verzeichnete jedoch keinen internationalen Höhepunkt einer ihrer Techniken, wie ihn Jackson Pollock erlebte. Freilich war auch ihre Bildsprache durch den Einsatz unkonventioneller Praxen wie der Soak-Stain-Technik geprägt und bekannt, die Furore um die Drippings konnten sie aber nicht übertrumpfen. Trotzdem bemerkte auch Frankenthaler, dass ein Aufgreifen von Pollocks Techniken schon damals für sie zu keiner neuen Künstlerposition führen würde: „I first saw Jackson Pollock's paintings at a show he had at Betty Parsons in the fall of '50. And I think what I particularly responded to was that there was an all-at-once, overall, this happened quality to it. I had to develop my own technique, but I think technique determines aesthetic as much as one's aesthetic determines a new medium."[3]

Der Einfluss Pollocks wird in der Frankenthaler-Rezeption oft sehr stark in den Vordergrund gestellt. So heißt es beispielsweise, ihr Besuch in seiner Atelierscheune sei eine „Offenbarung"[4] gewesen. Oder: „Wieder einmal fand sie durch Pollock einen Weg aus sich selbst heraus."[5] Ein bisschen relativierender wird formuliert, dass sie Pollocks Ansatz gelernt und aufgegriffen habe, aber darüber hinausgegangen sei.[6]

Doch richtet man den Blick weg von Pollock als (männlichem) Superhelden seiner Zeit hin zu Frankenthalers doch so andersartigem Werk, müsste es richtiger heißen: Helen Frankenthaler ist nach Kenntnisname von Pollocks Arbeiten schon sehr früh anders abgebogen. Etwas provokanter: Während Pollock mit seinen Drippings in eine Sackgasse geriet, schlug Frankenthaler schon sehr früh einen potenteren, offeneren Weg ein.

Katharina Grosse, die sich mit Frankenthalers Werk intensiv beschäftigt, wirft auf das Verhältnis von Frankenthaler und Pollock einen mutigen, formalen und analysierenden Blick, wie es für sie so typisch ist: „She is going in the exact opposite direction of Pollock. There is not the kind of reiteration that you could find in a Pollock, by which he framed the work, as if the painting activity needed reassurance, until there was the exclamation mark: ‚This is now the painting!' You don't see that with Frankenthaler at all."[7]

his entire drip oeuvre is fully narrated. There is almost nothing of significance that can be added to it.

Helen Frankenthaler was successful on the art market and in museums during her lifetime, but none of her techniques ever experienced an international high point like that of Jackson Pollock. Although her pictorial language was characterised by and known for unconventional practices such as the soak-stain technique, she was unable to trump the furore surrounding drip painting. Yet even at that time, Frankenthaler realised that adopting Pollock's techniques would not help her develop a new artistic position: 'I first saw Jackson Pollock's paintings at a show he had at Betty Parsons in the fall of 1950. And I think what I particularly responded to was that there was an all at once, overall, this happened quality to it. I had to develop my own technique, but I think technique determines aesthetic as much as one's aesthetic determines a new medium.'[3]

Pollock's influence is often strongly emphasised in the reception of Frankenthaler's work. For example, it was said that her visit to his studio barn was a 'revelation',[4] or that 'once again, she found a way out of herself through Pollock'.[5] A slightly more relativised formulation is that she learned and adopted Pollock's approach, but went beyond it.[6]

If we turn our gaze away from Pollock as the (male) superhero of his time and instead consider the very different work of Helen Frankenthaler, it would be more correct to say that she took another turn very early on after becoming aware of Pollock's work. To put it more provocatively: while Pollock's drip painting led him to a dead end, Frankenthaler chose a more potent and open path very early on.

Katharina Grosse, who has studied Frankenthaler's work intensively, has a bold and analytical view of the relationship between Frankenthaler and Pollock: 'She is going in the exact opposite direction of Pollock. There is not the kind of reiteration that you could find in a Pollock, by which he framed the work, as if the painting activity needed reassurance, until there was the exclamation mark: "This is now the painting!" You don't see that with Frankenthaler at all.'[7]

Perhaps Helen Frankenthaler already saw Pollock's techniques as something complete. In a video recording, she speaks of her own soak-stain technique while squatting next to a canvas laid out on the floor, onto which she pours the very liquid paint, intervening in places with a sponge and directing the coloured liquid: 'I don't want a border or line or strip all the way. The making of them, controlling them, and the surprise from them is a gesture that I do best.'[8] Her application of paint interferes less with the natural state of the material than the spatters and drips that are much more a part of drip painting. This allows Frankenthaler to remain in a closer, more natural relationship to the sensual material of the paint. Furthermore, her authorship is slightly less inscribed in the paint and the forms it takes; as a result, her painterly approach affords many more possibilities for development — for herself, for the subsequent Colour Field movement, and for later generations of artists who find inspiration in her work. Some become more conceptual and minimalist, some gestural, wild and dirty, others playful, and still others return to the figure.

Vielleicht sah Helen Frankenthaler in Pollocks Techniken schon etwas Abgeschlossenes. Über ihren eigenen Soak-Stain-Ansatz spricht sie in einer Videoaufnahme, während sie auf dem Boden vor einer ausgebreiteten Leinwand hockt, auf die sie sehr flüssige Farbe schüttet und stellenweise mit einem Schwamm eingreift und das farbige Liquid lenkend verteilt. „I don't want a border or line or strip all the way. The making of them, controlling them, and the surprise from them is a gesture that I do best."[8] Ihr Farbauftrag, also das Schütten und Wischen, greift in den natürlichen Zustand der Farbmaterie weniger stark ein als die Spritzer und Tropfen, die beim Dripping fokussiert werden. Frankenthaler bleibt damit erst einmal näher und natürlicher an der sinnlichen Farbmaterie dran. Außerdem ist so der Farbe und ihren Formen die Autorschaft noch ein bisschen weniger eingeschrieben. In der Folge bietet ihr malerischer Ansatz sehr viel mehr Entwicklungsmöglichkeiten – für sie selbst, für die nachfolgende Color-Field-Bewegung und für die späteren Generationen von Künstlern, die sich von ihr inspirieren lassen. Manche werden konzeptueller und minimalistisch, manche gestisch, wild und dreckig, andere verspielt, wieder andere finden zur Figur zurück.

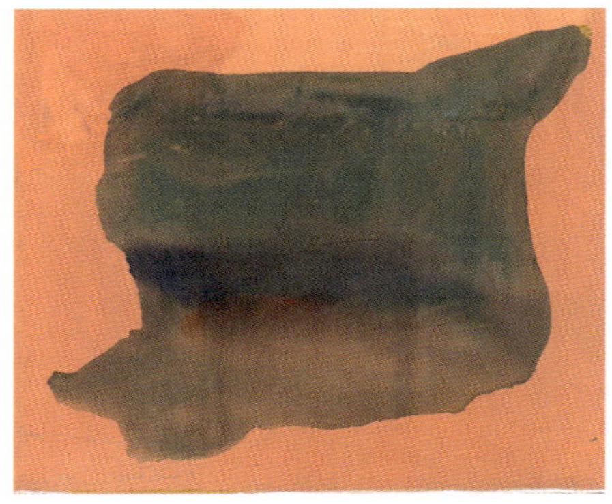



*Yearning,* 1973
Acryl auf Leinwand /
Acrylic on canvas,
206 × 244,3 cm

### Helen Frankenthaler floated

Die Arbeit *Yearning* (1973) **Abb. 4** zählt zu den Soak-Stain-Bildern. Ein oranger Hintergrund, auf dem ein grüner großer Fleck schwebt. In ihm tragen blaue und rötliche Farbe zu weiteren Verläufen bei. Sehr grob gelesen, ließe sich ein Viereck als Hauptmotiv deuten. Damit erinnert die Arbeit an Mark Rothkos Farbräume, oft zwei Vierecke auf farbigem Hintergrund. Im Gegensatz zum Konstruktivismus, in dem Formen durch deutliche Konturen und flächigen Farbauftrag meist zweidimensional und grafisch blieben, schuf Rothko ausgefranste, sinnliche Tiefen, die Farben in transzendente Dimensionen hinein dehnten. Frankenthaler löst beide Verfahren auf. Durch die wässrigen Eigenschaften der Farbe verhindert sie eine so starke Tiefe wie bei Rothko, sie wird aber auch nicht flächig wie die Konstruktivisten. Frankenthaler bewegt sich in ein anderes Element, das des Wassers und der Luft, des Treibens, des Schwebens. Wie ein Tagtraum tauchen ihre Farben vor dem Betrachter auf, halten nur kurz inne, könnten im nächsten Moment ihre Erscheinung schon wieder verändern. Wird das Bläuliche nicht vielleicht nach unten strömen? Wird das Rötliche nicht gen Himmel fließen? Kann das Grün nicht zu den Seiten auslaufen und neue Arme und Formen bilden? Wird es den orangen Hintergrund überfluten, oder wird sein Volumen so stark auslaufen, dass es sich selbst auswäscht und das Orange wieder zum Vorschein kommt? Das Bild scheint nicht fixiert zu sein. Nur ein kurzer, wenngleich faszinierender Seinszustand in einem sich ständig transformierenden, geschmeidig fließenden Leben. Eine Malerei, die nicht feststeht, nicht abgeschlossen ist.

*Second Wind* **Abb. 5** zeigt eine ähnliche schwebende Farbformation. In einer rosa Sphäre ziehen braune und dunklere rosa Flächen über hellblaue und grüne Schlieren hinweg. Dass Frankenthaler ihre Bilder auf dem Boden malte bzw. mischte, zeigt sich auch hier deutlich. Statt herunterzulaufen, fließen die Farben in ihrer horizontalen Fläche ineinander, überziehen sich gegenseitig, nehmen einander ein Stück weit mit und lassen sich dann wieder liegen.

# Helen Frankenthaler, Floated

The work *Yearning* (1973) fig. 4, one of Frankenthaler's soak-stain pictures, shows an orange background with a large, floating patch of green that also contains passages of blue and red. Something akin to a square could be seen as the main motif. In this respect, the work is reminiscent of Mark Rothko's colour spaces, which often show two rectangles against a coloured background. In contrast to Constructivism, in which the forms remained mostly two-dimensional and graphic as a result of their distinct contours and flat application of paint, Rothko created frayed, sensual depths that stretched colours into transcendental dimensions. Frankenthaler dissolves both methods. The watery consistency of the paint prevents her from achieving the same depth as Rothko, but neither does her work have the flatness of the Constructivists. Frankenthaler moves in a different element, that of water and air, of floating and drifting. As in a daydream, her colours emerge before the viewer's eyes, pause briefly and could change their appearance again in the next moment. Will the bluish form flow downwards, the reddish one suddenly fly skyward? Could the green leak out the side and form new arms and shapes? Will it flood the orange background, or will it lose so much of its volume that it becomes washed out, allowing the orange to show through? The painting does not appear to be fixed, but exists only in a brief, albeit fascinating state of being in a life that is constantly transforming and smoothly flowing.

*Second Wind* fig. 5 shows a similar floating colour formation. Within a pink atmosphere, brown and darker pink surfaces drift across streaks of light blue and green. Here it is obvious that Frankenthaler painted and mixed her images on the floor. Instead of running downward, the colours flow into each other on a horizontal plane, covering each other, flowing together a little and then coming to rest again.

Different forces interact, but a heated battle does not ensue; rather, it is more like the performative activity of a fluid nature, a poetic struggle. The outcome of the drama remains open: what will happen if the brown pushes even harder against the dark pink? Will the light blue ebb away, or will it bubble up like the small ochre-coloured bubbles that already breathe on the surface through the brown?

The ongoing relevance of the aesthetics of the soak-stain pictures can best be understood with the help of a central contemporary parameter formulated by the art historian Robert Fleck.

In his analysis *Die Ablösung vom 20. Jahrhundert − Malerei der Gegenwart* (Departure from the 20th Century − Contemporary Painting), Fleck coined the term 'floating', applying it especially to figurative painting and basing his argument on artists such as Georg Baselitz, Cecily Brown and Peter Doig.[9] In this context, Fleck was not writing about abstract painting; yet his observation of 'floating' is highly and perhaps even more obviously applicable to abstract painting as a characteristic of contemporary art.

It is now standard practice to discuss Helen Frankenthaler's work in terms of water, air, flowing and floating, since these elements are the key to her painting. Usually that's as far as it goes. However, Fleck's concept

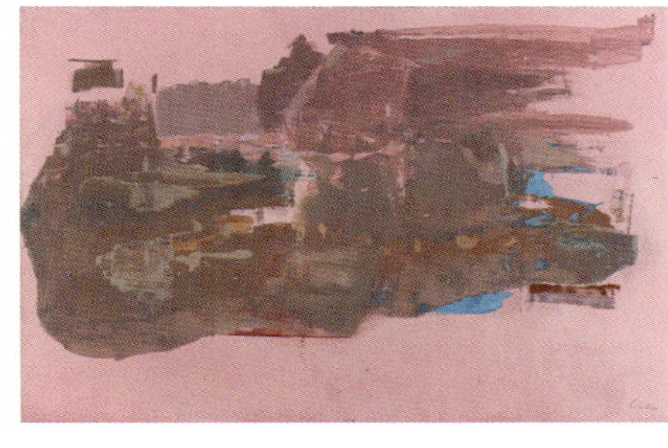

**Abb./Fig. 5  → S./pp. 62/63**

*Second Wind*, 1976
Acryl auf Leinwand /
Acrylic on canvas,
264,3 × 401,6 cm

Verschiedene Kräfte wirken aufeinander, ein hitziger Kampf entsteht jedoch nicht, vielmehr ein performatives Treiben einer fluiden Natur. Ein poetisches Ringen. In diesem Schauspiel bleibt offen, was passieren wird, wenn das Braun noch stärker auf das Dunkelrosa trifft, und ob das Hellblau verebbt oder aufblubbern wird wie die kleineren ockerfarbenen Blasen, die bereits durch das Braun hindurch an der Oberfläche atmen.

Warum die Ästhetik der Soak-Stain-Bilder immer noch so aktuell ist, lässt sich am besten mit einem zentralen Gegenwartsparameter des Kunsthistorikers Robert Fleck nachvollziehen.

In seiner Analyse *Die Ablösung vom 20. Jahrhundert – Malerei der Gegenwart* prägte er den Begriff ‚Floating'. Fleck wendete ihn insbesondere auf die figürliche Malerei an und argumentierte mit Künstlern wie Georg Baselitz, Cecily Brown und Peter Doig.[9] Über abstrakte Malerei schrieb Fleck in diesem Kontext nicht. Doch lässt sich seine Floating-Beobachtung als Charakteristikum einer Gegenwartsmalerei hervorragend, wenn nicht sogar noch deutlicher, auf die abstrakte Malerei übertragen.

Nun gehört es zum Standardvokabular jedes Rezeptionsansatzes von Helen Frankenthalers Werk, über Wasser, Luft, Fließen und Schweben zu sprechen, sind diese Elemente doch der Schlüssel zu ihrer Malerei. Dabei blieb es meistens. Doch Flecks Floating-Begriff dient nicht nur der Einzelwerkanalyse, sondern führt darüber hinaus zu einem umfassenden Charakteristikum einer aktuellen Kunst, an dem viele malerische Positionen gemessen werden können.

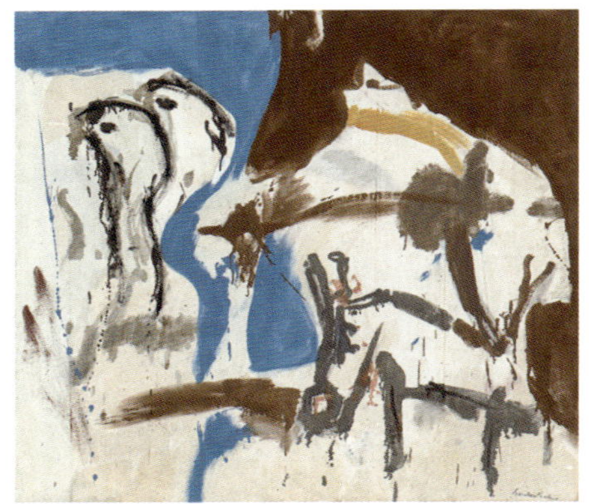

Abb./Fig. 6 → S./p. 29
*Cave Memory*, 1959
Öl auf grundierter Leinwand /
Oil on primed canvas,
94,5 × 104,5 cm

In der figürlichen und abstrakten Malerei bedeutet Floating schwimmende Kompositionen und leichtere, fast wässrige Farbaufträge, die eine dunklere, fester verankerte Bildkomposition mit manchmal trockenem oder verkrustetem Farbauftrag aufheben, den man zuvor in der Avantgarde, vom Kubismus über den Abstrakten Expressionismus bis zu den neuen Wilden, häufiger antraf.

Anhand der Werke von Georg Baselitz erklärt Fleck seine These zur Jahrhundertwende: „Das Bild ist zum einen von den Grundgedanken des Abstrakten Expressionismus geprägt, einen flachen, zweidimensionalen Bildraum über die freie Aktion des Armes jenseits der visuellen Kontrolle des Geschehens durch den Maler aufzubauen. Zum anderen aber führt die wässrige, ‚schwimmende' Maltechnik zum ‚Floaten' der Figur im Bildraum, was die strenge Zweidimensionalität des Abstrakten Expressionismus und seiner Nachfolge in der Malerei der zweiten Hälfte des 20. Jahrhunderts zumindest aufweicht."[10]

Das Aufweichen lässt sich auch in Frankenthalers Arbeit *Cave Memory* (1959) Abb. 6 beobachten. Harte Konturen, dunkle Tiefen oder sandige, krustenartige Materie gibt es nicht. Stattdessen seichte Wirbel und Fließrichtungen von länglichen Farbformen und größeren Farbteichen. Als hätten sich Bilder ihrer Vorgänger aus der ersten Generation der Abstrakten Expressionisten aufgelöst und würden nun durcheinander, chaotisch, aber gleichzeitig friedlich und in Einverständnis davonfließen und sich in einigen Wellen immer mal wieder begegnen. Das Floating führt schließlich auch zu einem Loslassen. Bilder wirken, als wären sie im Begriff zu verschwinden, könnten nach allen Seiten auslaufen, neue Bilder formen.

of floating is not only useful for analysing individual works, but also leads to a comprehensive characteristic of contemporary art, against which many painterly positions can be measured.

In figurative and abstract painting, 'floating' signifies compositions that seem to be adrift, with lighter, almost watery applications of colour that counteract a darker, more firmly anchored pictorial composition, sometimes with dry or encrusted applications of paint such as were previously more common in the avant-garde, from Cubism to Abstract Expressionism to the Neue Wilde.

Using the works of Georg Baselitz as an example, Fleck explains his thesis with regard to the turn of the century: 'On the one hand, the painting is influenced by the basic ideas of Abstract Expressionism, to construct a flat, two-dimensional pictorial space through the free action of the arm, beyond the visual control of the action by the painter. On the other, however, the watery, "floating" painting technique leads to a "floating" of the figure in the pictorial space, which at least softens the strict two-dimensionality of Abstract Expressionism and its successors in the painting of the second half of the twentieth century.'[10]

This softening can also be observed in Frankenthaler's *Cave Memory* (1959) **fig. 6**. There are no hard contours, no dark depths or sandy, crust-like matter. Instead, there are shallow vortices and channels of elongated colour forms and larger pools of paint. It is as if the images of her predecessors from the first generation of Abstract Expressionists had dissolved and were now flowing chaotically and randomly, but at the same time peacefully and harmoniously, occasionally meeting in waves. Floating ultimately leads to letting go. Images look as if they are about to disappear, as if they could flow away in all directions and form new images.

In *Palestrina* (1973) **fig. 7**, this process is taken to a more radical dimension. Narrow rivers of colour are confined primarily to the edges of the canvas. The open areas thus receive all the more emphasis – yet not as emptiness, but as a past and future location, a potential playground for self-propelled colour fields.

Frankenthaler's performance is not only her own physical act as she pours paint on the floor and applies sponges. She also captures a performance on canvas that is about the painting itself: colours that paint themselves, that move, live and change. The canvas constitutes a performative space of possibility for a painting that is already in motion.

## On to the Aftermath

In addition to the figurative painting of Georg Baselitz, floating compositions are also found in the work of Katharina Grosse. Grosse is known for her use of spray tools rather than brushes or pouring. Pigments that are propelled into the air by pressure and then settle like rain in varying intensities on surfaces are predestined to leave behind a floating, flowing web of paint in their final precipitation.

'She [Frankenthaler] seems to defy any kind of predetermined structural order. The paintings are neither the result of a body movement nor do they let go of consciousness. They are somehow thought through, but it's

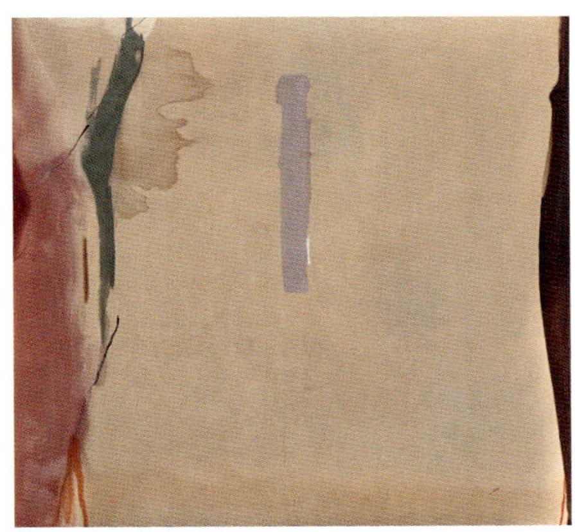

Abb./Fig. 7 → S./p. 66

*Palestrina*, 1973
Acryl auf Leinwand /
Acrylic on canvas,
172,6 × 183 cm

Dieser Prozess wird in *Palestrina* (1973) **Abb. 7** noch einmal in eine radi-
kalere Dimension überführt. Schmale Farbflüsse halten sich hauptsächlich an den Rändern der Leinwand auf. Die freien Flächen bekommen
so umso stärkere Gewichtung, jedoch nicht als Leere, sondern als ver-
gangener und zukünftiger Schauplatz, als potenzielle Spielwiese selbst-
bewegter Farbflächen.

Frankenthalers Performance ist nicht nur ihre eigene, körperliche, während sie auf dem Boden Farbe schüttet und mit Schwämmen eingreift.
Sie hält auch eine Performance auf Leinwand fest, die das Bild selbst
betrifft: Farben, die sich selbst malen, die sich bewegen, leben und sich
verändern. Die Leinwand als performativer Möglichkeitsraum von sich
ohnehin in Bewegung befindender Malerei.

## Weiter im Danach

Neben Georg Baselitz' figürlicher Malerei lassen sich Floating-Komposi-
tionen auch bei Katharina Grosse finden. Statt Pinsel oder Schüttungen
ist Grosse für ihren Einsatz von Sprühwerkzeugen bekannt. Farben,
die durch Druck in die Luft gelangen und sich dann wie ein Regen in
unterschiedlichen Intensitäten auf Oberflächen niederlassen, sind
prädestiniert dafür, in ihrem finalen Niederschlag ein schwebendes,
fließendes Gewebe aus Malerei zu hinterlassen.

„She [Frankenthaler] seems to defy any kind of predetermined structural
order. The paintings are neither the result of a body movement nor do
they let go of consciousness. They are somehow thought through, but it's
done in such an astonishing multilingual way"[11], äußert sich Grosse.
Ähnliche Ansätze sind bei ihr spürbar. Beispielsweise auf Grosses erster
Glasarbeit *Ein Glas Wasser, bitte* **Abb. 8**, in der sie Airbrush, Ätzungen,
Malerei und Fusing einsetzte. Das Flüssige, der Strudel, wirkt als abstrakt-
narrativer Inhalt einer sinnlich bewegten Komposition, die genauso
leicht aus dem Bild herausfließen könnte, wie die Farben in es hinein-
brechen.

Damit erfüllt Katharina Grosse, ähnlich wie Georg Baselitz, Robert Flecks
Floating-Parameter der zeitgenössischen Kunst des 21. Jahrhunderts,
so wie andere Positionen, die die Jahrtausendwende in diesem Sinne
kennzeichneten, wie Christopher Wool oder Albert Oehlen. Sie alle
teilen mit Helen Frankenthaler den schwimmenden Bildraum, auf dem
figürliche, collagierte oder abstrakte Malerei angestoßen, losgelassen
und treiben gelassen wird.

In Helen Frankenthalers Werk *Fenice* **Abb. 9** schwappt das rosa-bräun-
liche Wasser bereits 1977 durch ein Hochformat. Es scheint von rechts
unten einzufließen, so als stieße man mehrere Eimer, oder Gläser,
dünne Farbe um. Es umreißt das Bildfeld im Uhrzeigersinn, zuerst nach
links unten, dann nach links oben, weiter in die rechte obere Bildhälfte,
um wieder nach unten zu gelangen. Der Bildraum wird umspült. In der
Kunstgeschichte eine Seltenheit, dass die Farbe Braun, eigentlich eine
schwierige und bedrückende Farbe, eine so vitale und gesunde Aura
verliehen bekommt.

Eine berühmte, sinnstiftende Anekdote in der Frankenthaler-Rezeption ist
die ‚Waschbecken-Geschichte', eine Kindheitserinnerung. Die junge

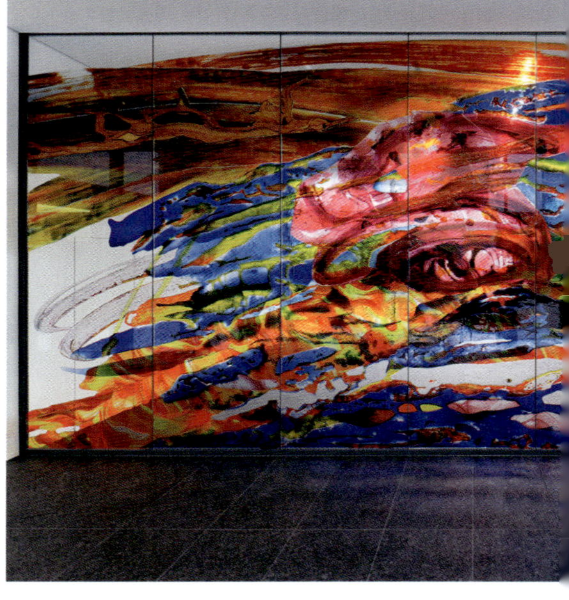

Abb./Fig. 8
Katharina Grosse (*/b. 1961)
*Ein Glas Wasser, bitte,* 2024
Glas / Glass, 400 × 839 cm
Sammlung Reinhard Ernst / Reinhard Ernst
Collection, Wiesbaden

**118**

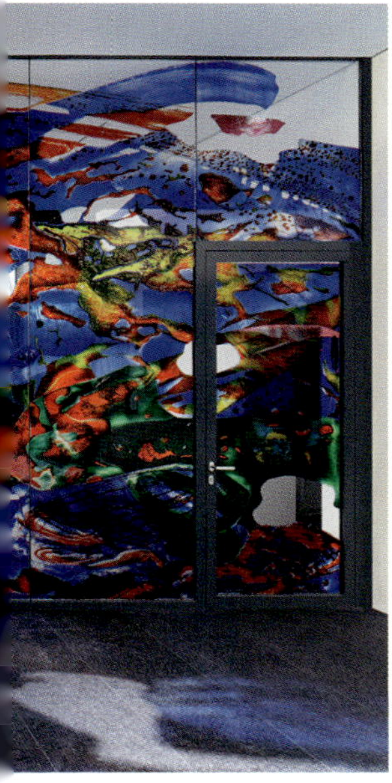

done in such an astonishing multilingual way', Grosse comments.[11] Similar approaches can be seen in Grosse's own work — for example in her first glass piece, *Ein Glas Wasser, bitte* (A Glass of Water, Please) fig. 8, in which she uses airbrushing, etching, painting and fusing. The liquid, the swirl, acts as the abstract-narrative content of a sensually moving composition that could just as easily flow out of the picture as the colours break into it.

In this way, Grosse, like Georg Baselitz, fulfils Robert Fleck's parameter of floating in 21st-century contemporary art, as do other positions characteristic of the turn of the millennium in this sense, such as Christopher Wool or Albert Oehlen. They all share with Helen Frankenthaler the floating pictorial space in which figurative, collaged or abstract painting is pushed, released and left to drift.

In Helen Frankenthaler's work *Fenice* fig. 9, the pinkish-brownish water sloshes through a vertical format as early as 1977. It seems to flow in from the bottom right, as if multiple buckets or glasses of thin paint were being tipped over. It outlines the image field in a clockwise direction, first toward the bottom left, then to the top left, further into the upper right half of the image, and then back down again, washing around the pictorial space. In art history it is rare for the colour brown, which is actually a difficult and oppressive colour, to be given such a vital and healthy aura.

The well-known 'sink story', a childhood memory, is a significant anecdote in the reception of Frankenthaler's work. The young Helen took her mother's nail polish, filled a sink with cold water and dripped it in. Then she let some of the water drain away and observed the different states of the colour in the moving water.[12] The fascinating parallels this narrative evokes to her work as an adult are so great that hardly any discussion of Frankenthaler's work gets by without this visually charged story. Conclusions are drawn on both an aesthetic and a technical-methodological level. What is usually only mentioned in passing, if at all, is the importance of play, which however deserves a more essential role. A child is first and foremost a playful being; its early learning and experiences stem from game-based activities. Maintaining a light-hearted, exploratory attitude as an adult artist means that experimentation, changeability and openness are inscribed in one's oeuvre, an effective remedy against a deadlock that leads to repetition and closes methodological and aesthetic paths. Frankenthaler seems to have retained a playful nature to the end, which repeatedly renewed, changed and propelled her work and made it surprising, yet without losing her personal line — like the similarly playful openness of Joan Mitchell or Jean-Michel Basquiat, who, albeit in aesthetically very different ways, have retained their relevance and influence to this day.

Frankenthaler's work, her floated pictorial spaces, the lightness of her soak-stain paintings and her coloured water have reached a great many young painters, even with very different approaches. Any number of books could be filled with her successors.

Robert Nava is a figurative painter: 'Helen Frankenthaler's paintings have always evoked a meditative feel for me … something very close to prayer or yoga. I love her paintings.'[13] The childlike and playful is obviously a primary motif for him. He mostly paints action figures, monsters or

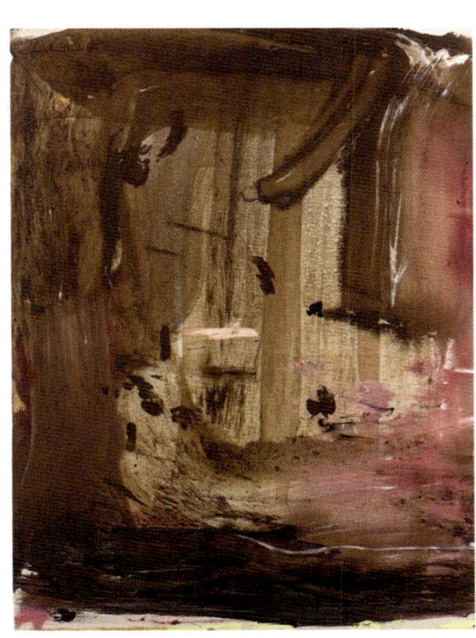

Abb./Fig. 9   → S./p. 63

*Fenice*, 1977
Acryl auf Leinwand /
Acrylic on canvas, 188,1 × 139,2 cm

Helen nahm Nagellack ihrer Mutter, füllte ein Waschbecken mit kaltem Wasser und tröpfelte ihn hinein. Dann ließ sie etwas von dem Wasser ablaufen und beobachtete die unterschiedlichen Wesenszustände der Farbe im bewegten Wasser.[12] Die faszinierenden Parallelen zu ihrem Werk als Erwachsene, die der Rezipient im Kopf imaginiert, sind so groß, dass kaum eine nähere Besprechung Frankenthalers ohne diese visuell stark aufgeladene Geschichte auskommt. Rückschlüsse werden auf ästhetischer und technisch-methodischer Ebene gezogen. Was dabei, wenn überhaupt, meist nur am Rande erwähnt wird, ist der spielerische Aspekt, dem aber eine wesentlichere Rolle zugeschrieben werden sollte. Das Kind ist in erster Linie ein spielerisches Wesen, sein frühes Lernen und seine Erfahrungen stammen aus seinen spielerischen Aktivitäten. Als erwachsener Künstler diese Haltung beizubehalten, bedeutet dann, dass Experimente, Wandelbarkeit und Offenheit sich ins Gesamtwerk einschreiben. Ein wirksames Mittel gegen eine Festgefahrenheit, die in Wiederholungen mündet, methodische und ästhetische Abzweigungen verschließt. Frankenthaler scheint sich bis zum Schluss einen spielerischen Trieb bewahrt zu haben, der ihr Werk immer wieder erneuerte, änderte, voranstieß, überraschend machte, jedoch ohne ihre persönliche Linie zu verlieren. Ähnlich wie Joan Mitchell oder Jean-Michel Basquiat, die zwar auf ästhetisch ganz unterschiedliche Weise, aber ähnlich spielerisch offen sich ihre Aktualität und ihren Einfluss bis heute erhalten.

Frankenthalers Werk, ihre gefloateten Bildräume, ihre Leichtigkeit in den Soak-Stain-Bildern und ihre Farbwasser erreichen sehr viele junge Maler, sogar mit ganz unterschiedlichen Ansätzen. Man könnte viele Bücher mit ihren Nachfolgern füllen.

Ein figürlicher Maler ist Robert Nava: „Helen Frankenthaler's paintings have always evoked a meditative feel for me … something very close to prayer or yoga. I love her paintings."[13] Das Kindliche, Spielerische ist bei ihm ein offensichtliches Hauptmotiv. Meistens malt er Actionfiguren, Monster oder Drachen. Aus Kritzeln, Wirbeln, gesprühten Linien und Flecken erwachen die Freunde unserer Kindheit. Sie schweben im Bild, fliegen herbei und könnten sich im nächsten Moment wieder in einen Haufen Linien und Farben auflösen. *Thunderbolt* **Abb. 10**, eine kleinformatige und minimalistischere Arbeit, zeigt, wie aus einer fast abstrakten Komposition durch ein paar spielerische Eingriffe etwas Figürliches, hier ein Auto, entstehen kann.

In der illegalen Malerei auf der Straße hinterlässt Frankenthaler ebenfalls ihre Spuren. Aus dem Graffiti heraus entwickelte sich eine Kunstbewegung, die nicht in die figürliche Street-Art wollte, sondern in eine abstrakte, post-vandalistische Color-Field-Malerei. Die Abstraktion entsteht hier weniger durch Linien, also weniger durch die Konturen der geschriebenen Namen und die Handschrift, sondern aus den Innenflächen der Buchstaben. Auch diese Malereibewegung sucht sich unautorisierte Orte wie Fassaden, Züge und Unterwelten. Für ihre Anhänger ist Helen Frankenthaler eine vielzitierte Referenz. Der Pariser Saeio, bereits 2017 mit 29 Jahren bei einem Autounfall verstorben, etablierte sich in der Graffiti- und Post-Vandalismus-Szene als international anerkannte Position des Abstrakten. In vielen Malereien im Außenraum zeigte er eine Graffiti-Abstraktion, die sich von leserlichen Buchstabenflächen befreit

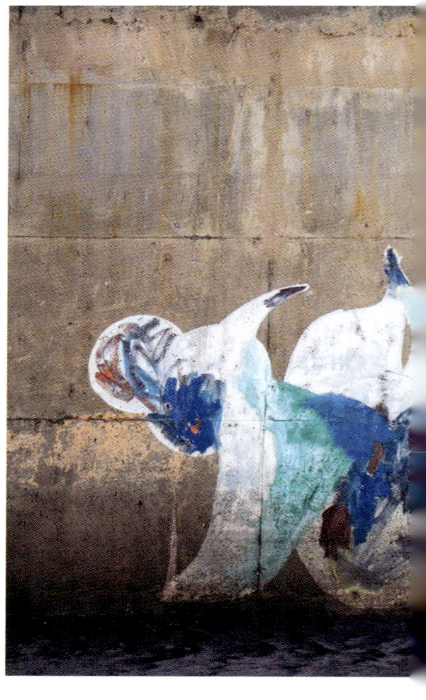

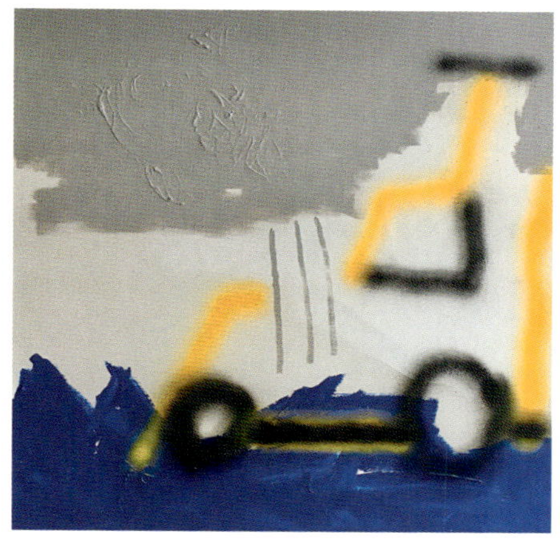

**Abb./Fig. 10**
Robert Nava (*/b. 1985)
*Thunderbolt,* 2017
Acryl auf Leinwand /
Acrylic on canvas, 50,8 × 50,8 cm

dragons. Our childhood friends come to life through scribbles, swirls, sprayed lines and splotches. They hover in the picture, fly in and could dissolve into a bunch of lines and colours at any moment. *Thunderbolt* **fig. 10**, a small-format and more minimalist work, shows how a few playful interventions can turn an almost abstract composition into something figurative, in this case a car.

Frankenthaler also leaves her traces in illegal street painting, an art movement developed from graffiti that did not want to be part of figurative street art, but rather an abstract, post-vandal Colour Field painting. The abstraction here arises less from lines, that is, less from the contours of the written names and the handwriting, than from the interior areas of the letters. This form of painting also seeks out unauthorised locations such as building facades, trains and underworlds. For its adherents, Helen Frankenthaler is a much-cited reference. Saeio, who died in a car accident in Paris in 2017 at the age of 29, established himself in the graffiti and post-vandalism scene as an internationally recognised position in abstraction. In many of his outdoor paintings, he showed a graffiti abstraction that freed itself from legible letter surfaces and transformed free, painterly compositions of forms into Colour Field wall paintings. A good example of this is the *Mural (Untitled)* he created in Marseille in 2016, photographed by Emmett Edelstein **fig. 11**.

In the field of abstract painting, many different trends have emerged in contemporary art. One of them is Dirty Minimalism, which combines elements of Colour Field Painting, Expressionism, Conceptual Art and in particular Minimalism. In this style, poetics and reduction meet clear painterly statements, clean lines and dirty stains. The Berlin artist Jenny Brosinski is a well-known representative **fig. 12**. She, too, leaves open areas where the untreated canvas remains visible. Emptiness is an important compositional tool; here, individual spots, lines and gestures are loosely orchestrated and confronted with each other. Shoeprints, olive oil and studio dirt also occur. However, the colours are not watery; often they are even greasy and intense, rendered in oil crayon, or shimmering, almost flying out of the spray can. But they live and breathe in a floating compositional structure, sometimes on the edge, sometimes in the middle, depending on where they have drifted. Dirty Minimalism is a continuation of free-floating Colour Field Painting, but combines contemporary coolness in the form of whimsical digressions, spraying and sometimes even a cartoon character with conceptual narratives over expressive patches of colour.

At first glance, Swiss artist Adrian Schiess seems to work in an even more reduced manner **fig. 13**. He used to hire himself out as 'the executive painter at the best price' for his reflective floor plates,[14] but later left the work to professional painters. In this way, Schiess works first of all against an artistic signature. These works are all too quickly misunderstood as Concrete Art or as monochromatic anti-painting. But although they appear to be the result of cool Conceptual Art, Schiess is also concerned here with questions of gesture and painting. He considers his floor works to be unfinished, a work in progress. Sometimes he combines them with gestural painting on the walls, the traces of which are reflected on the works on the floor. Visitors and the light in the exhibition space are also reflected there, drawing temporary gestures and creating

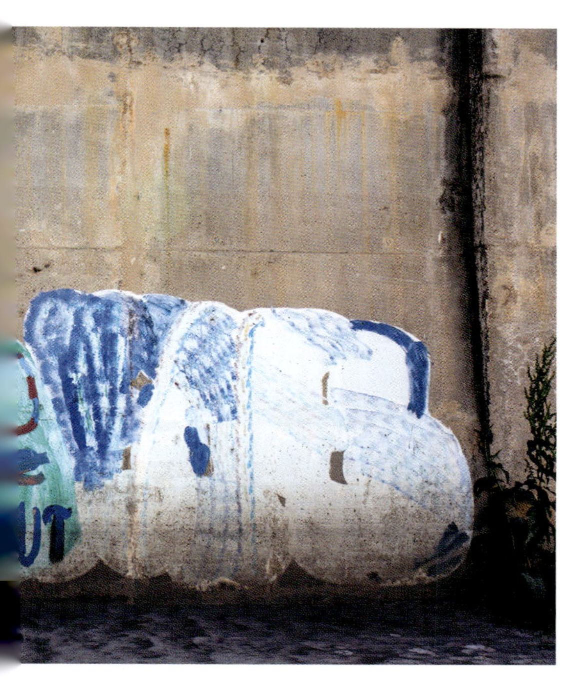

**Abb./Fig. 11**
Saeio (1987–2017)
*Mural (Untitled),* 2016
Foto/Photo: Emmett Edelstein

und freie, malerische Formkompositionen in eine Color-Field-Wandmalerei überführt. Hier als Beispiel eine Wandmalerei (*ohne Titel*) von 2016 aus Marseille, fotografiert von Emmett Edelstein **Abb. 11**.

Auf dem Feld der abstrakten Malerei entwickelten sich in der Gegenwartskunst viele unterschiedliche Strömungen. Eine davon ist der Dirty Minimalism mit Elementen aus der Farbfeldmalerei, dem Expressionismus, der Konzeptkunst und insbesondere dem Minimalismus. Dabei trifft Poetik und Reduktion auf deutliche malerische Statements, klare Linien und schmutzige Flecken. Eine bekannte Vertreterin ist die Berlinerin Jenny Brosinski **Abb. 12**. Auch sie lässt Freiräume, in denen die naturbelassene Leinwand sichtbar bleibt. Die Leere ist ein wichtiges kompositorisches Mittel. In ihr werden einzelne Flecken, Linien und Gesten beweglich orchestriert und miteinander konfrontiert. Auch Schuhabdrücke, Olivenöl oder Atelierschmutz tauchen auf. Die Farben sind jedoch nicht wässrig, oft sogar durch Ölkreiden fettig und intensiv oder aber schimmernd, fast fliegend aus der Sprühdose aufgetragen. Doch sie leben und atmen in einem schwimmenden Kompositionsgefüge; mal am Rand, mal mittig, je nachdem, wo es sie hingetrieben hat. Der Dirty Minimalism ist eine Fortführung der frei floatierenden Farbfeldmalerei, verbindet jedoch Gegenwarts-Coolheit in Form von launigen Schlenkern, Spray und auch mal einer Comicfigur mit konzeptuellen Narrationen über expressive Farbflecken.

Noch reduzierter arbeitet auf den ersten Blick der Schweizer Adrian Schiess **Abb. 13**. Für seine spiegelnden Bodenplatten stellte er sich früher selbst „als ausführenden Lackierer zum günstigsten Tarif"**14** ein, später überließ er die Arbeitsschritte professionellen Lackierern. Somit arbeitet Schiess erst einmal gegen eine künstlerische Handschrift. Missverstanden werden diese Werke vorschnell als konkrete Kunst oder als monochrome Anti-Malerei. Doch obwohl sie anmuten wie das bloße Resultat von kühler Konzeptkunst, geht es Schiess auch hier um Fragen der Geste und der Malerei. Seine Bodenarbeiten sind für den Künstler ein unabgeschlossenes Werk, ein work in progress. Manchmal kombiniert er sie auch mit gestischer Malerei an den Wänden, deren Spuren sich auf ihnen reflektieren. Aber auch die Besucher oder das Licht im Ausstellungsraum spiegeln sich dort und zeichnen temporäre Gesten. So entstehen fast virtuelle, bewegte Bilder, die nicht stillstehen, die man nie wieder exakt reproduzieren könnte. So flüchtig wie die Wasserstrudel im Waschbecken, wenn man den Abfluss öffnet.

Dem entgegengesetzt sind die abstrakten Malereien von Ina Gerken **Abb. 14**. Statt auf Planung setzt sie auf Spontanität und intuitive Reaktionen. Expressive, malerische Gesten, Wischungen und Chaos prägen ihre Bildsprache und lassen sie auch schon mal überkochen. Dabei liegen die Leinwände ebenfalls auf dem Boden, der Malprozess wird zu einem Live-Dialog zwischen der Künstlerin und der Bildfläche. Ein Geben und Nehmen von Malerin und Malerei – ein Übereinkommen in der L'art-pour-l'art-Hingabe. In diesem Zustand schweben Farben, Formen und Linien im Bildraum, so als wäre die Leinwand von jeder Seite aus betrachtbar, ohne Oben und Unten. Der Kunsthistoriker Gregor Jansen ließ sich dazu verleiten, surreale Wesen zu imaginieren, die Gerkens abstrakte Landschaften bevölkern könnten.**15** Die Parallele zu Frankenthaler ist der Bildraum als Spielfläche, auf der die zunächst ungegenständliche

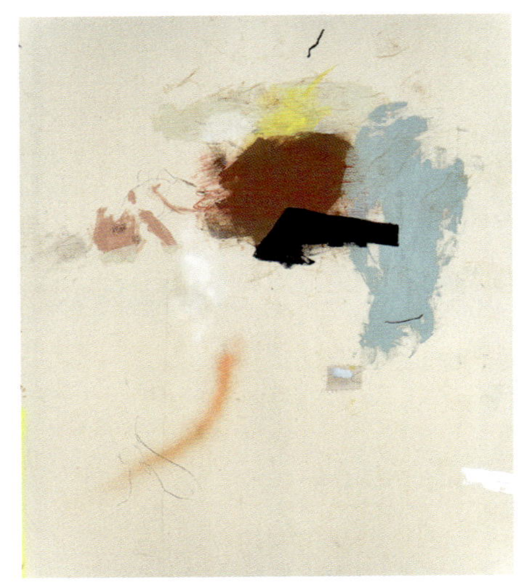

**Abb./Fig. 12**

Jenny Brosinski (*/b. 1984)
*it's never quite as it seems*, 2023
Öl, Ölkreide, Bleistift, Sprühfarbe,
Acryl auf Leinwand / Oil, oil stick,
pencil, spray paint and acrylic on
canvas, 202 × 168 cm

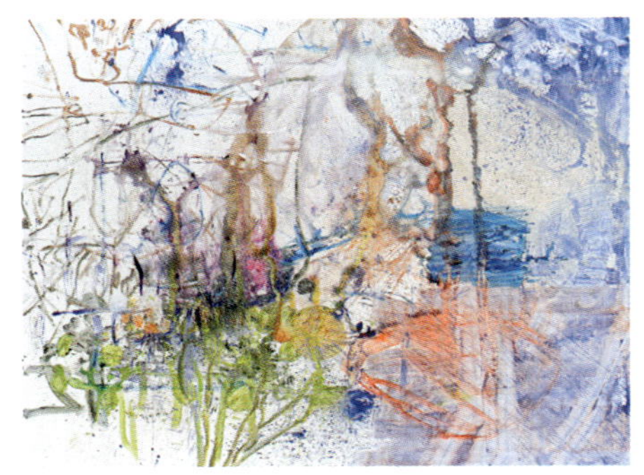

**Abb./Fig. 14**

Ina Gerken (*/b. 1987)
*The Beginning,* 2023
Acryl auf Leinwand /
Acrylic on canvas, 270 × 350 cm

almost virtual, moving images that refuse to stand still and could never be reproduced exactly. They are as fleeting as the water swirling in the sink when you open the drain.

The abstract paintings of Ina Gerken **fig. 14** contrast with this approach. Instead of planning, she relies on spontaneity and intuitive reactions. Expressive, painterly gestures, smudges and chaos shape her pictorial language, sometimes causing it to boil over. She, too, lays her canvases on the floor, and the painting process becomes a live dialogue between the artist and the picture surface: a give-and-take between painter and painting, an agreement reached in the abandonment of art for art's sake. In this state, colours, shapes and lines float in the pictorial space, as if the canvas could be viewed from any side, with neither top nor bottom. The art historian Gregor Jansen was tempted to imagine surreal creatures that could populate Gerken's abstract landscapes.[15] The parallel to Frankenthaler is the pictorial space as a playing field, in which the initially nonrepresentational painting is exposed to lightness and weightlessness and thus finds its way to narratives about colours and shapes — even if Gerken returns to the gesture and traces of human involvement.

The question of what remains of Helen Frankenthaler does not arise, since it refers only to completed works and positions. Instead, the question arises as to how her path is taken anew, again and again, by subsequent generations, zeitgeists and subcultures. 'To be continued' is a story that began with Frankenthaler and is still being told by other artists. They are stories of vibrant colour, with protagonists and antagonists, open spaces, playing fields and a great fertility that can give birth not only to abstraction, but also to figurative works. It is precisely this unfinished story that allows Frankenthaler to triumph today over many of her male colleagues, including Jackson Pollock and his drip paintings.

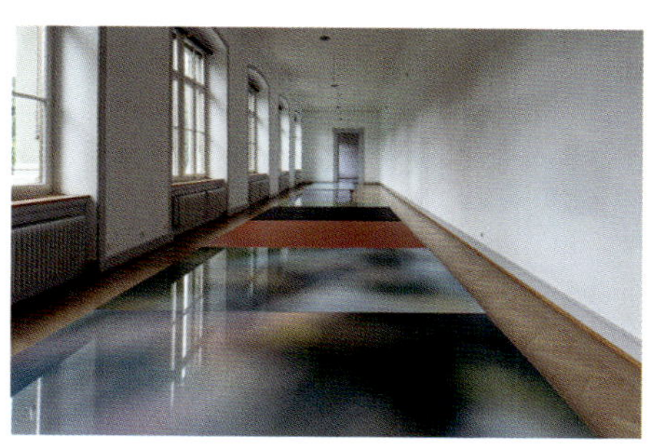

Abb./Fig. 13

Adrian Schiess (*/b. 1959)
*Peinture,* Ausstellungsansicht /
exhibition view, Musée du
FRAC PACA, Marseille, 2014

**1** Valeska von Rosen, 'Offenes Kunst-werk', in *Metzler Lexikon Kunstwissen-schaft*, ed. Ulrich Pfisterer, Stuttgart 2011, p. 315.

**2** Ibid., p. 316.

**3** Helen Frankenthaler, in *Helen Frank-enthaler Transcends Abstract Expres-sionism* [video], San Francisco Museum of Modern Art, https://www.youtube.com/watch?v=3SL4OkdJjOc (accessed: 20 August 2024).

**4** Douglas Dreishpoon, 'Drawing to Paint', in *Helen Frankenthaler: Painterly Constellations*, exh. cat. Kunsthalle Krems, Museum Folkwang Essen, Co-logne 2022, pp. 168–75, here p. 170.

**5** Mary Gabriel, 'Helen Frankenthaler as a Young Artist: The Deep End of Wonder', in *Helen Frankenthaler: Paint-erly Constellations*, exh. cat. Kunsthalle Krems, Museum Folkwang Essen, Co-logne 2022, pp. 160–7, here p. 163.

**6** Ibid., p. 165.

**7** Katharina Grosse, in 'Roundtable Discussion – Katharina Grosse, Pepe Karmel, Mary Weatherford moderated by Douglas Dreishpoon', in *Helen Frankenthaler – Late Works, 1988–2009*, Santa Fe 2022, pp. 59–69, here p. 63.

**8** Helen Frankenthaler, in *Helen Frankenthaler Transcends Abstract Expressionism* [video], San Francisco Museum of Modern Art, https://www.youtube.com/watch?v=3SL4OkdJjOc (accessed: 20 August 2024).

**9** Robert Fleck, *Die Ablösung vom 20. Jahrhundert – Malerei der Gegen-wart*, Vienna 2013.

**10** 'Das Bild ist zum einen von den Grundgedanken des Abstrakten Ex-pressionismus geprägt, einen flachen, zweidimensionalen Bildraum über die freie Aktion des Armes jenseits der visuellen Kontrolle des Geschehens durch den Maler aufzubauen. Zum an-deren aber führt die wässrige, "schwim-mende" Maltechnik zum "Floaten" der Figur im Bildraum, was die strenge Zweidimensionalität des Abstrakten Expressionismus und seiner Nachfolge in der Malerei der zweiten Hälfte des 20. Jahrhunderts zumindest aufweicht.' Ibid., pp. 11f.

**11** Katharina Grosse, in 'Roundtable Discussion – Katharina Grosse, Pepe Karmel, Mary Weatherford moderated by Douglas Dreishpoon', in *Helen Frankenthaler – Late Works, 1988–2009*, Santa Fe 2022, pp. 59–69, here p. 62.

**12** Cf. Nadine Engel, 'Spectacle of the Sea: Fluidity in the Work of Helen Frankenthaler', in *Helen Frankenthaler: Painterly Constellations*, exh. cat. Kunsthalle Krems, Museum Folkwang Essen, Cologne 2022, pp. 152–9, here p. 152.

**13** Robert Nava in conversation with Larissa Kikol, August 2024.

**14** Adrian Schiess, in 'Contradictory Context – Adrian Schiess in Conversa-tion with Ulrich Loock', in *Adrian Schiess, Coquelicot*, exh. cat. Galerie nächst St. Stephan Rosemarie Schwarzwälder, Wolkersdorf 2022, pp. 14–18, here p. 14.

**15** Gregor Jansen, 'Gerken's Garden', https://ina-gerken.com/text (accessed: 15 October 2024).

Malerei der Leichtigkeit und der Schwerelosigkeit ausgesetzt wird und darüber zu Narrativen über Farben und Formen findet – auch wenn Gerken dabei zur Geste und zur menschlichen Spur zurückkehrt.

Die Frage, was von Helen Frankenthaler bleibt, stellt sich nicht, bezieht sie sich doch nur auf abgeschlossene Werke und Positionen. Stattdessen stellt sich die Frage, wie ihr Weg durch nachfolgende Generationen, Zeitgeister und Subkulturen immer wieder neu beschritten wird. „To be continued" ist eine Geschichte, die bei Frankenthaler anfing und von anderen Künstlern weitererzählt wird. Es sind Geschichten aus lebendiger Farbe, mit Protagonisten und Antagonisten, mit Freiräumen, Spielfeldern und mit einer großen Fruchtbarkeit, die nicht nur Abstraktion, sondern auch Figürliches gebären kann. Es ist genau diese nicht auserzählte Geschichte, die Frankenthaler heute über viele ihrer männlichen Kollegen, darunter auch Jackson Pollock und seine Dripping-Arbeiten, triumphieren lässt.


**1** Valeska von Rosen: „Offenes Kunstwerk", in: *Metzler Lexikon Kunstwissenschaft*, hrsg. von Ulrich Pfisterer, Stuttgart 2011, S. 315.

**2** Ebd., S. 316.

**3** Helen Frankenthaler, in: „Helen Frankenthaler Transcends Abstract Expressionism" (Video), San Francisco Museum of Modern Art, https://www.youtube.com/watch?v=3SL4OkdJjOc (Zugriff: 20.8.2024).

**4** Douglas Dreishpoon: „Drawing to Paint", in: *Helen Frankenthaler, Malerische Konstellationen*, Ausst.-Kat. Kunsthalle Krems, Museum Folkwang Essen, Köln 2022, S. 168–175, hier S. 170.

**5** Mary Gabriel: „Helen Frankenthaler as a young artist: the deep end of wonder", in: *Helen Frankenthaler, Malerische Konstellationen*, Ausst.-Kat. Kunsthalle Krems, Museum Folkwang Essen, Köln 2022, S. 160–167, hier S. 163.

**6** Ebd., S. 165.

**7** Katharina Grosse, in: „Roundtable Discussion – Katharina Grosse, Pepe Karmel, Mary Weatherford moderated by Douglas Dreishpoon", in: *Helen Frankenthaler – Late Works, 1988–2009*, Santa Fe 2022, S. 59–69, hier S. 63.

**8** Helen Frankenthaler, in: „Helen Frankenthaler Transcends Abstract Expressionism" (Video), San Francisco Museum of Modern Art, URL: https://www.youtube.com/watch?v=3SL4OkdJjOc (Zugriff: 20.8.2024).

**9** Robert Fleck: *Die Ablösung vom 20. Jahrhundert – Malerei der Gegenwart*, Wien 2013.

**10** Ebd., S. 11f.

**11** Katharina Grosse, in: „Roundtable Discussion – Katharina Grosse, Pepe Karmel, Mary Weatherford moderated by Douglas Dreishpoon", in: *Helen Frankenthaler – Late Works*, 1988–2009, Santa Fe 2022, S. 59–69, hier S. 62.

**12** Vgl. Nadine Engel: „Spectacle of the sea: Das Fluide im Schaffen von Helen Frankenthaler", in: *Helen Frankenthaler, Malerische Konstellationen*, Ausst.-Kat. Kunsthalle Krems, Museum Folkwang Essen, Köln 2022, S. 152–159, hier S. 152.

**13** Robert Nava im Gespräch mit der Autorin Larissa Kikol, August 2024.

**14** Adrian Schiess, in: „Widersprüchlicher Zusammenhang – Adrian Schiess spricht mit Ulrich Loock", in: *Adrian Schiess, Coquelicot*, Ausst.-Kat. Galerie nächst St. Stephan Rosemarie Schwarzwälder, Wolkersdorf 2022, S. 14–18, hier S. 14.

**15** Gregor Jansen: „Gerken's Garden", URL: https://ina-gerken.com/text (Zugriff: 15.10.2024).

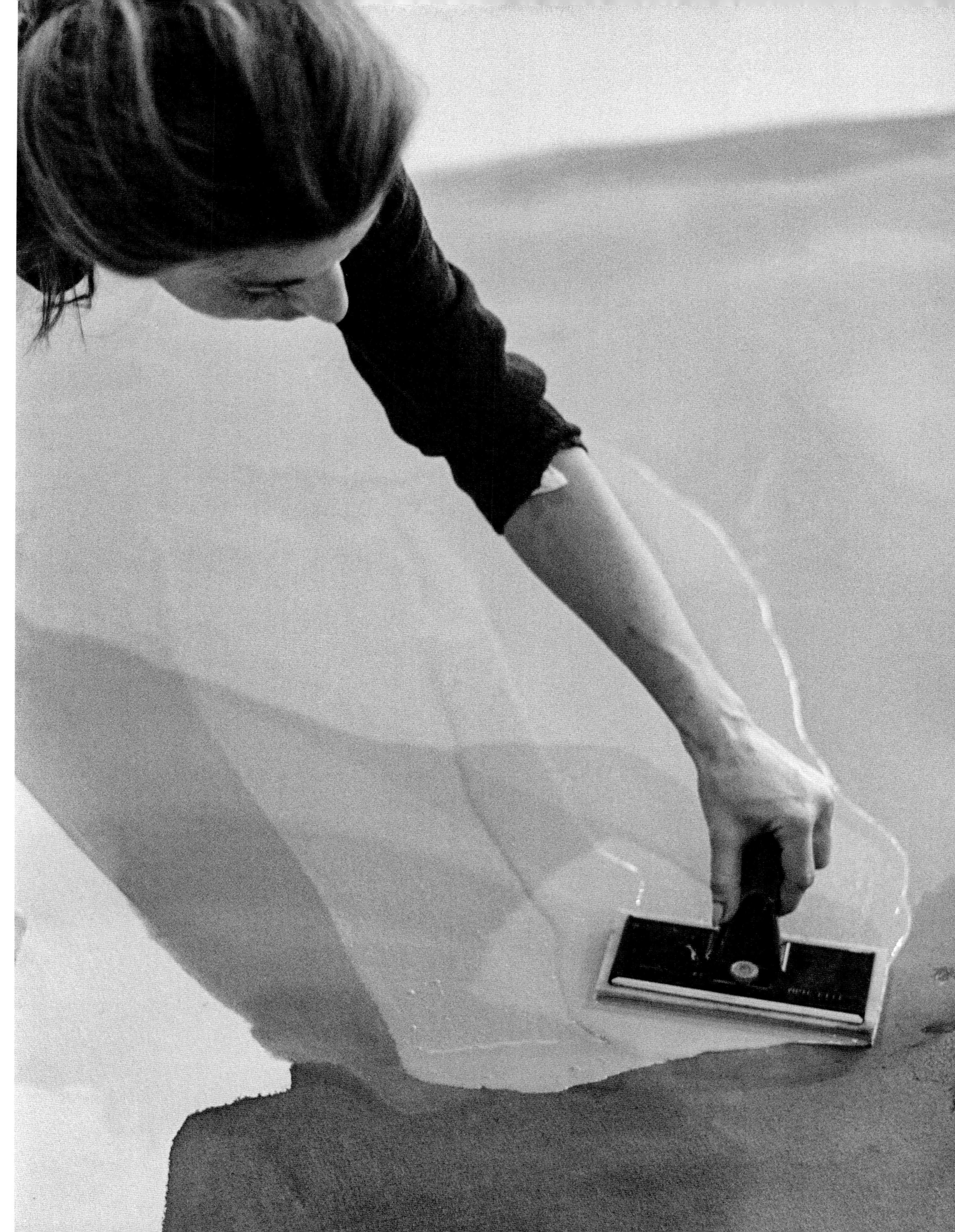

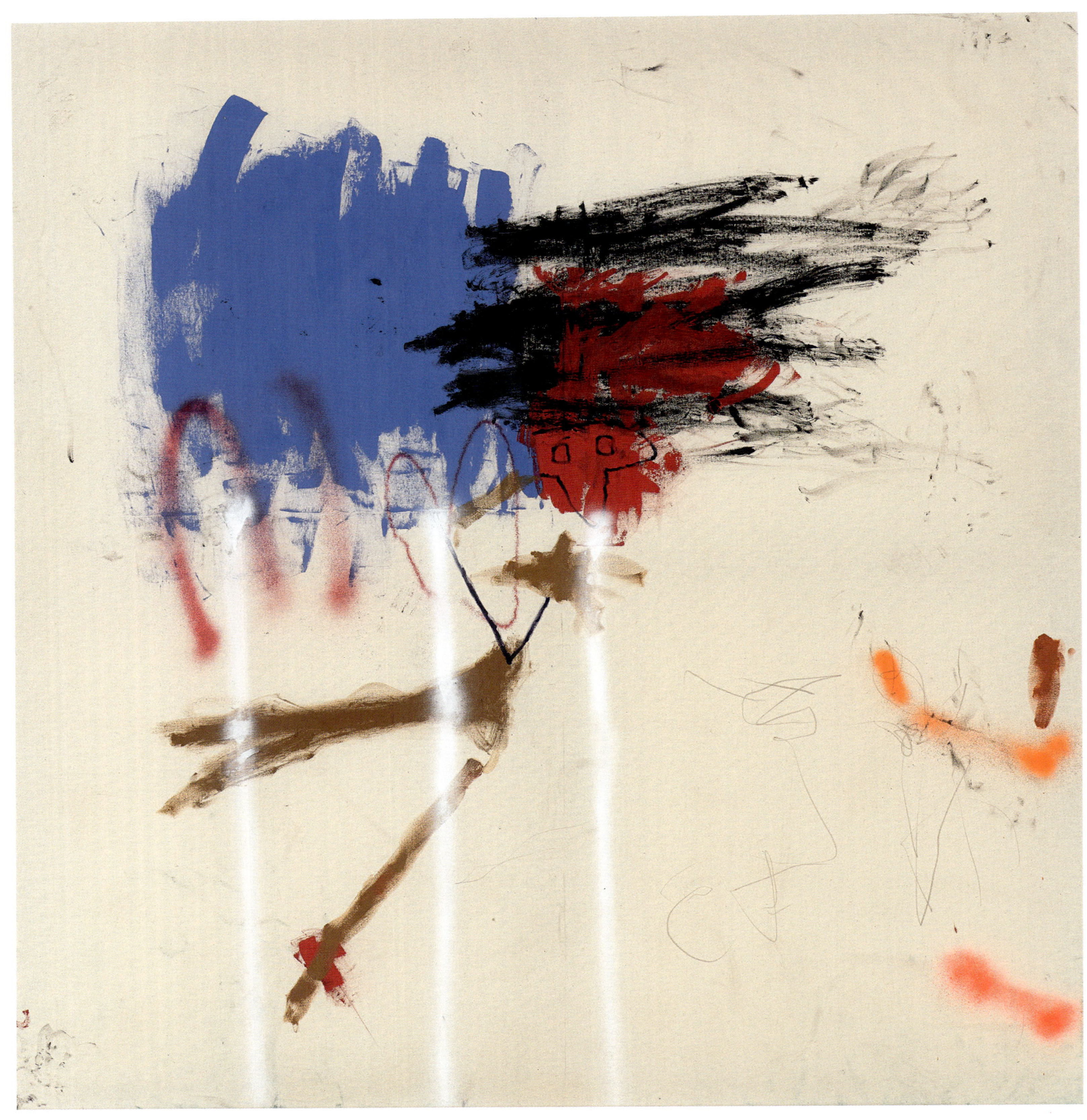

**Jenny Brosinski (*/b. 1984)**

*maybe together we can get somewhere,* 2021
Öl, Ölsticks, Sprühfarbe
und Bleistift auf Leinwand /
Oil, oil stick, spray paint
and pencil on canvas,
180 × 170 cm

„Ich persönlich liebe besonders
Helen Frankenthalers spielerische
Leichtigkeit. Alles erscheint so einfach, fast schon ätherisch, bei ihr
und doch ernsthaft und poetisch —
das erreichen nur wenige Künstlerinnen und Künstler in dieser Konsequenz. Ihre Liebe zum Material,
ihre Entscheidung gegen klassische
Malwerkzeuge und für die unbehandelte, rohe Leinwand auf dem
Boden, unterstreichen für mich
das Unmittelbare und (Durch-)
Dringende ihrer Malerei.“

'Personally, I especially love Helen
Frankenthaler's playful lightness.
Everything seems so simple, almost
ethereal with her, and yet serious
and poetic — only a few artists
achieve this with such consistency.
Her love of the material, her decision to reject classic painting tools
and to place the untreated, raw
canvas on the floor, underline for
me the immediacy and urgency of
her painting.'

Jenny
Brosinski

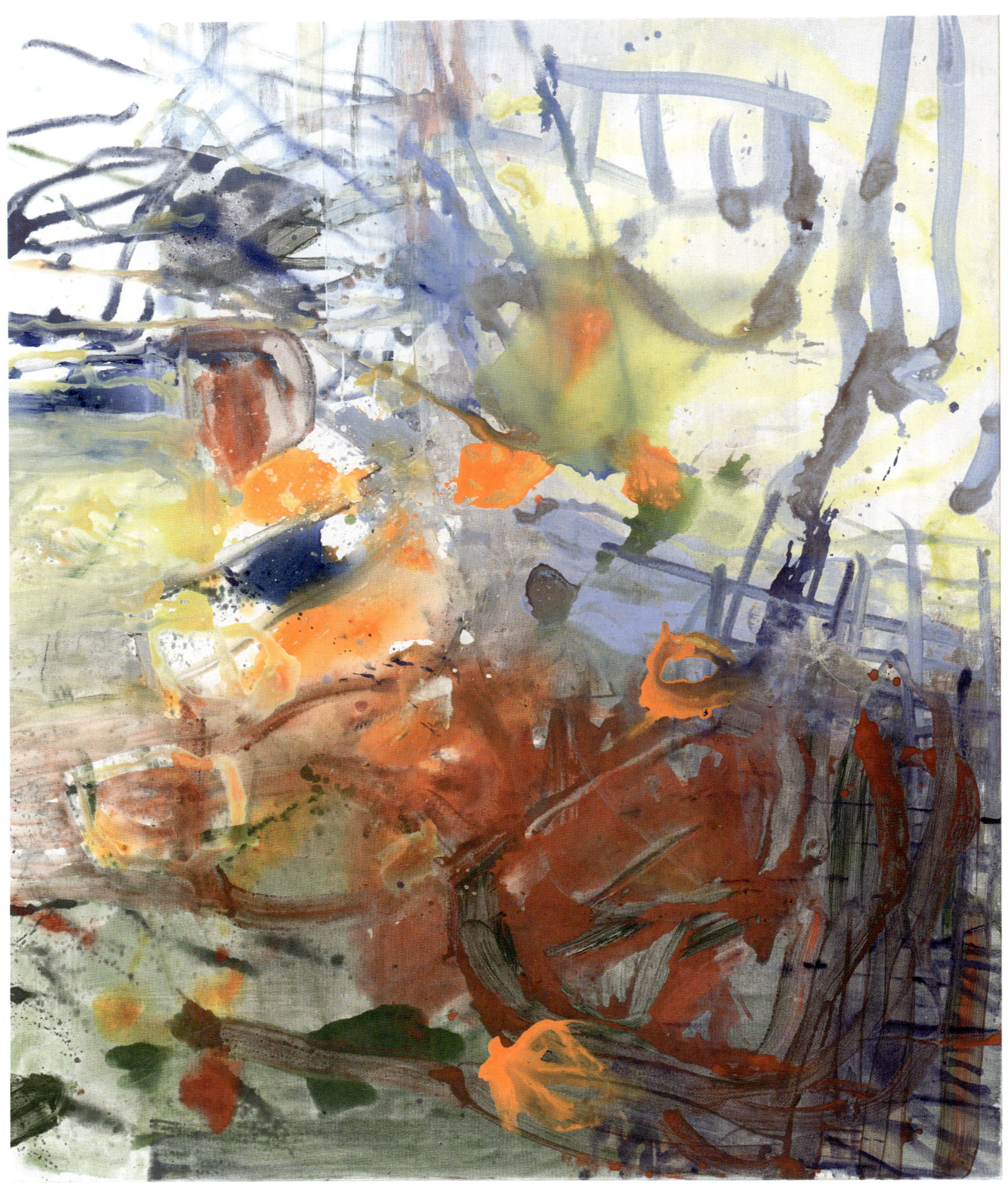

Ina Gerken (*/b. 1987)

*Swim,* 2022
Acryl auf Leinwand /
Acrylic on canvas,
179 × 149 cm

„An Helen Frankenthalers Arbeit schätze ich vor allem
einen gewissen erzählenden Aspekt innerhalb ihrer
ungegenständlichen Malerei, der die Betrachtenden
assoziieren, fühlen und eine eigene Ordnung finden
lässt. Die Verbindung zum eigenen Unterbewusstsein,
welches überraschende Bilder hervorbringt, sowie eine
Inspiration, die in Natur und Landschaft liegt, ohne
jedoch eine konkrete Landschaft abbilden oder nach-
ahmen zu wollen, sind Aspekte ihrer Arbeit, die ich auch
für meine eigenen Arbeiten als relevant empfinde.
Das Arbeiten in zum Teil sehr großen Formaten, das
ein "Sich-Verlieren" im Bild ermöglicht sowie eine
prozessuale Vielfalt mit verschiedenen Formen des
Farbauftrags, verbinde ich ebenfalls mit Frankenthalers Arbeiten. In ihrem unmittelbaren Farbauftrag,
der keinen festen Regeln zu unterliegen scheint,
liegen eine feine Sensibilität und wunderbare Frische
und Lebendigkeit."

'What I particularly appreciate about Helen
Frankenthaler's work is a certain narrative aspect
within her nonrepresentational painting that allows
viewers to associate, feel and find their own order. The
connection to one's own subconscious, which produces surprising images, as well as an inspiration that
lies in nature and landscape, yet without wanting to
depict or imitate a specific landscape, are aspects of
her art that I also find relevant to my own work.
I also associate Frankenthaler's work with sometimes
using very large formats which allow you to "lose
yourself" in the image, as well as a procedural diversi-
ty with different ways of applying colour. In her direct application of paint, which does not seem to be
subject to any fixed rules, there is a fine sensitivity
and a wonderful freshness and vibrancy.'

Ina Gerken

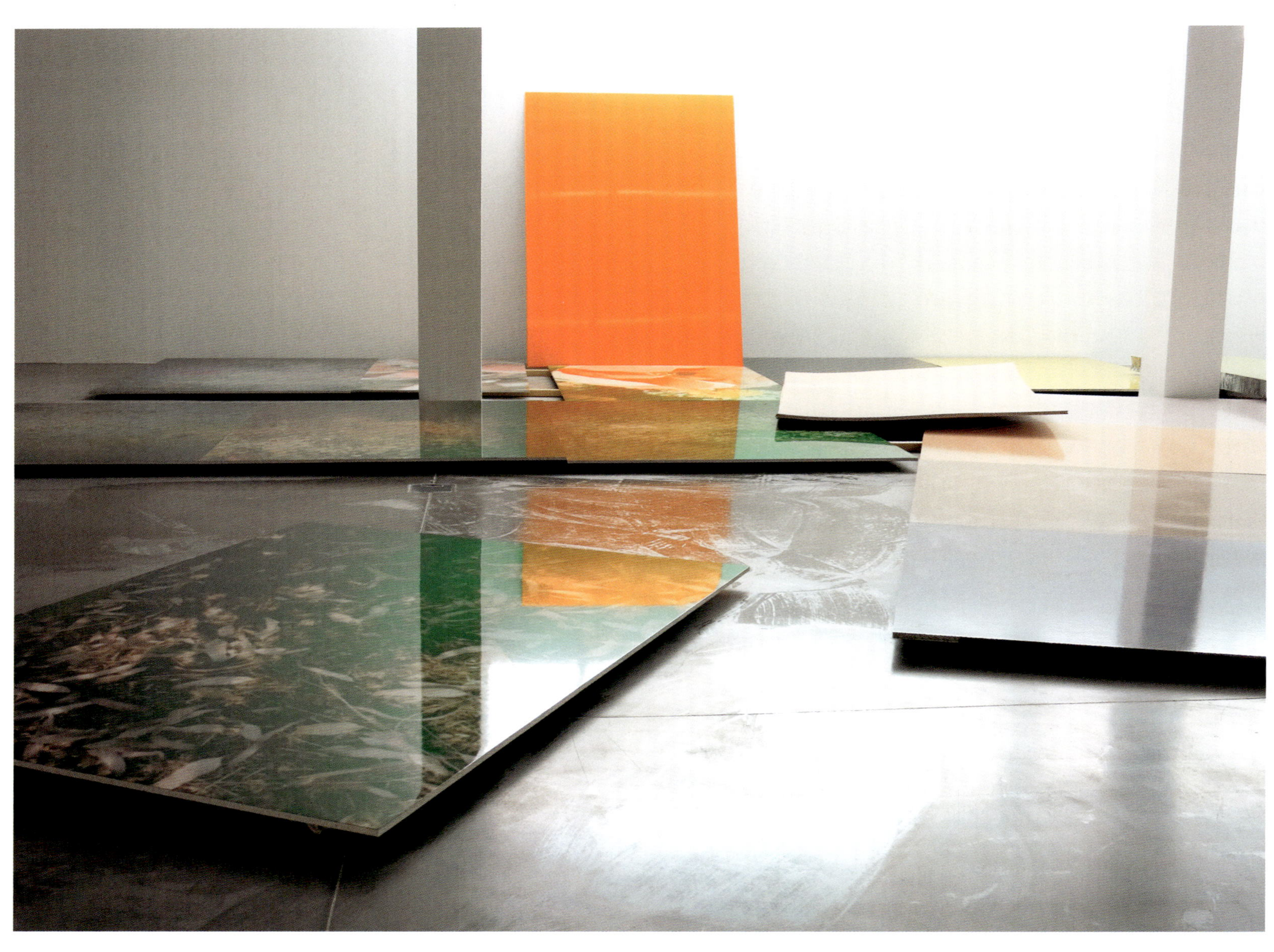

**Adrian Schiess (*/b. 1959)**

Ausstellungsansicht / Exhibition view
*Peinture*, Musée du FRAC PACA
Marseille, 2014

„Helen Frankenthaler bewahrte sich ihr Leben lang eine größtmögliche künstlerische Freiheit, die in ihren Werkphasen unterschiedliche Auffassungen von Malerei hervorbrachte. Sie gehörte zu den Künstler:innen, die unermüdlich daran arbeiteten, neue Wege zu gehen. Indem sie auf am Boden liegenden Leinwandrollen malte, ließ sie das Format bis zum Schluss offen. So bewegte sie sich in einem unbegrenzten Raum — eine Herausforderung, denn die Bildränder geben oft Halt während des Entstehungsprozesses. Erst durch das Aufspannen der Leinwand wurde die Malerei zum Bild und dadurch für sie begreifbar. Frankenthalers offene Herangehensweise an die Malerei erschütterte das traditionelle Bildverständnis. Ihre Werke sind konsequent aus der Autonomie der Malerei heraus gedacht.“

'Helen Frankenthaler maintained the greatest possible artistic freedom throughout her life, which led to diverse interpretations of painting across different phases of her work. She was among the artists who tirelessly sought new paths and broke away from conventional boundaries.
By working on canvas rolls laid flat on the floor, she kept the format open until the very end, allowing her to operate in an unbounded space — a challenge, as the edges of a canvas often provide a sense of structure during the creative process. It was only when the canvas was stretched that the painting became a defined image, one she could truly grasp. Frankenthaler's open approach to painting fundamentally disrupted traditional concepts of the image. Her works were conceived entirely from the autonomy of painting, with the act of creation itself at their core.'

Adrian
Schiess

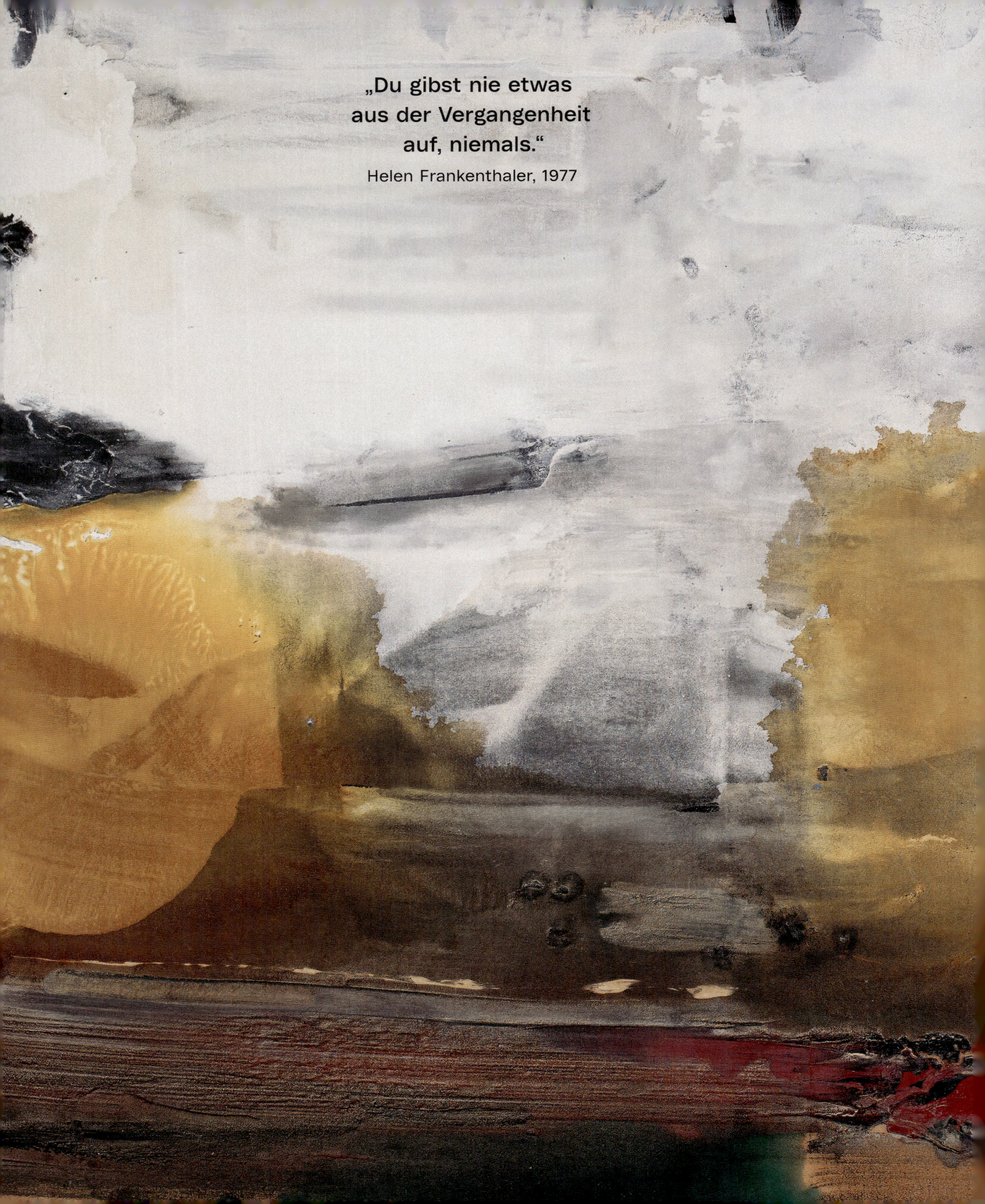
„Du gibst nie etwas
aus der Vergangenheit
auf, niemals."
Helen Frankenthaler, 1977

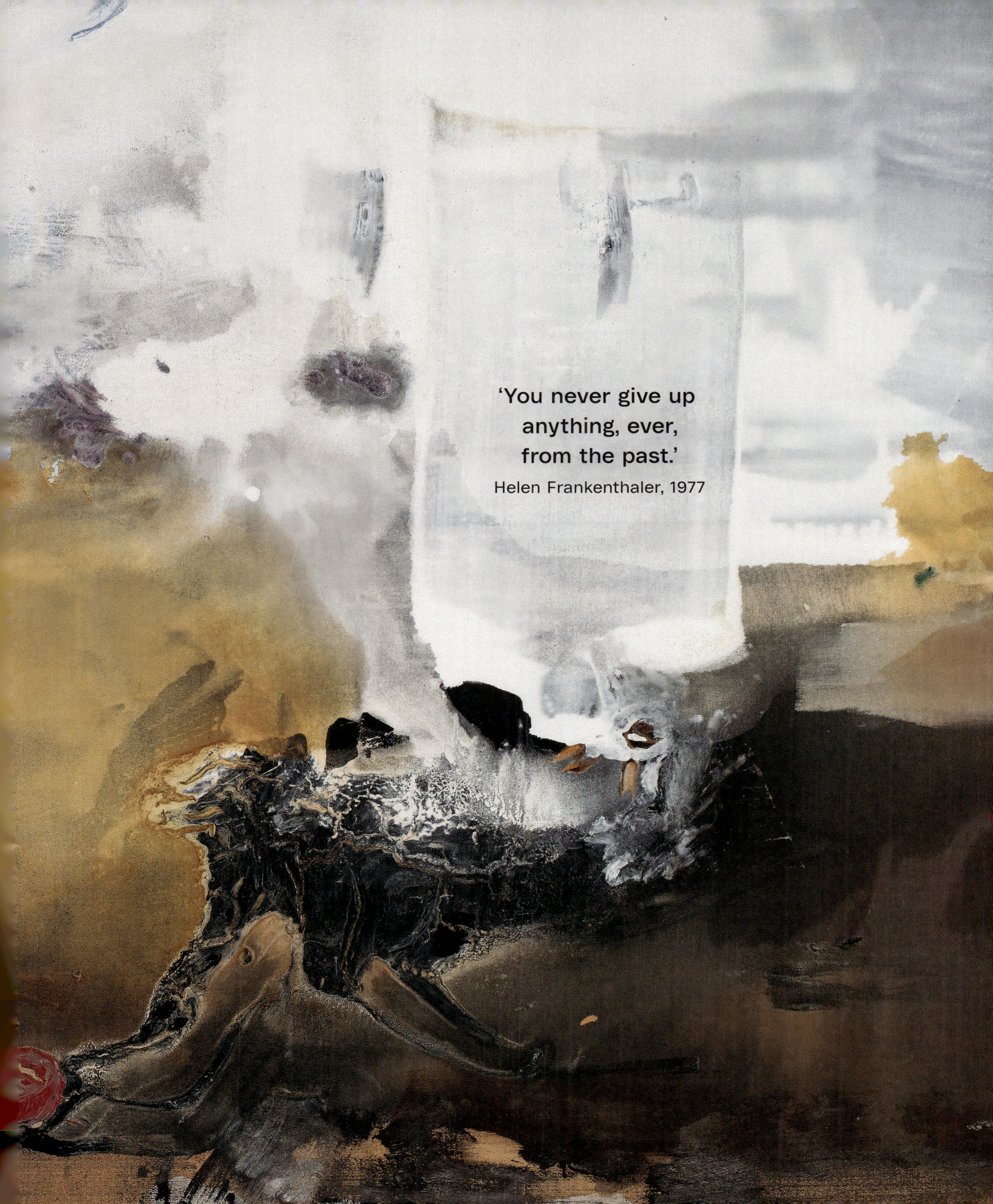
'You never give up
anything, ever,
from the past.'
Helen Frankenthaler, 1977

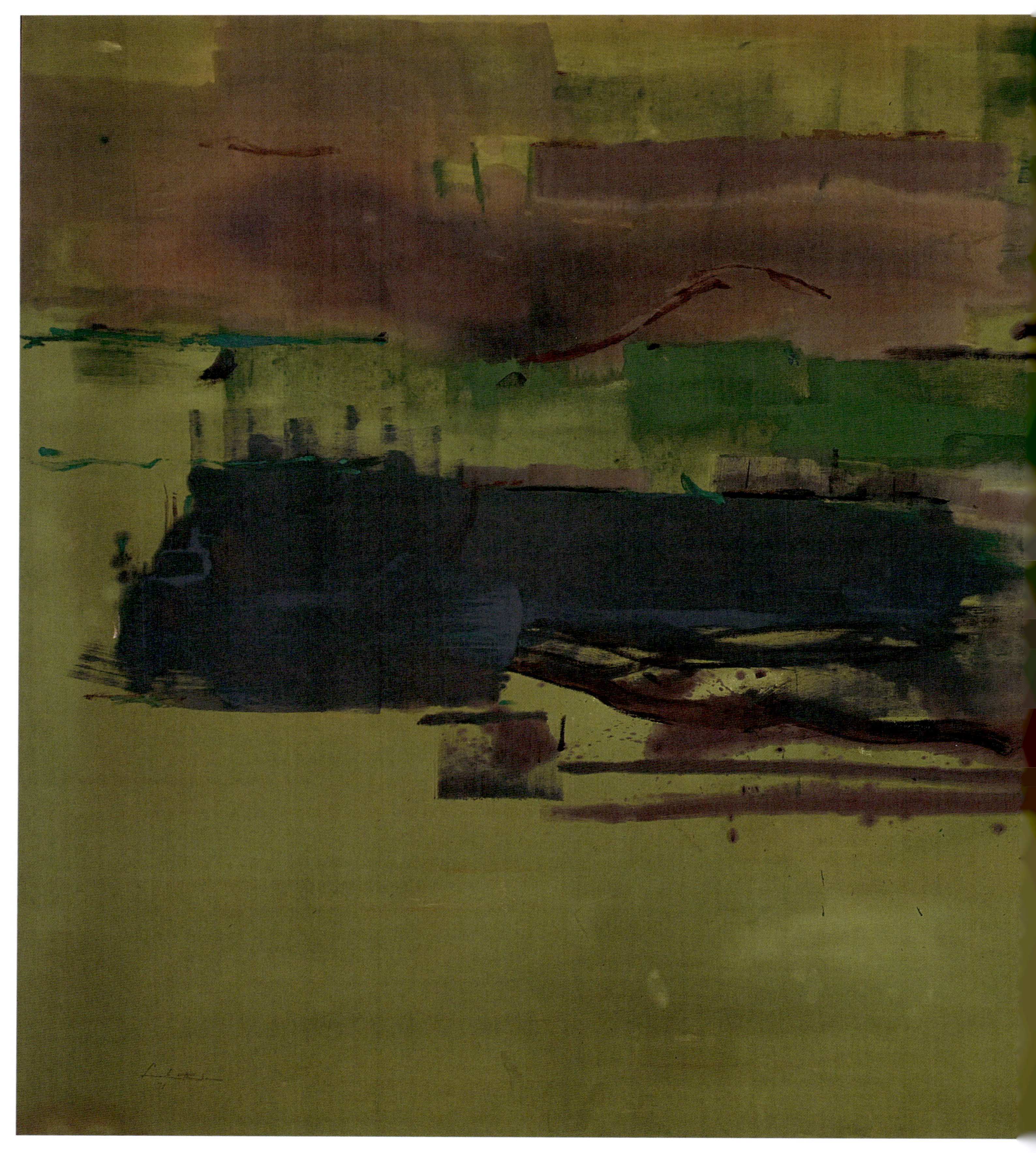

*August Deep,* 1978

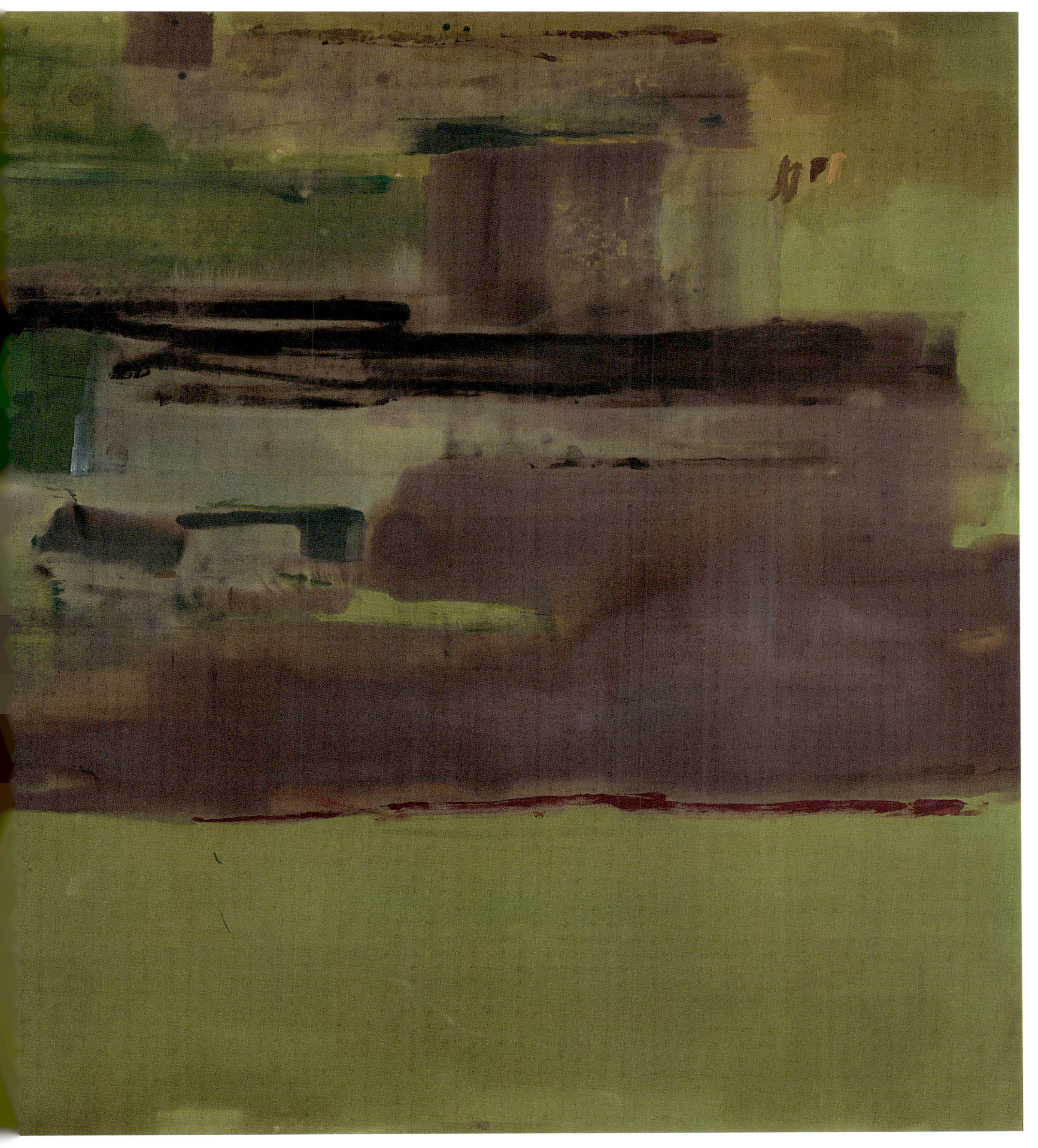

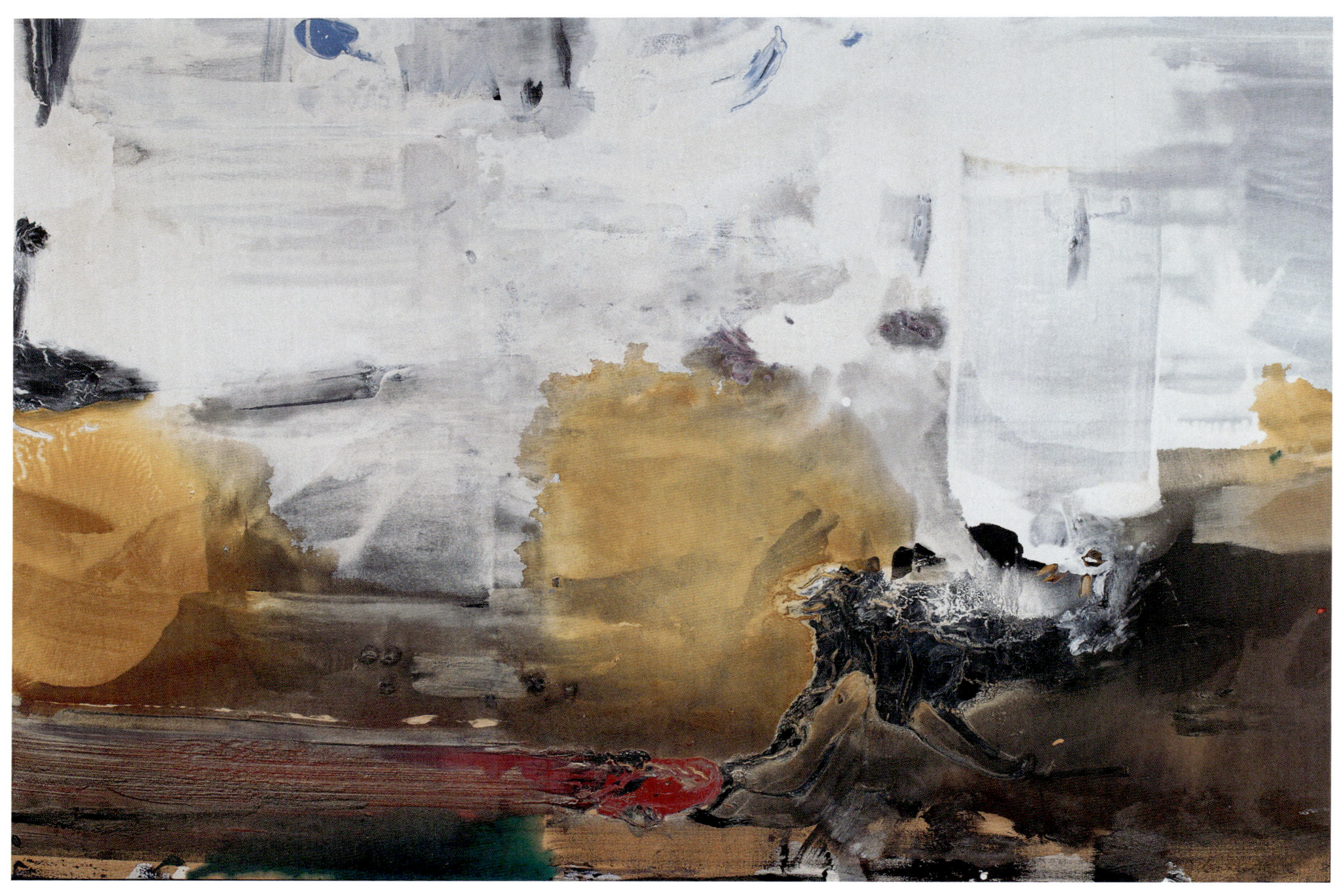

*For Hiroshige,* 1981

Schon früh untersuchte Frankenthaler, wie Malerei funktioniert, indem sie die Werke der alten Meister dekonstruierte und ihre eigenen abstrakten Interpretationen schuf.[1] „Ich habe gelernt, moderne Bilder durch die Alten Meister zu betrachten – und umgekehrt", resümierte sie 1989.[2] Ihre eigene Sammlung enthielt einen Druck aus Utagawa Hiroshiges Farbholzschnitt-serie *100 berühmte Ansichten von Edo* (1856–8), die in der Tradition des Ukiyo-e entstand. In ihrem Gemälde *For Hiroshige* von 1981 bezieht sie sich auf das 86. Blatt der Serie mit dem Titel *Naitō Shinjuku in Yotsuya*. Dieser Verweis ist in ihrer Malerei jedoch kaum wiederzuerkennen, da das entlehnte Motiv zur Abstraktion geworden ist. In diesem Fall sind es die Formen der Pferdehufe im unteren Teil des Holzschnitts, die sie ins Zentrum ihres querformatigen Gemäldes setzt. Statt der ruhigen Flächen mit Farbverläufen, wie sie in ihren früheren Arbeiten oft vorkommen, ist die Oberfläche dieses Werks stark belebt. Verwischte, pastose Partien vermitteln die Bewegung, die Frankenthaler in den Schaffensprozess eingebracht hat. Der malerische Reichtum in den unterschiedlichen „Aggregatzu-ständen" der Farbe macht die Raffinesse ihrer Werke dieser Zeit aus.

Early on, Frankenthaler explored how painting works by de-constructing the works of old masters and creating her own abstract interpretations.[1] As she reflected in 1989: 'I learned how to look at modern pictures because of old masters, and vice versa.'[2] Her collection included a print from Utagawa Hiroshige's woodblock series *100 Famous Views of Edo* (1856–8), pro-duced in the Ukiyo-e tradition. In her painting *For Hiroshige* (1981), Frankenthaler references the 86th print in the series, titled *Naitō Shinjuku in Yotsuya*. However, this allusion is scarcely recognisable in her abstracted interpre-tation. In her horizontal composition, she centres the horse hoof forms from the bottom part of the woodcut. Rather than the calm gradients of colour often present in her earlier works, this piece features a lively surface. Blurred, impasto areas convey the movement Franken-thaler incorporated into the process. The richness of paint in different 'states of matter' constitutes the finesse of her work during this period.

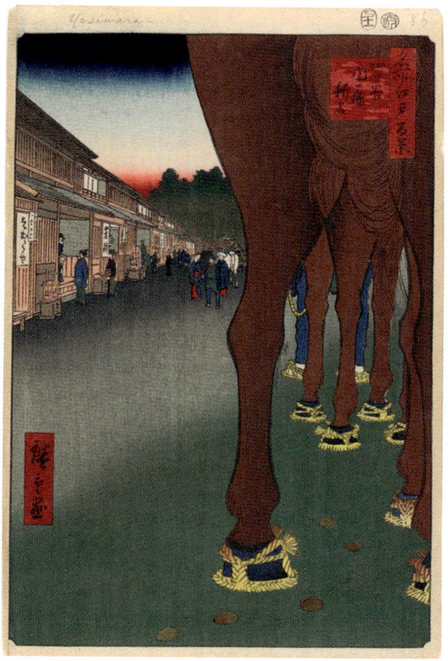

Utagawa Hiroshige
(1797–1858),
*Naito Shinjuku, Yotsuya*,
Nr. 86 / No. 86 aus
*Einhundert berühmte
Ansichten von Edo* /
from *One Hundred
Famous Views of Edo*,
1857
Holzschnitt /
Woodblock print,
36 × 23,5 cm
Brooklyn Museum, Geschenk
von / Gift of Anna Ferris,
30.1478.86

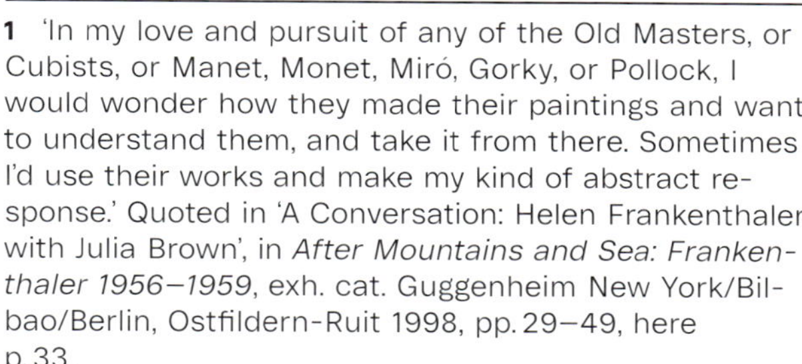

---

**1**  „Bei meiner Liebe für alle Alten Meister und während der Beschäftigung mit ihnen oder den Kubisten oder Manet, Monet, Miró, Gorky oder Pollock fragte ich mich immer, wie sie ihre Gemälde gemacht hatten; ich wollte sie verstehen und etwas von ihnen übernehmen. Manchmal verwendete ich ihre Werke und schuf meine Art abstrakter Antwort darauf." Aus: „Ein Gespräch, Helen Frankenthaler und Julia Brown", in: *After Moun-tains and Sea: Frankenthaler 1956–1959*, Ausst.-Kat. Guggenheim New York/Bilbao/Berlin, Ostfildern-Ruit 1998, S. 29–49, hier S. 33.

**2**  Helen Frankenthaler, 1989, in: Deborah Solomon: „Helen Frankenthaler: Artful Survivor", in: *New York Times Magazine*, 14.5.1989, S. 63.

---

**1**  'In my love and pursuit of any of the Old Masters, or Cubists, or Manet, Monet, Miró, Gorky, or Pollock, I would wonder how they made their paintings and want to understand them, and take it from there. Sometimes I'd use their works and make my kind of abstract re-sponse.' Quoted in 'A Conversation: Helen Frankenthaler with Julia Brown', in *After Mountains and Sea: Franken-thaler 1956–1959*, exh. cat. Guggenheim New York/Bil-bao/Berlin, Ostfildern-Ruit 1998, pp. 29–49, here p. 33.

**2**  Helen Frankenthaler, 1989, in Deborah Solomon, 'Helen Frankenthaler: Artful Survivor', *The New York Times Magazine*, 14 May 1989, p. 63.

*Barcelona,* 1987

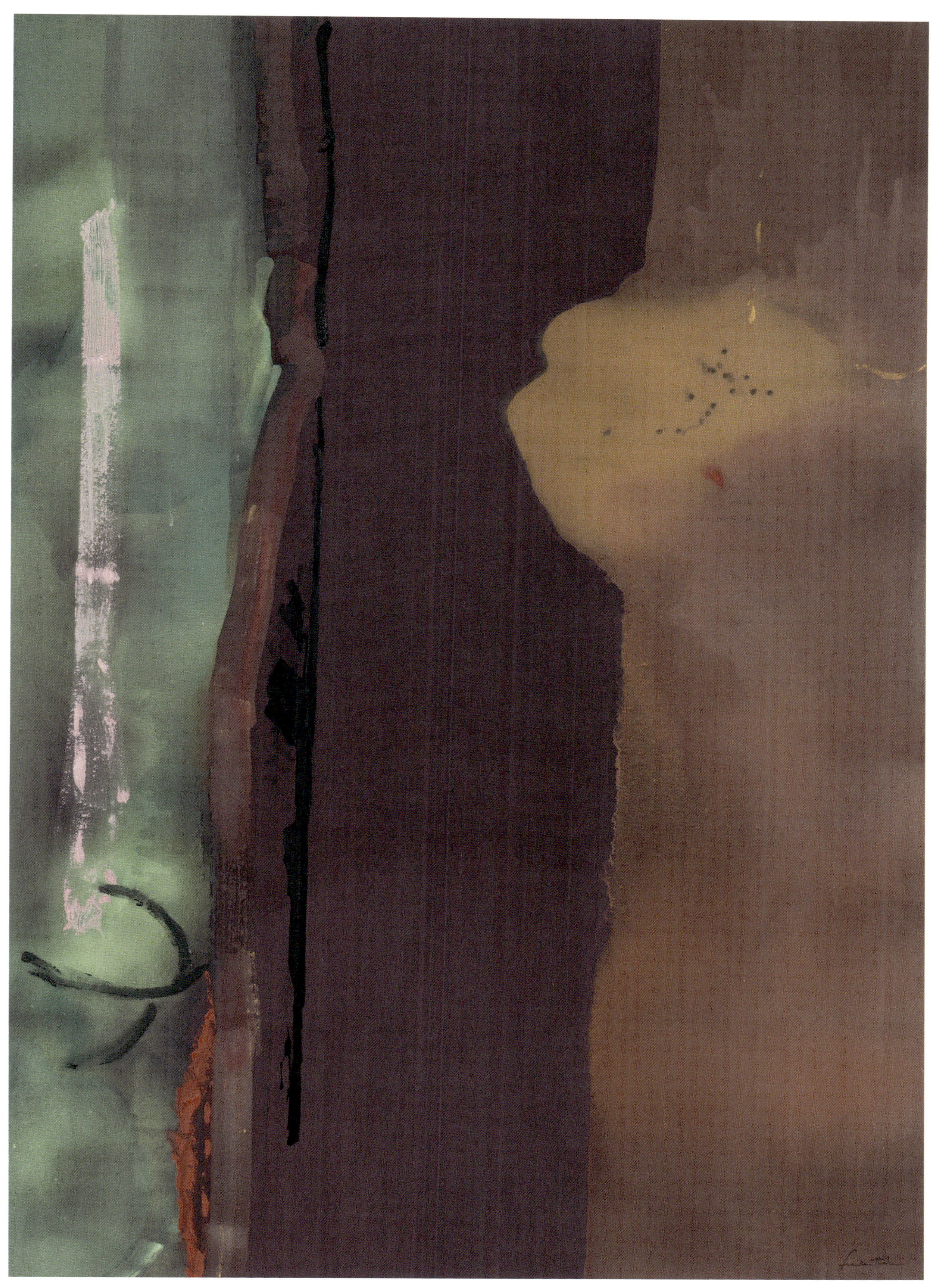

*The Month of March II,* 1978

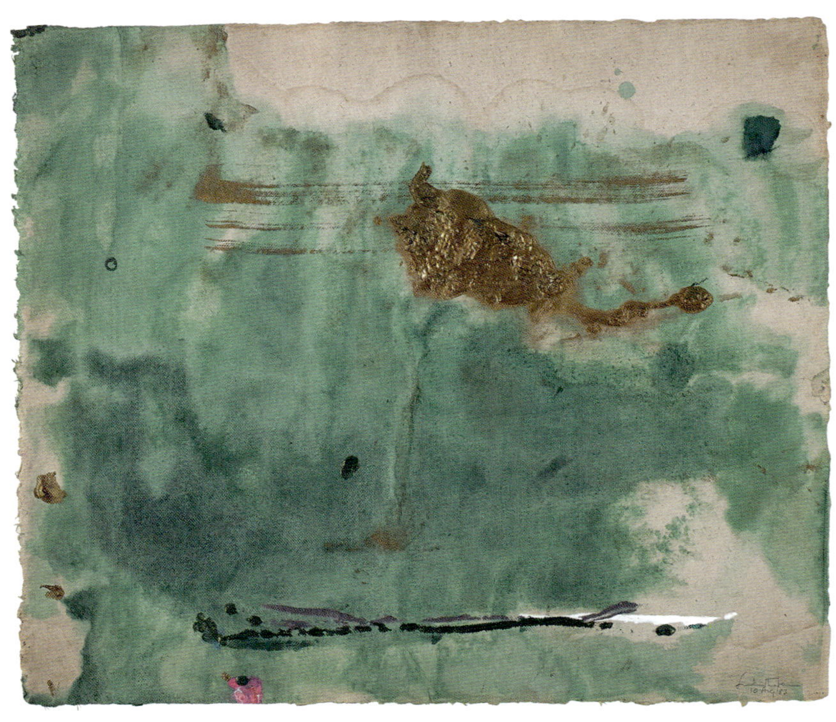

*Untitled,* 1983

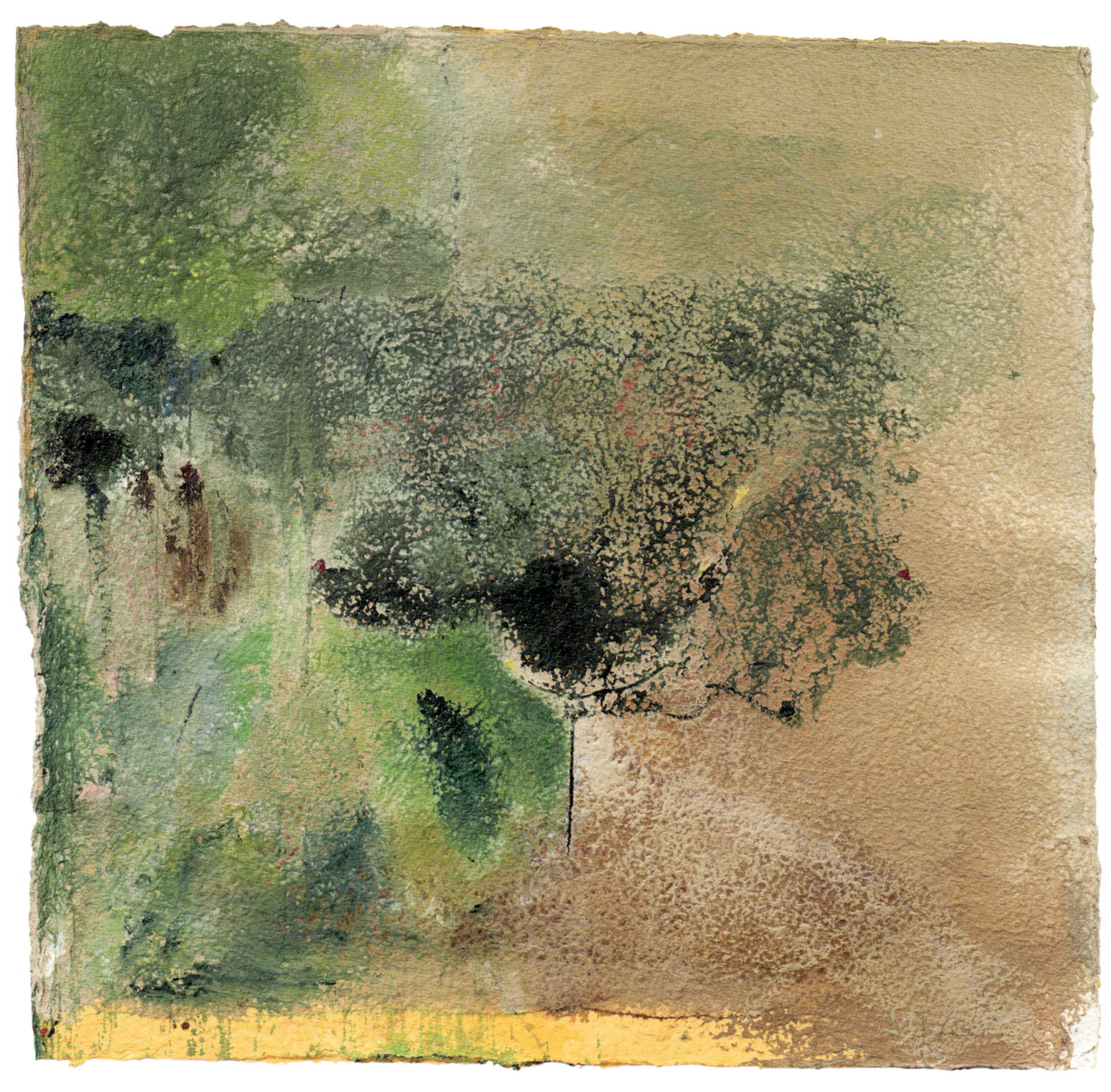

*End of Summer,* 1995

Die Malerei der 1980er Jahre zeichnet sich bei Frankenthaler durch gestische Spuren, Spritzer dünnflüssiger Farbe und stehen gelassene Farbklumpen aus. Ein typisches Beispiel für diese neue Bildauffassung ist *Ghost* (1983). Blaue, violette, braune und rosafarbene Kleckse verteilen sich über einem grau schimmernden Hintergrund. Ein breiter Pinselstrich im unteren Drittel des Bildes schafft eine Horizontlinie. Während Frankenthaler einige der auf die Leinwand geworfenen Farbmassen vermalt, lässt sie andere bewusst stehen. Die Bewegung und Zufälligkeit im Schleudern der Farbe erinnert an den Automatismus der amerikanischen abstrakten Maler:innen der Nachkriegszeit, bei dem der freie, unbewusste Geist die Kontrolle im Atelier übernimmt. Vor allem Jackson Pollock machte sich diese Technik in seinen Action-Paintings zunutze. Frankenthaler grenzte sich jedoch in einem Interview mit Julia Brown 1997 von Pollocks Methode ab: „Ich selbst war nie, um Harold Rosenbergs Begriff zu verwenden, ein ‚Action-Painter‘. Ich wollte keine heftigen Gesten oder Pinselstriche vorführen. […] Der Kubismus hatte eine andere Art von Aktion oder Bewegung, in dem er Vordergründe gegen Hintergründe und leere Räume gegen relativ volle Räume ausspielte. Das sprach mich an. Ich habe mich immer mit einer Malerei beschäftigt, die die flache Oberfläche betont und sie dann wieder negiert."[1]

Mit den beiden kontrastierenden Elementen von verlaufendem Hintergrund und gestischen Farbspritzern, die sich über das gesamte Querformat erstrecken, verdeutlicht *Ghost* wie auch das ein Jahr zuvor entstandene *Fallen Angel* (1982) aus der Sammlung Reinhard Ernst das Anliegen der Künstlerin.

Frankenthaler's painting of the 1980s is marked by gestural traces, splashes of thin liquid paint and areas of thick, undisturbed pigment. A typical example of this new approach is *Ghost* (1983). Splashes of blue, purple, brown and pink are scattered across a shimmering greyish background. A wide brushstroke in the lower third of the painting forms a horizon line. While Frankenthaler reworked some of the paint masses thrown onto the canvas, she deliberately left others untouched.

The movement and randomness of the thrown paint recall the automatism of postwar American abstract painters, where the free, unconscious mind takes control in the studio. Jackson Pollock, in particular, utilised this technique in his action paintings. In an interview with Julia Brown in 1997, however, Frankenthaler distanced herself from Pollock's method: 'I was never, using Harold Rosenberg's term, an "action painter". I did not want to demonstrate strong gesture or brushstroke … Cubism had another kind of action or movement, playing foregrounds against backgrounds, and empty spaces against rather crowded spaces. That was appealing to me. I have always been concerned with painting that simultaneously insists on a flat surface and then denies it.'[1]

With its contrasting elements of flowing background and gestural spatters of paint extending across the entire horizontal format, *Ghost*, like *Fallen Angel* (1982) from the Reinhard Ernst collection, demonstrates the artist's intention.

---

**1** Aus: „Ein Gespräch, Helen Frankenthaler und Julia Brown", in: *After Mountains and Sea: Frankenthaler 1956–1959*, Ausst.-Kat. Guggenheim New York/Bilbao/Berlin, Ostfildern-Ruit 1998, S. 29–49, hier S. 46.

**1** Quoted in 'A Conversation: Helen Frankenthaler with Julia Brown', in *After Mountains and Sea: Frankenthaler 1956–1959*, exh. cat. Guggenheim New York/Bilbao/Berlin, Ostfildern-Ruit, pp. 29–49, here p. 45.

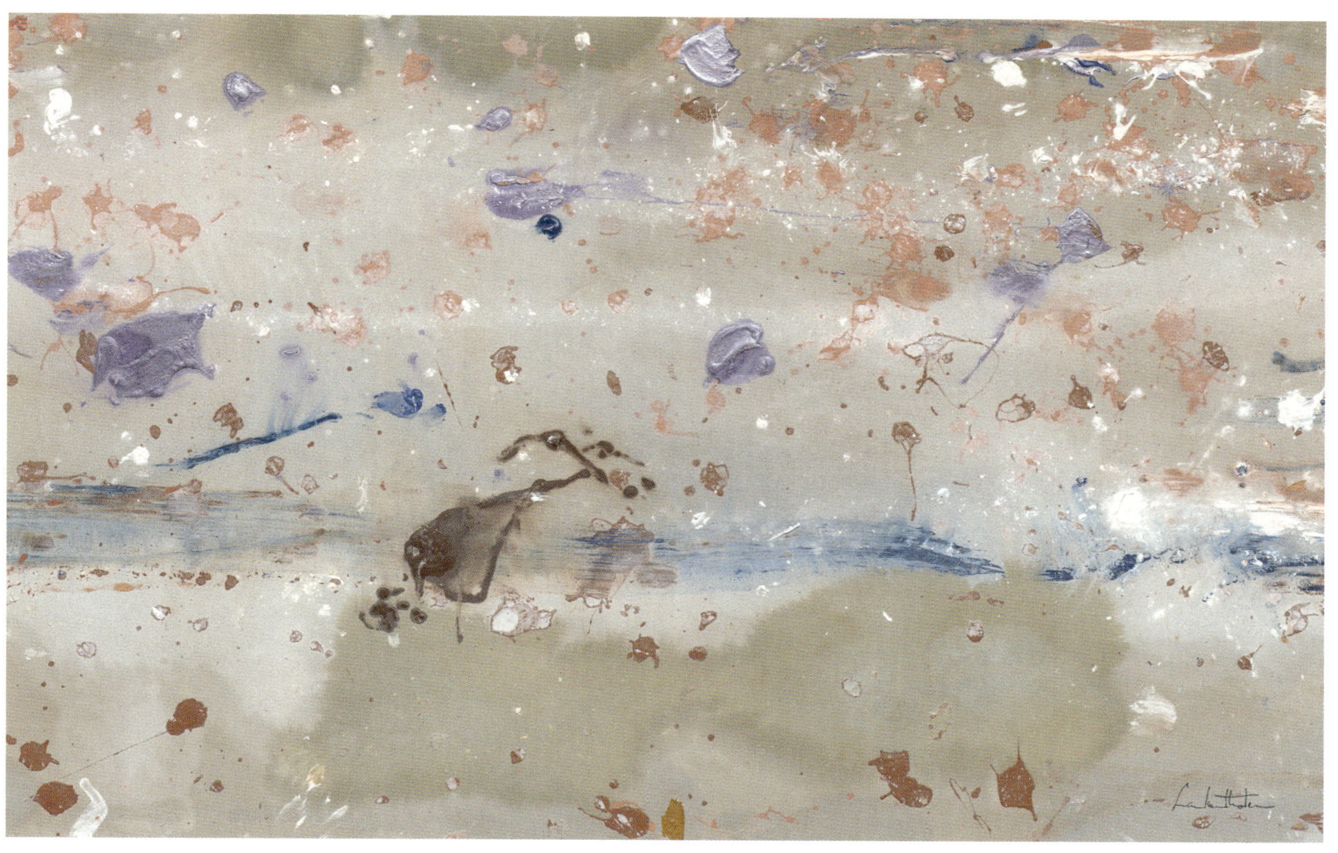

*Ghost,* 1983                                        *Fallen Angel,* 1982

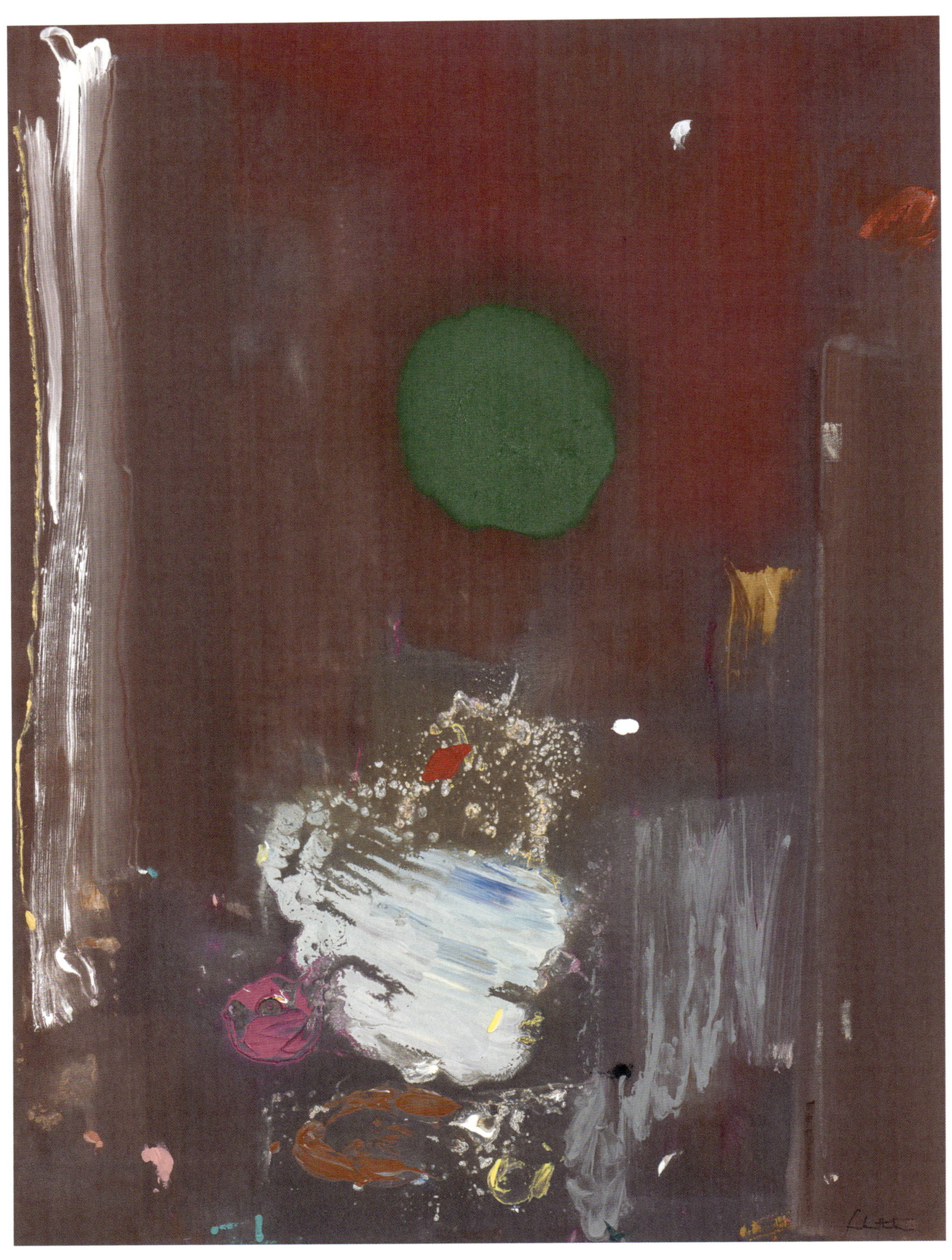

*Green Moon,* 1984

Helen Frankenthaler und Adolph Gottlieb lernten sich 1950 kennen, als die New Yorker Kootz Gallery für die Gruppenausstellung *Fifteen Unknowns: Selected by Artists of the Kootz Gallery* fünf ihrer Künstler einlud, jeweils drei unbekannte Künstler:innen auszuwählen.[1] Gottlieb entschied sich, Helen Frankenthaler vorzuschlagen, was ihren Durchbruch in der New Yorker Kunstszene bedeutete. Bereits ein Jahr später hatte sie ihre erste Einzelausstellung in der Tibor de Nagy Gallery in New York.

*Green Moon* (1984) entstand zehn Jahre nach Adolph Gottliebs Tod und wirkt wie eine respektvolle Hommage an ihn. In dieser Komposition greift Frankenthaler Gottliebs Burst-Serie auf, die er von 1957 bis zum Ende seines Lebens weiterentwickelte. Diese Serie zeichnet sich durch eine einfache und direkte Bildsprache aus, die mit zwei Zonen arbeitet: eine obere Zone mit einer zentralen Kreisform und eine untere, die durch einen energetischen, gestischen Farbausbruch dominiert wird. Ein exemplarisches Werk aus dieser Serie ist *Istanbul* (1971). Auf einem weißen Grund schwebt ein tiefrot glühender Kreis über einem Wirbel aus weißer Farbe, über den sich teilweise graue Farbspritzer legen. Mit dieser Anordnung reflektiert Gottlieb seine Faszination für das Prinzip der Gegensätze. Es ist die Idee, dass das Universum durch gegensätzliche, aber sich ergänzende Pole geprägt ist. In dieser Konstellation kann das Oben auch das Unten sein und scheinbares Chaos sich zu einem harmonischen Ganzen fügen. Das Ergebnis ist ein dynamisches, weil unbeständiges Gleichgewicht. Gottlieb strebte danach, mit seinen Bildern einen plötzlichen, überwältigenden Eindruck zu erzeugen. Sie sollten auf den ersten Blick vollständig erfasst werden können, anstatt durch eine Reihe kleiner Entdeckungen allmählich entschlüsselt zu werden.[2] Dabei hat er wiederholt wörtliche Interpretationen seiner Bilder abgelehnt. Sein Anliegen war die Abstraktion und die starke emotionale Verbindung zwischen nicht wörtlichen Bildern und den Betrachter:innen. In *Green Moon* nimmt Frankenthaler diese Polaritäten auf, bettet sie jedoch in einen

Helen Frankenthaler and Adolph Gottlieb met in 1950 when the Kootz Gallery in New York invited five artists to each select three unknown artists for the group exhibition *Fifteen Unknowns.* Gottlieb chose Frankenthaler, which led to her breakthrough on the New York art scene.[1] Just one year later, she had her first solo exhibition at the Tibor de Nagy Gallery in New York.

*Green Moon* (1984), created ten years after Gottlieb's death, appears to be a respectful homage to him. In this composition, Frankenthaler draws on Gottlieb's Burst series, which he continued to develop from 1957 until his death in 1974. This series is characterised by a simple and direct pictorial language that operates with two zones: an upper zone with a central circular form and a lower one dominated by an energetic, gestural outburst of colour. *Istanbul* (1971) is an excellent example from this series. On a white background, a glowing, deep red circle hovers over a swirl of white paint, partially covered by grey splashes of paint. With this arrangement, Gottlieb reflects his fascination with the principle of opposites, in which the universe is shaped by contrasting yet complementary poles. In this constellation, up can also be down and apparent chaos can be resolved into a harmonious whole. The result is a dynamic, albeit impermanent, equilibrium. Gottlieb strove to create a sudden, overwhelming impression with his paintings. They were meant to be taken in completely at first glance, rather than gradually decoded through a series of small discoveries.[2] He repeatedly denied literal interpretations of his imagery. His focus was on abstraction and the strong emotional connection between the non-literal images and the viewers.

In *Green Moon,* Frankenthaler echoes these polarities, but embeds them within a fluid red colour space. Orange, white and pink pigments become clumps of

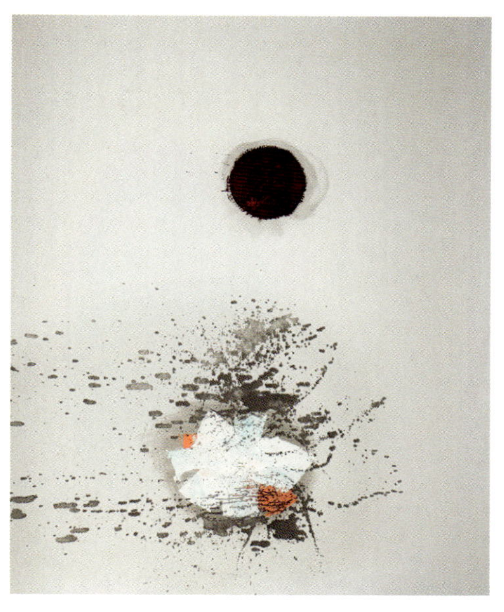

Adolph Gottlieb
(1903–1974),
*Istanbul*, 1971
Öl auf Leinwand /
Oil on canvas,
228 × 181,7 cm
Sammlung Reinhard Ernst /
Reinhard Ernst Collection,
Wiesbaden

fließend roten Farbraum ein. Orange, Gold
und rosafarbene Pigmente werden zu
gesättigten Farbklumpen, die auf der Leinwand stehen bleiben. Dazu sagte sie in
einem Interview im selben Jahr: „Die einzige Regel ist, dass es keine Regeln gibt.
Alles ist möglich – Metallfarbe oder etwas
Hässliches oder das Schütten von einer
*Riesenmenge* Farbe auf dünnes Papier.
Es geht um Risiken, das bewusste Eingehen von Risiken."[3]

saturated colour that remain fixed on the
canvas. In an interview that year, she
noted: 'The only rule is that there are no
rules. Anything is possible – metallic
paint or something ugly or pouring a
*huge* quantity of paint on thin paper. It's
all about risks, deliberate risks.'[3]

---

[1] Neben Adolph Gottlieb waren bekannte Künstler
der Galerie wie William Baziotes, Hans Hofmann
und Robert Motherwell dazu eingeladen.

[2] „You take it in its totality, instantaneously, and
it's not something that you look at with an eye for
detail […] The important thing is the immediate impact."
Gottlieb im Interview mit Martin Friedman, August
1962, Tape 2A, Typescript S. 26, zit. n. *Adolph Gottlieb:
A Retrospective,* Ausst.-Kat. Peggy Guggenheim
Collection, Venedig 2011, S. 51.

[3] Helen Frankenthaler, zit. n. Karen Wilkin:
*Frankenthaler. Works on paper, 1949–1984,* Ausst.-Kat.
Solomon R. Guggenheim u. a., New York 1984, S. 101.

[1] The five artists invited to select participants
were Adolph Gottlieb, William Baziotes, David Hare,
Hans Hofmann and Robert Motherwell.

[2] 'You take it in its totality, instantaneously, and it's
not something that you look at with an eye for detail …
The important thing is the immediate impact.' Gottlieb
in an interview with Martin Friedman, August 1962,
Tape 2A, Typescript p. 26, quoted in *Adolph Gottlieb:
A Retrospective,* exh. cat. Peggy Guggenheim Collection,
Venice 2011, p. 51.

[3] Helen Frankenthaler, quoted in Karen Wilkin,
*Frankenthaler: Works on Paper, 1949–1984,* exh. cat.
International Exhibitions Foundation, New York 1984,
p. 101.

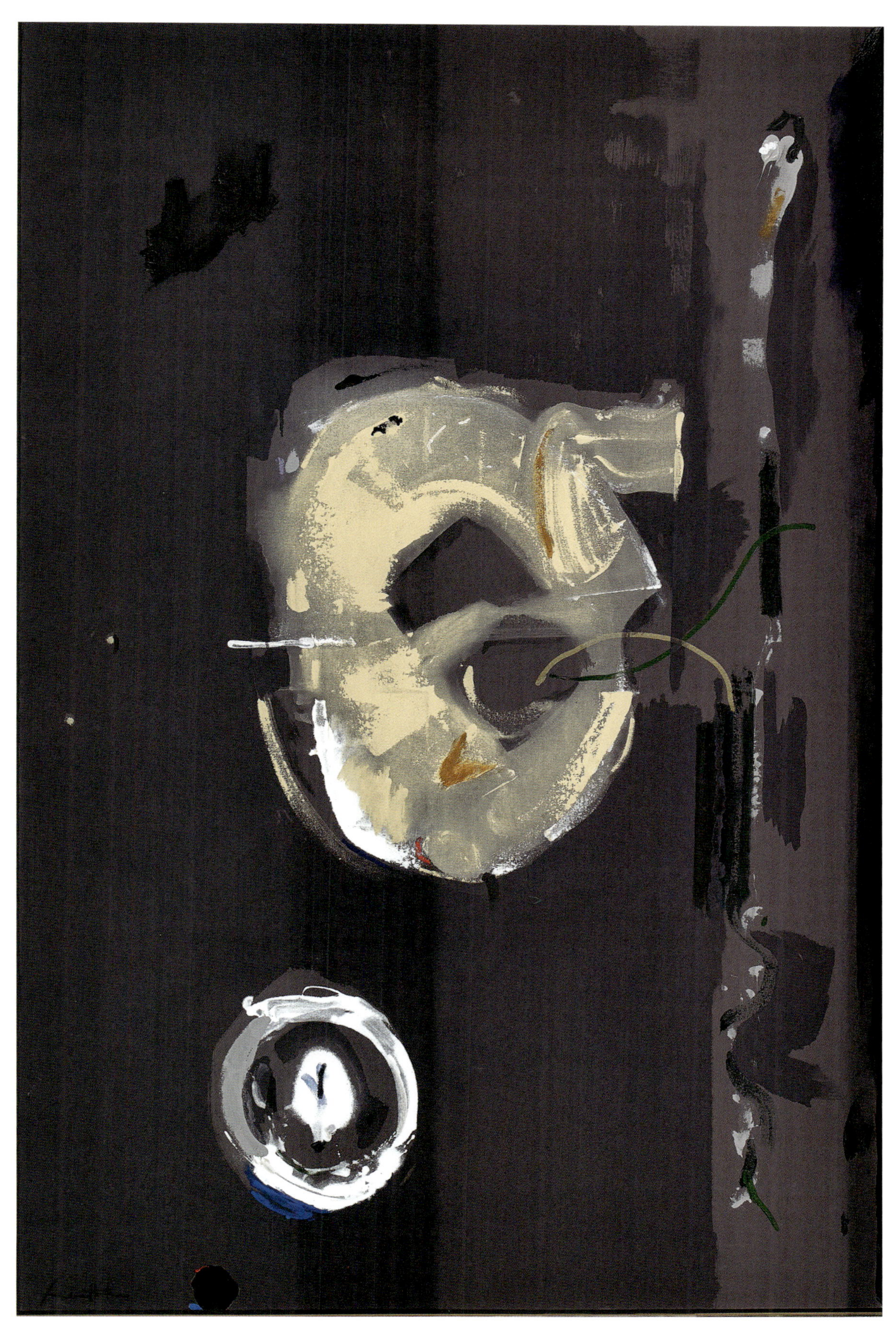

*Paris at Night,* 1986

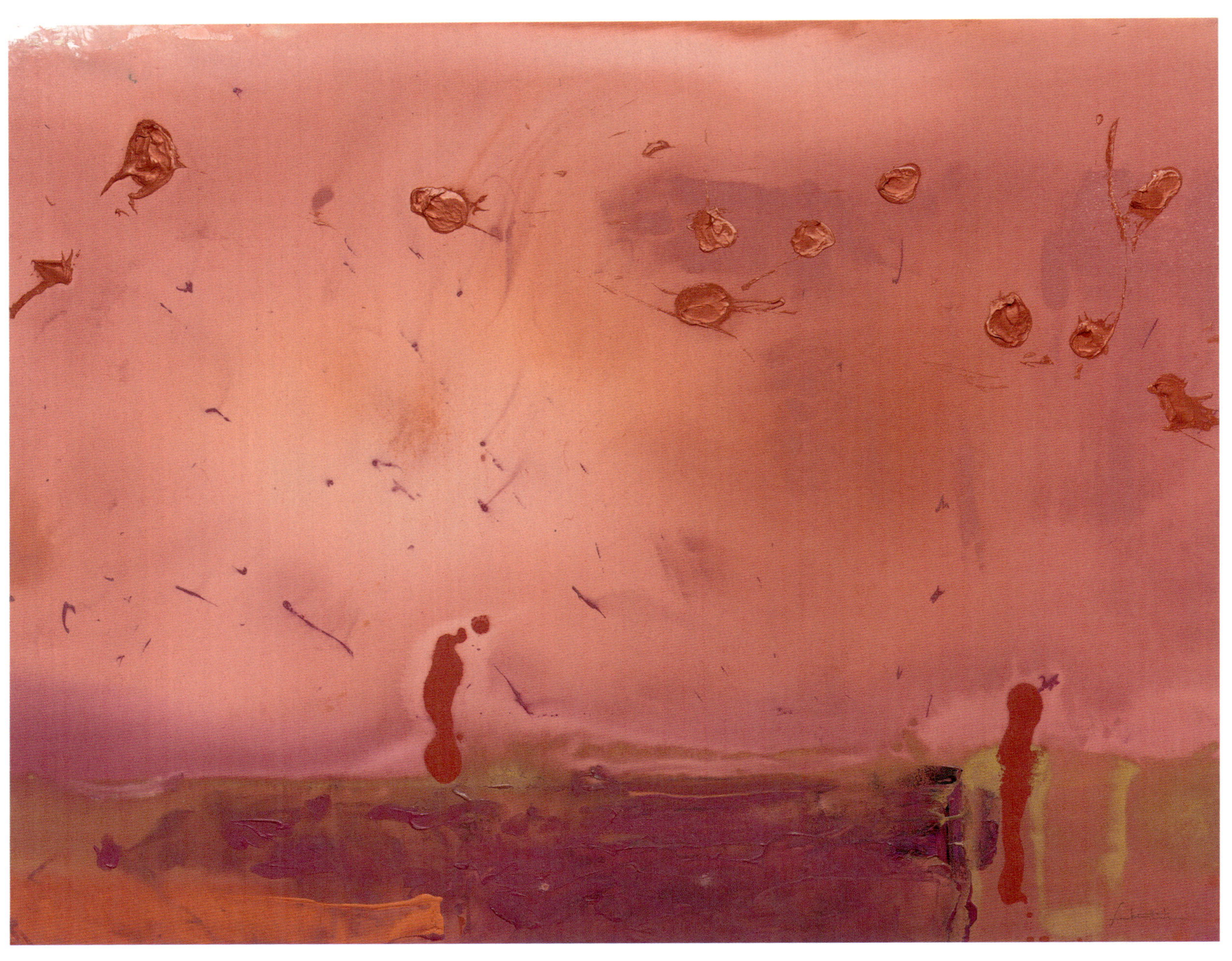

*Red Shift,* 1990

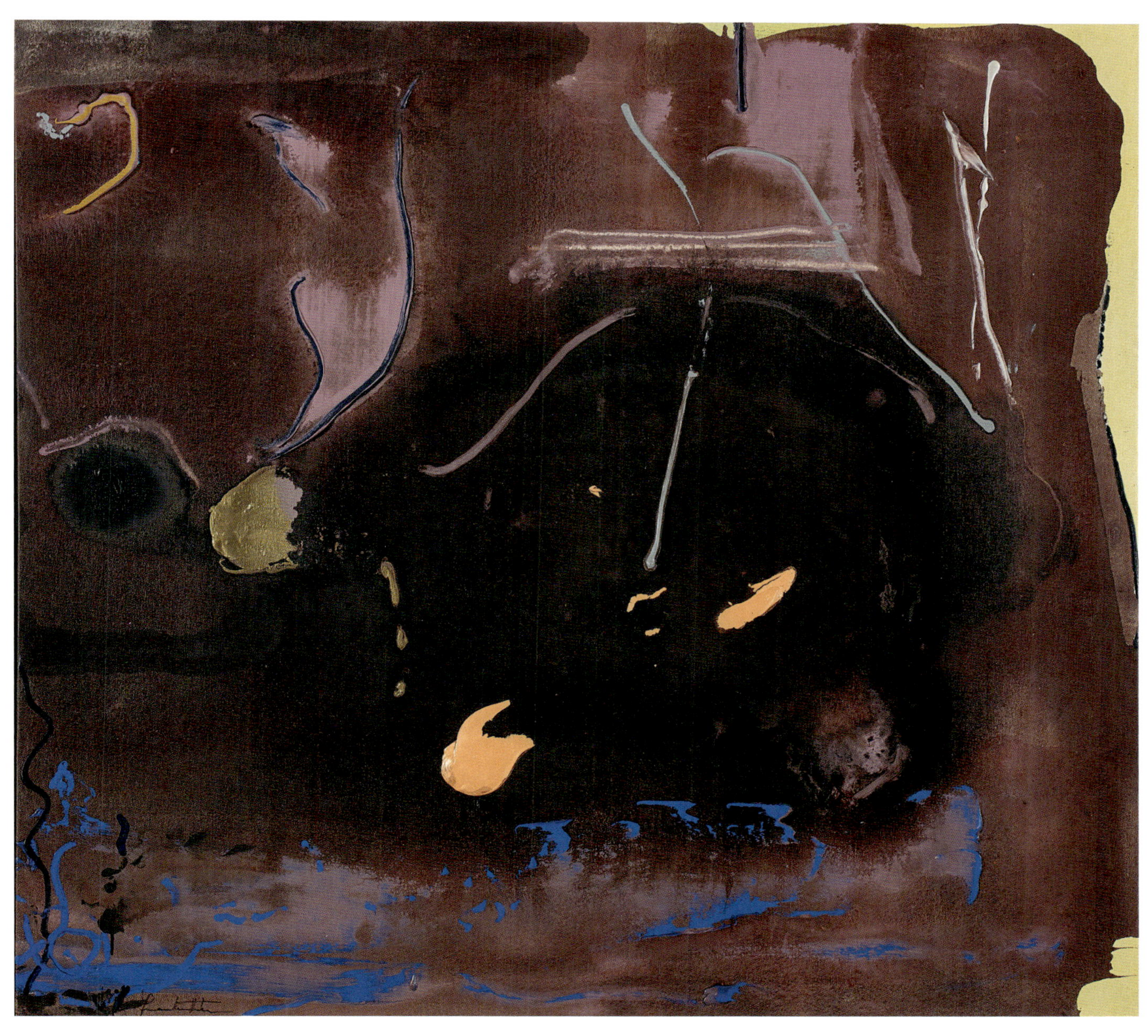

*Wellspring,* 1985

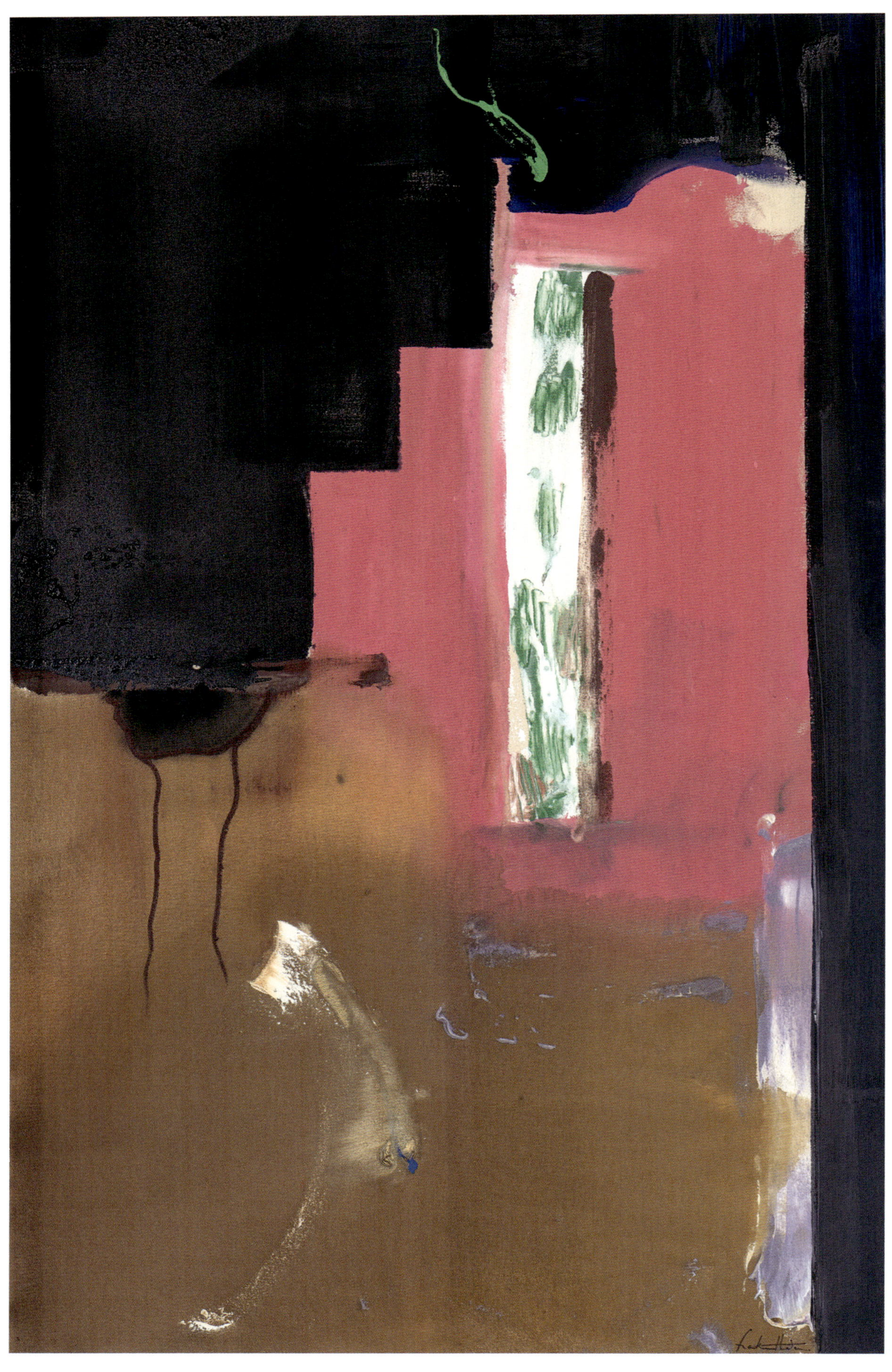

*Aqueduct,* 1987

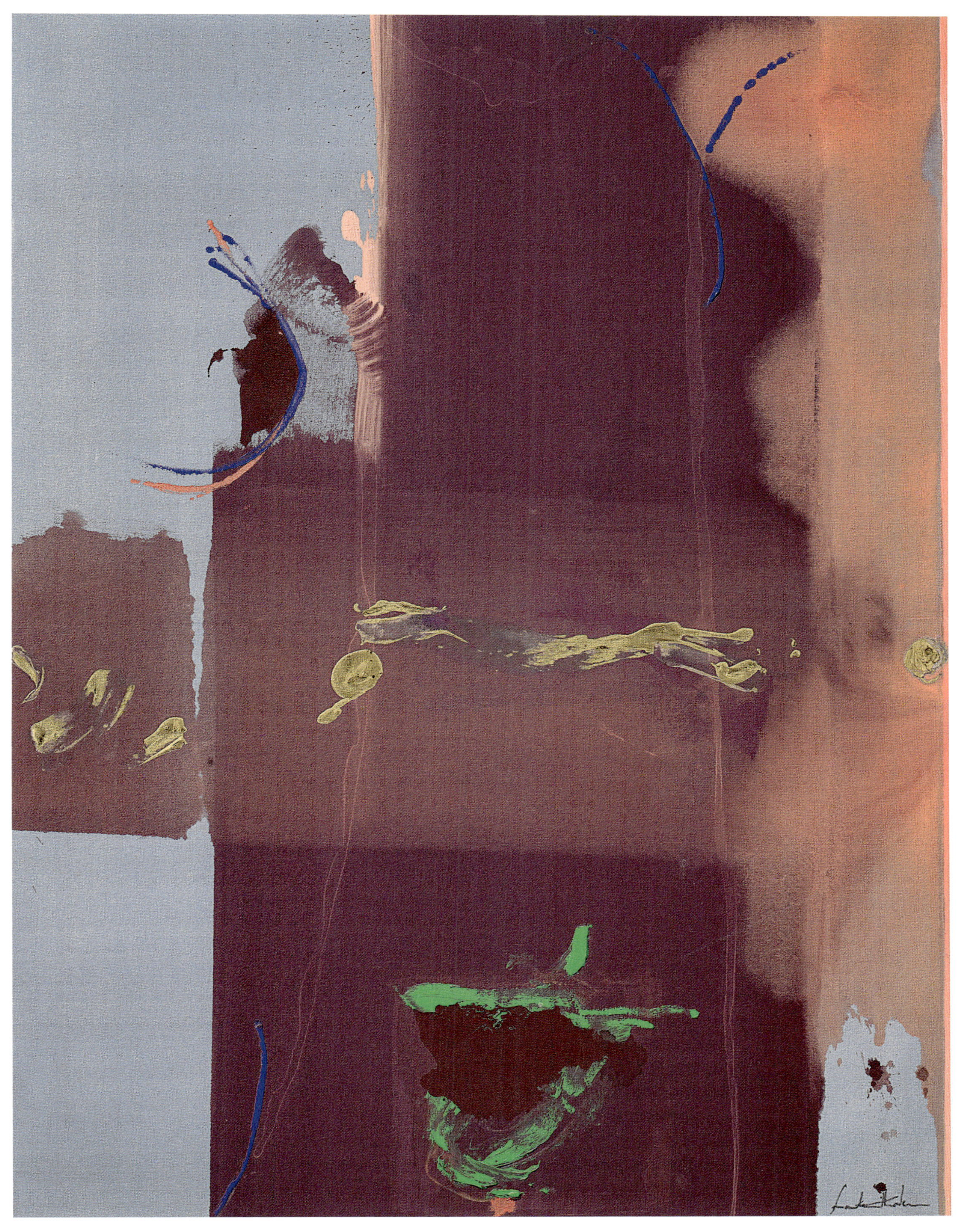

*Soldier,* 1987

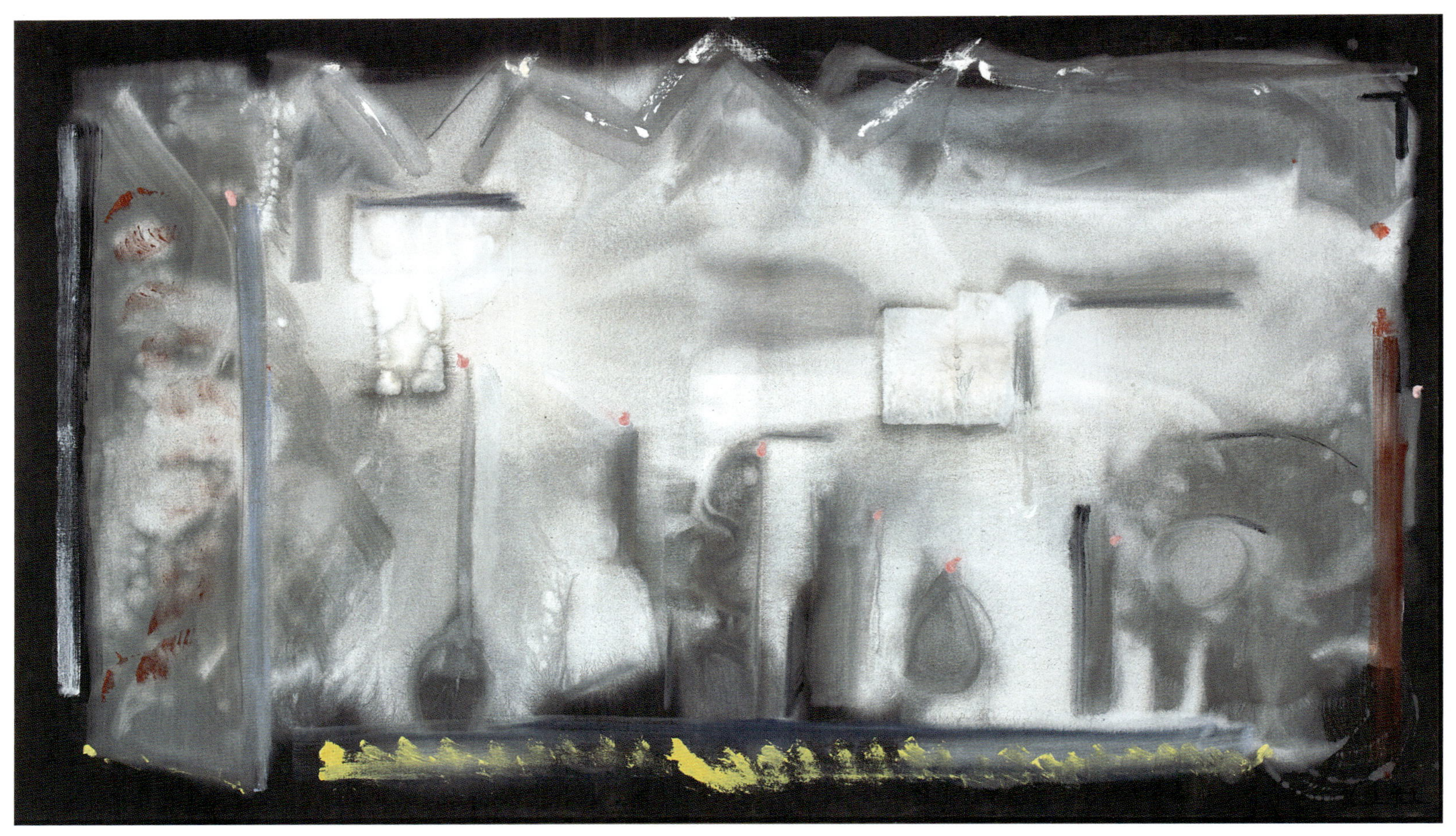

*Retort,* 1989

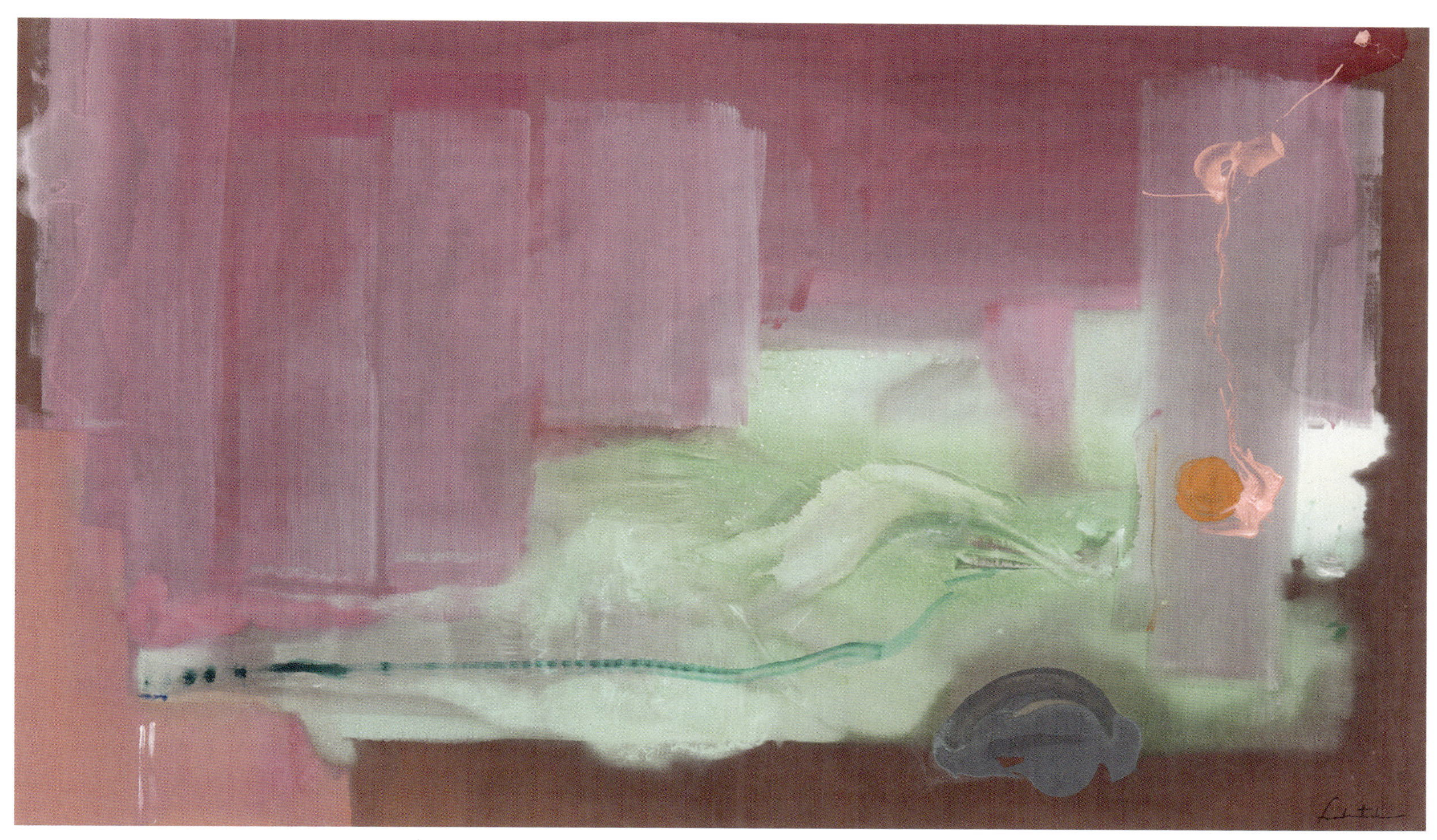

*Galileo,* 1989

■ Teil der Ausstellung /
From the exhibition
*Move and Make*

---

*Provincetown Harbor*,
1950
Wasserfarbe auf Papier
Watercolour on paper
62,9 × 48,9 cm
■ → S./p. 21

---

*The Bay*, 1957
Öl auf Leinwand
Oil on canvas
36 × 41 cm
■ → S./p. 24

---

*Beach Horse*, 1959
Öl auf Leinwand
Oil on canvas
89,2 × 391,2 cm
■ → S./pp. 22/23

---

*Cave Memory*, 1959
Öl auf grundierter
Leinwand
Oil on primed canvas
94,5 × 104,5 cm
■ → S./p. 29

---

*Untitled*, 1959/60
Öl und Kohle auf
Leinwand
Oil and charcoal on
canvas
228 × 177,6 cm
■ → S./p. 27

---

*Figure in a Landscape*,
1960
Öl auf Leinwand
Oil on canvas
144,8 × 185,4 cm
→ S./p. 25

---

*Tire*, 1961
Öl auf Leinwand
Oil on canvas
114,5 × 182 cm
■ → S./p. 26

---

*Belfry*, 1964
Öl auf Leinwand
Oil on canvas
68,7 × 56,2 cm
■ → S./p. 31

---

*Pink Lightning*, 1965
Acryl auf Leinwand
Acrylic on canvas
183,4 × 135,5 cm
■ → S./p. 100

---

*Four Color Space*, 1966
Acryl auf Leinwand
Acrylic on canvas
296,5 × 183,2 cm
■ → S./p. 101

---

*One O'Clock*, 1966
Acryl auf Leinwand
Acrylic on canvas
238,8 × 196,2 cm
→ S./p. 103

---

*Tight Rope*, 1969
Acryl auf Leinwand
Acrylic on canvas
174 × 148,8 cm
■ → S./p. 30

---

*Untitled*, 1970
Gouache auf Papier
Gouache on paper
36,6 × 29,5 cm
→ S./p. 98

---

*Spanning*, 1971
Acryl auf Leinwand
Acrylic on canvas
270,5 × 363,9 cm
■ → S./p. 93

---

*The Road to Messina*, 1971
Acryl auf Leinwand
Acrylic on canvas
268,1 × 159 cm
■ → S./p. 94

---

*London Memos*, 1971–75
Acryl auf Papier
Acrylic on paper
69,5 × 107,5 cm
→ S./p. 97

---

*Untitled*, 1973
Acryl auf Leinwand
Acrylic on canvas
72,5 × 69 cm
■ → S./p. 67

---

*Palestrina*, 1973
Acryl auf Leinwand
Acrylic on canvas
172,6 × 183 cm
■ → S./p. 66

---

*Yearning*, 1973
Acryl auf Leinwand
Acrylic on canvas
206 × 244,3 cm
■ → S./p. 97

---

*When the Snow Melts*,
1975
Acryl auf Leinwand
Acrylic on canvas
179,5 × 429,5 cm
■ → S./pp. 64/65

---

*Shorthand*, 1975
Acryl auf Leinwand
Acrylic on canvas
212 × 174 cm
■ → S./p. 99

---

*After Hours*, 1975
Acryl auf Leinwand
Acrylic on canvas
152,5 × 429,5 cm
■ → S./pp. 68/69

---

*Lunar Avenue*, 1975
Acryl auf Leinwand
Acrylic on canvas
389 × 240,7 cm
■ → S./p. 104

---

*No Lady*, 1976
Acryl auf Leinwand
Acrylic on canvas
253,2 × 70,8 cm
→ S./p. 107

---

*Sea Level*, 1976
Acryl auf Leinwand
Acrylic on canvas
226 × 160 cm
■ → S./p. 106

*Second Wind*, 1976
Acryl auf Leinwand
Acrylic on canvas
264,3 × 401,6 cm
■ → S./pp. 62/63

---

*Fenice*, 1977
Acryl auf Leinwand
Acrylic on canvas
188,1 × 139,2 cm
■ → S./p. 63

---

*Untitled*, 1977
Acryl auf Leinwand
Acrylic on canvas
50,3 × 138,5 cm
→ S./p. 67

---

*August Deep*, 1978
Acryl auf Leinwand
Acrylic on canvas
240 × 426 cm
■ → S./pp. 134/135

---

*The Month of
March II*, 1978
Acryl auf Leinwand
Acrylic on canvas
114,9 × 59,2 cm
→ S./p. 140

---

*For Hiroshige*, 1981
Acryl auf Leinwand
Acrylic on canvas
158,7 × 234 cm
■ → S./p. 136

---

*Moonrise*, 1981
Acryl auf Leinwand
Acrylic on canvas
134,6 × 229,6 cm
→ S./pp. 74/75

---

*Purple Sage*, 1982
Acryl auf Leinwand
Acrylic on canvas
94,8 × 207,4 cm
■ → S./p. 33

---

*Fallen Angel*, 1982
Acryl auf Leinwand
Acrylic on canvas
175,5 × 247,8 cm
→ S./p. 143

*Untitled*, 1983
Acryl und Wasser-
farben auf Papier
Acrylic and water-
colour on paper
63,5 × 73 cm
→ S./p. 140

---

*Ghost*, 1983
Acryl auf Leinwand
Acrylic on canvas
106,8 × 164,5 cm
→ S./p. 143

---

*Green Moon*, 1984
Acryl auf Leinwand
Acrylic on canvas
160,3 × 118,5 cm
■ → S./p. 144

---

*Wellspring*, 1985
Acryl auf Leinwand
Acrylic on canvas
121,5 × 132,5 cm
→ S./p. 149

---

*Paris at Night*, 1986
Öl auf Leinwand
Oil on canvas
218,5 × 141,7 cm
→ S./p. 147

---

*Regatta*, 1986
Acryl auf Leinwand
Acrylic on canvas
97,7 × 162,2 cm
■ → S./p. 33

---

*Aqueduct*, 1987
Acryl auf Leinwand
Acrylic on canvas
160 × 100,7 cm
■ → S./p. 150

---

*Soldier*, 1987
Acryl auf Leinwand
Acrylic on canvas
151,2 × 112,8 cm
■ → S./p. 151

*Barcelona*, 1987
Acryl auf Leinwand
Acrylic on canvas
235,5 × 165,7 cm
■ → S./p. 139

---

*Zarathustra*, 1988
Acryl auf Leinwand
Acrylic on canvas
205,7 × 249,6 cm
■ → S./p. 72

---

*Pyramid*, 1988
Acryl auf Leinwand
Acrylic on canvas
169 × 166,5 cm
■ → S./p. 71

---

*Retort*, 1989
Öl auf Leinwand
Oil on canvas
111,8 × 191,5 cm
→ S./p. 152

---

*Galileo*, 1989
Acryl auf Leinwand
Acrylic on canvas
157 × 267,2 cm
■ → S./p. 153

---

*Red Shift*, 1990
Acryl auf Leinwand
Acrylic on canvas
152,5 × 193,3 cm
→ S./p. 148

---

*Untitled*, 1994
Acryl, Pastell,
Kohle und Farbstift
auf Papier
Acrylic, pastel, char-
coal and coloured
pencil on paper
74,9 × 105,1 cm
→ S./p. 98

---

*End of Summer*, 1995
Acryl auf Papier
Acrylic on paper
198,1 × 198,1 cm
→ S./p. 141

# Helen Frankenthaler

Katalog zur Aus-
stellung/Catalogue
of the exhibition

**Helen
Frankenthaler:
Move and Make
Museum
Reinhard Ernst**

**16.03.2025–28.09.2025**

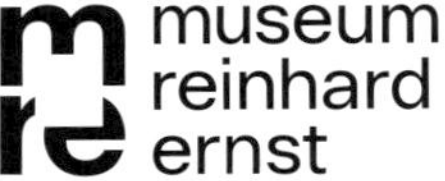

Museum Reinhard Ernst
Wilhelmstraße 1
65185 Wiesbaden

# Impressum/Colophon

**Team mre**

Direktor/Director:
Oliver Kornhoff

Sammlungsmanagerin
u. Direktionsassistentin/
Collection Manager &
Director's Assistant:
Carolin Langer

Kuratorin/Curator:
Lea Schäfer

Restauratorin/
Conservator:
Nelly Paletta

Presse- u. Öffentlich-
keitsarbeit/Press &
Public Relations:
Kathrin Grün

Relationship-Management,
Veranstaltungen u.
Marketing/Relationship
Management, Events &
Marketing:
Catherine S. Dallmer

Shop & Digital Marketing:
Ines Gutierrez

Digital Marketing:
Anika Dekubanowski

Gästeservice/Visitor
Services: Blanka Slavik

Gebäudemanagement/
Facility Management:
Ralf Knispel

Haus- u. Ausstellungs-
technik/Technical &
Exhibition Services:
Kevin Thill

Buchhaltung/
Accounting:
Claudia Biering

**Katalog/Catalogue**

Herausgeberin/
Edited by the
Reinhard und
Sonja Ernst-Stiftung

Redaktion/Editing Team:
Oliver Kornhoff,
Lea Schäfer

Texte/Texts:
Douglas Dreishpoon,
Reinhard Ernst,
Larissa Kikol,
Oliver Kornhoff
und/and Lea Schäfer

Übersetzung ins
Englische/Translation
into English:
Mike Gilmour

Übersetzung ins
Deutsche/Translation
into German:
Gérard A. Goodrow

Lektorat Deutsch/
Copy Editing German:
Iris Konopik

Lektorat Englisch/
Copy Editing English:
Melissa Thorson

Fotografie/Photography:
Martin Url

Hirmer Projekt-
management/Project
Management:
Karen Angne

Gestaltung/Design:
e o t. Lilla Hinrichs +
Anna Sartorius

Lithografie/
Prepress & Repro:
Reproline mediateam
GmbH&Co. KG,
Unterföhring

Papier/Paper:
Magno Volume, 150 g/m$^2$

Schrift/Typeface:
mre Grotesk

Hirmer Produktion/
Production:
Katja Durchholz,
Sophie Friederich

Druck und Bindung/
Printing & Binding:
Print Consult GmbH

Printed in Slovakia


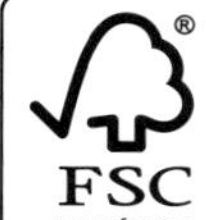



Die Deutsche National-
bibliothek verzeichnet
diese Publikation in der
Deutschen National-
bibliografie; detaillierte
bibliografische Daten
sind im Internet über
http://www.dnb.de
abrufbar.

The Deutsche National-
bibliothek lists this publi-
cation in the Deutsche
Nationalbibliografie; de-
tailed bibliographic data
is available on the Internet
at http://www.dnb.de.





Die Geltendmachung der
Ansprüche gem. § 60h
UrhG für die Wiedergabe
von Abbildungen der
Exponate/Bestandswerke
erfolgt durch die VG
Bild-Kunst.

The assertion of all claims
according to Article 60h
UrhG (Copyright Act)
for the reproduction of
exhibition/collection
objects is carried out by
VG Bild-Kunst.

ISBN 978-3-7774-4538-0

Hirmer Verlag
Geschäftsführerin/
Managing Director:
Kerstin Ludolph
Bayerstraße 57–59
80335 Munich
Germany

www.hirmerverlag.de
www.hirmerpublishers.com


Umschlagabbildung/
Cover: Helen Franken-
thaler (1928–2011),
*Sea Level,* 1976 (Detail),
Sammlung Reinhard
Ernst/Reinhard Ernst
Collection, Wiesbaden
© Helen Frankenthaler
Foundation, Inc./VG
Bild-Kunst, Bonn 2025

Gestaltung Umschlag/
Cover Design:
Q Kreativgesellschaft mbH

## Zitatnachweise/<br>Quotations:

S./pp. 18/19: Helen
Frankenthaler, 1983/84,
in: Karen Wilkin: *Frankenthaler Works on Paper,
1949–1984,* New York
1984, S./p. 69.

S./pp. 60/61: Helen
Frankenthaler, 1998, in:
*After Mountains and Sea:
Frankenthaler 1956–1959,*
Ausst.-Kat./exh. cat. Gug-
genheim New York/Bil-
bao/Berlin, Ostfildern-
Ruit 1998, S./p. 44.

S./pp. 90/91: Helen
Frankenthaler, 2003,
in: Ted Loos, „Helen
Frankenthaler, Back to
the Future", *The New
York Times,* 27.4. /
27 April 2003.

S./pp. 132/133: Helen
Frankenthaler, Bard
College, Annandale-on-
Hudson, New York,
October 27, 1977, zit.
n./quoted in Douglas
Dreishpoon: „It's a matter
of how you resolve your
doubts", in: *Giving Up
One's Mark: Helen
Frankenthaler in the
1960s and 1970s,*
Ausst.-Kat./exh. cat.
Albright-Knox Art Gallery
Buffalo, New York 2014,
S./pp. 3–25, S./p. 4.

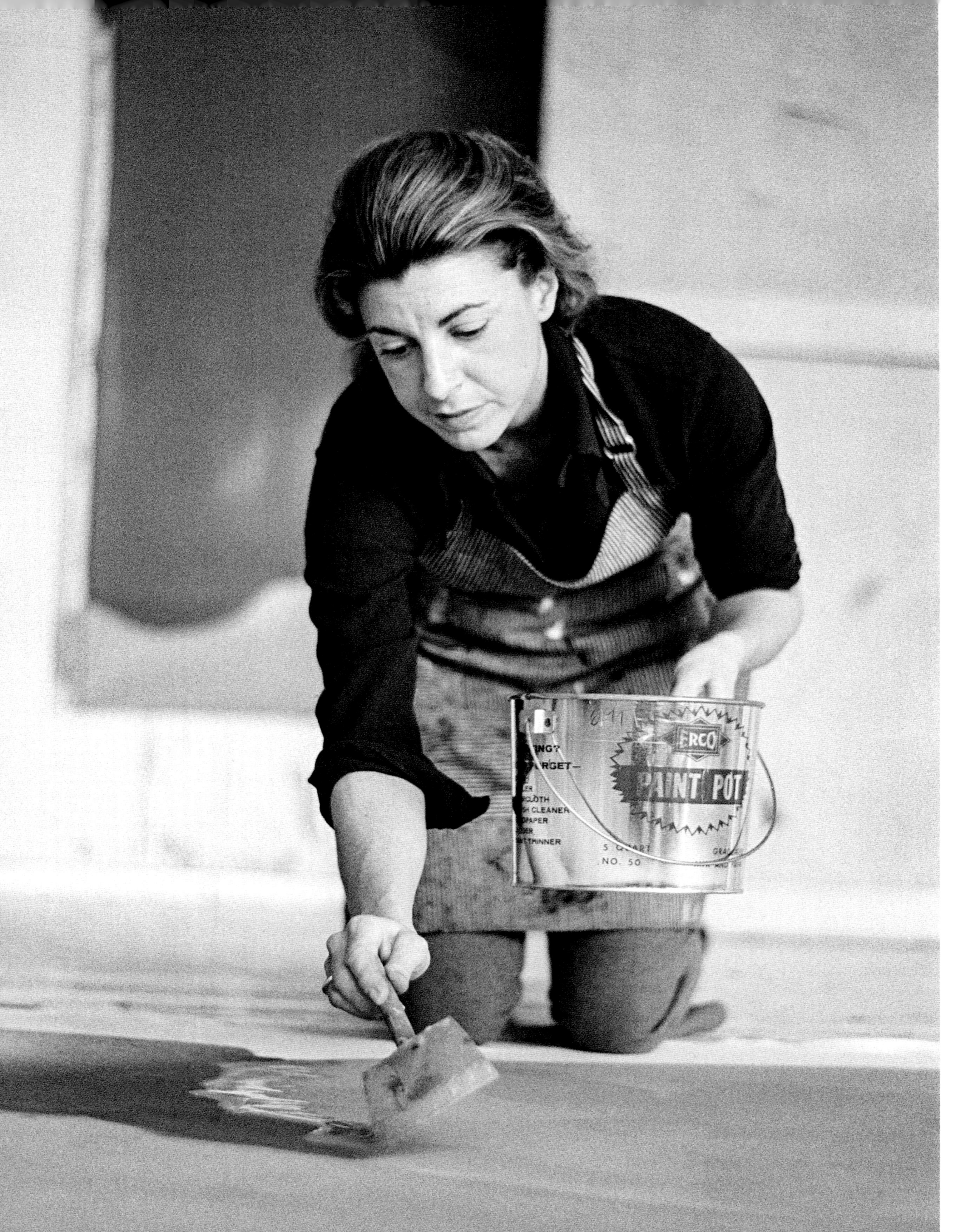
ERCO
PAINT POT
5 QUART
NO. 50